L i b e r t a r i a n i s m

자유주의

당신이 알아야 할 105개 질문

제이슨 브레넌 지음

김행범 · 홍수정 옮김

가장 쉽고도 명료한 자유주의 입문서

자유주의는 근본적으로 도덕적 평등에 관한 믿음이다

도서출판 해남

자유주의

당신이 알아야 할 105개 질문

초판1쇄 인쇄 2023년 2월 1일
초판1쇄 발행 2023년 2월 8일

저 자 제이슨 브레넌
역 자 김행범 · 홍수정
발행인 노현철
발행처 도서출판 해남

출판등록 1995. 5. 10 제 1-1885호
주 소 서울특별시 마포구 마포대로8길 9 영명빌딩 405호
전 화 739-4822 **팩스** 720-4823
이 메 일 haenamin30@naver.com
홈페이지 www.hpub.co.kr

ISBN 978-89-6238-172-6 93300

옮긴이 머리말

탄핵 쿠데타 논란을 거쳐 문재인 후보가 대통령에 당선되자 한 외신은 그의 이념 성향을 '리버럴'liberal로 규정했다. 미국 정치 언어 용례로 '진보좌파'란 뜻이나 한국 일부 언론은 무지로, 혹은 좌파라는 말을 누그러뜨리고자 '자유주의자'로 고의로 오역하였다. 심지어 한국의 번듯한 정치학계 몇몇 학자들은 아직도 존 롤스를 자유주의자로 부른다. 이 두 이름이 얼마나 잘못된 것임은 이 책이 말해 줄 것이다.

오래전 중동 지방의 한 늙은 남편이 75세 불임의 아내를 '많은 백성의 어미'라 개명하여 불러 주자 그 아내는 90세 할머니가 되었을 때 정말 아이를 낳았다. 이름은 사람이 정하나 정해진 이름은 그의 삶을 정한다는 작명소의 광고는 어느 정도 의미가 있다. 학문 영역에서 이름은 더 중요하며 최광 교수께서 학문 개념의 정명론正名論을 엄중하게 요구하는 것은 이 때문이다. 자유주의의 혼란도 이름이 잘못되었을 때 시작되었고, 모든 자유주의 저술 서론은 자신의 이름을 장황하게 변론하는 번거로움을 겪는다. 개인의 자유를 중시하며 이 자유로 타인과 사적 계약을 맺어 삶을 스스로 영위함을 강조하는 철학이 자유주의liberalism이다. 이 때문에 좌파가 가장 극렬히 반대하는 사상이다. 좌파는 이 자유주의를 무너뜨리기 위해 자유주의라는 본명을, 그 본의에서 벗어나는 정도를 넘어 아예 정반대 의미가 되도록 오염시켰다. 이리하여 오늘날, 특히 미국 대중 정치 언어 용례에서 liberalism은 자유주의가 아니라 좌파주의leftism나 진보주의progressivism를 의미하며, 그런 사상을 신봉하는 사람인 liberal은 더 이상 자유주의자가 아니라 좌파 혹은 진보주의자라는 뜻으로 변질되었다.

고귀한 가치인 liberalism이 이제 더 이상 자유주의가 아니라 그 반대인 좌파주의나 진보주의로 쓰이고, liberal이 자유주의자가 아니라 그와 상극인 좌파, 진보주의자라는 의미로 오염되자, 스코틀랜드 계몽주의를 이어 오던 진정한 자유주의자들은 자신이 좌파나 진보주의자로 오해받기를 거부하고 진정한 자유주의를 지칭하기 위해 두 가지 방법으로 개명에 나섰다. 그들은 '고전적' 이란 수식어를 붙여 고전적 자유주의classical liberalism으로, 혹은 해방이란 뜻의 말에서 딴 리버테리어니즘libertarianism이란 말로 진정한 자유주의를 표현하였다. 그리하여 이제는 고전적 자유주의 혹은 리버테리어니즘이 진정한 '자유주의'가 되었고, 이 생각을 공유하는 사람을 고전적 자유주의자classical liberal 혹은 리버테리언libertarian으로 부른다. 이런 연유를 간과하여 리버테리어니즘을 자유주의가 아닌 이름, 예컨대 '자유지상주의'라고 그르게 작명한 것이 준 혼란이 컸다. 많은 사람에게 리버테리어니즘은 '자유주의가 아닌' 무엇이거나, 기껏 자유주의의 친척 정도라 여기는 혼란을 주었고, 더욱이 '~지상주의'는 어떤 외곬을 뜻하는 부정적 관념이다. 자유주의 의미를 혼란스럽게 만드는 데 이 작명이 일조하였다. '자유주의'라는 제 이름으로 돌아가야 한다. 본서 역자는 liberalism을 현대 미국의 대중 정치 의미로 사용할 경우 좌파주의나 진보주의로, 그런 주장자를 좌파 혹은 단지 리버럴로 부를 것이다. 또 본의의 자유주의를 고전적 자유주의나 리버테리어니즘libertarianism으로, 그 주장자들을 (고전적) 자유주의자나 리버테리언이라 부를 것이다. 이것은 저자의 이해와도 정확히 일치한다.

좌파는 좌파 이념을 위해 싸운다. 우리는 무엇을 위해 싸우는가? 복거

일 선생은 보수주의자의 관점에서 '보수는 무엇을 보수하는가?'로 이 질문을 고민했다. 보수주의와 구분되는 자유주의자는 무엇을 위해 싸워야 하나? 자유는 수단이 아니라 궁극적 가치라는 점이 그 답을 쉽게 해 준다: 자유주의자는 자유 자체를 위해 싸워야 한다. 자유를 통해 얻을 높은 경제적, 사회적 성과가 목적 가치라고 여기는 것은 큰 오류이다. 자유가 번영을 가져오는 경우가 아주 흔하지만 말이다. 또한, 사회를 해롭게 할 것으로 보이는 자유는 억압하고 유익을 줄 것으로 예측한 자유만을 존중하는 것이 사회를 유익하게 만든 역사가 없다. 모든 자유를 존중하는 것이 파레토 지배적 사회이다. 자유는 위험재이다. 그 자유 이면에 자유와 정확히 같은 크기의 책임이 숨어 있는 패키지 재화임을 간과하기 쉽다. 자유는 사치재이다. 타인의 자유를 침해하지 않는다는 도덕적 의무까지 감당해야 한다. 방종은 아무나 소비할 수 있으되, 자유는 도덕감이 부요한 사람만이 구입할 수 있다. 자유가 개인의 행동 윤리를 넘어 사회의 도덕 원리가 될 수 있는 것은 매우 부자유스러운 이런 제약을 스스로 감당하기 때문이다.

자유주의는 기성 정파의 어느 하위 분지가 아니다. 정치적 지대$_{rent}$를 왼손으로 먹으면 좌파, 오른손으로 먹으면 우파일 뿐이며 자유주의자는 정파 이익보다 자유 사회의 확장에 주목한다. 그런데도 한국 자유주의는 왜 이념 전쟁에서 좌우 정파 모두에게서 천대받았을까? 첫째, 구호로는 자유를 외치나 그 뜻을 모르니 좌파에게 조롱받고 가짜 우파에게 멸시받았다. 자유 파괴에 민감히 맞서지 못하고 오히려 도주한 사람들이나 심지어 자유 파괴의 주역들도 똑같이 자유를 자유롭게 빙자한다. 오늘날 일단의 한국 지식인은 이 아노미에 크게 상심해 있다. 적과 아군이 함께 외치는 뜻 모르는 헤픈 구호는 이념의 동력이 전무하다. 둘째, 자유주의자들에게도 책임이 좀 있다. 세계가 공인하고 좌파조차 인정하는 도덕성을 갖춘 탁월한 자유주의 이론 체계가 있다. 문제는 그게 너무 탁월하다는 점. 곧 대중이 이해할 수 있는 '낮은 이론', 쉽게 수용할 만한 '자유학개론'自由學槪論이 없다는 것이다. 한국 자유학은 높은 전문성의 각론은 있지만 대중을 인도할 만한 개론이 없는 희귀한 예이다. 추상 구호를 넘어 여러 실제적 이슈들에 대해 자유주의자라면 어떻게 답할까라는 질문에 답을 제시하지 못하였다. 줄을 그어 가며 자유를 공부할 만한 평이한 독본이 없었던 것이다.

이 책은 미국 조지타운 대학교의 제이슨 브레넌Jason Brennan이 쓴《자유주의: 모두가 알아야 할 것》*Libertarianism: What Everyone Needs To Know*을 번역한 것이다. 자유주의의 핵심 주제를 105개의 질문으로 요약한 가장 쉽고도 명확한 자유주의 입문서이다. 자유를 좋아하는 당신은 이 질문 중 몇 개에 답할 수 있는가. 저자는 각주 하나 없이 단숨에 설명을 죽 이어 갔다. 그러나 역자들은 한국 독자의 이해를 돕고 행간의 숨은 배경을 알리고자 꼼꼼히 각주들을 붙였다. 이는 한 문장도 애매함 없이 전달하려는 역자들의 의욕이다. 이 책은 역서를 넘어 주석서인 셈이다. 저자는 자유주의자를 고전적 자유주의자(미제스, 하이에크, 뷰캐넌, 프리드먼), 강성 자유주의자(노직, 랜드, 로스바드), 신고전적 자유주의자(애리조나 자유주의자)로 나눈다. 한국 독자에게 다소 생소한 마지막 유형은 예수 그리스도가 낮은 자에게 품는 긍휼의 마음이라는 뜻으로 '피 흘리는 심정의 자유주의자'라고도 부른다. 이 세 가지는 각각 자유주의 이론의 위대한 건설자, 좌파 도전 앞에 웅변으로 맞선 자유주의의 격분한 수호자, 좌파 쪽으로 한 걸음 다가가며 현실 문제를 해석하려는 모험적 자유주의자이다. 이 책 저자는 세 번째 유형과 관련이 있지만 몇 군데만 빼면 편향에 기울어지지 않고 구체적 현실 이슈에 대해 세 분파 자유주의 입장을 정연하게 대비해 보여 준다. '지식의 양과 확신의 크기는 반비례한다'. 불의한 정변이 바로잡히기는커녕 기정 역사화되는 이 시대와 불화 중인 자유주의 지식인 홍지수 선생과 이 말을 공유한 적이 있다. 자유의 지식도 그러할 것이다. 자유주의의 한 가지 이론, 인물, 학파에 신앙을 갖는 것은 자유를 배우기보다 도그마에 빠질 것이다. 이 책은 자유주의의 다양한 관점에 대해 이해하기를 권고한다.

한국에서 자유의 가치를 알리고자 애쓰는 몇몇 소사이어티 및 동료에게 이 책을 바친다. 자유 민주주의 국가 공영방송에서 자유주의를 숙적으로 삼는 공산주의자 출신 슬라보예 지젝이 자유를 가르치고, 좌파-리버럴 샌델이 재분배주의를 자신 있게 변론하는 절망적 상황에서도 자유주의라는 소수설을 모의 중인 모든 분에게 경의를 표한다. 미제스 와이어, 한국자유주의연구회, 시장경제학회, 한국제도경제학회, 공공선택학회, 자유기업원이 특히 언급되어야 한다. 자유free 사회를 너무 강조하다 예외 없이 무료free 고난에 빠져 있음은 그들이 자초한 일이다.

자유주의를 너무나 쉽게 서술하는 점에 충격을 받은 이 책을 한국에 자유학개론으로 알리는 것이 오랜 꿈이었다. 저명한 출판사 '도서출판 해남'이 이 책 출간을 수락해 주었다. 노현철 사장님 및 최고의 편집진들, 좋은 제안을 주신 익명의 비평자들, 자료 준비를 도와준 홍지섭 박사, 서울대 박사 과정 정주현 선생에게도 깊은 감사를 드린다. 이러고도 나오는 모든 오류는 역자들의 책임이다.

한국의 정치경제 연대기를 경제 번영의 역사로만 보는 것은 정확하지 않다. 그것은 나라의 초석이 자유 민주주의로 놓인 이래 공산주의 침략, 재분배적 평등주의, 전체주의, PC주의에 이르기까지 반反자유의 반동들을 극복하면서 시민적 자유, 정치적 자유, 그리고 경제적 자유를 확장하고 성숙시키며 또 회복해 온 자유의 여정이기도 하다. 공공선택학의 공동 창시자인 고든 털럭 교수는 그의 한국어판 저술 서문에 마틴 루터 킹 목사의 말을 인용하여 한국이 갈 길을 예표해 준 적이 있다. 한국에서 자유학개론을 내면서 그 예지는 다시 반추할 가치가 있다: '그대들은 멀고 먼 길을 걸어왔지만, 앞으로 가야 할 멀고 먼 길이 있다'. 자유로운 사회로 다시 방향을 돌린 한국의 여정도 그러할 것이다. 이 책이 그 길에 한 디딤돌로 밟히기를 기원한다.

2022년 12월

번역자 김행범 · 홍수정

한국 독자를 위한 머리말

자유주의는 근본적으로 도덕적 평등에 관한 어떤 믿음이다.

한 퍼즐을 생각해 보자: 캔디를 먹는 것이 당신에게 해롭다는 것을 나, 제이슨 브레넌이 알고 있다고 가정하자. 그럼에도 불구하고, 나는 당신이 캔디를 그만 먹도록 폭력을 사용해서는 안되며, 당신이 그것을 먹을 때마다 약간의 벌금을 내도록 요구해서도 안된다.

당신은 다른 이들을 돕기 위해 당신 돈을 더 많이 써야 한다고 내가 알고 있다고 가정하자. 내가 당신 머리에 총을 겨누어 당신이 그렇게 하도록 해서는 안되며, 그 목적을 위해 은행을 해킹하여 당신 급여의 35%를 빼내어 가도 안된다.

당신이 다른 사람들보다 같은 국민에게 더 관심을 가져야 할 이유를 내가 증명할 수 있다고 가정하자. 당신은 BMW를 구매할 것을 고려하고 있다. 나는 당신이 당신의 국민을 돕기 위해 한국산을 구매해야 한다는 이유로 제네시스 구매를 당신에게 강요해서는 안된다.

대개의 사람은 이에 동의하며, 심지어 비非자유주의 문화에서 자란 사람일지라도 그러하다. 비록 주위 사람을 강요하는 것이 좋거나 바람직한 결과를 가져올지라도, 우리가 개인들로서 서로에게 이런 식으로 강요해서는 안된다는 것을 그들은 이해하고 있다.

그러나 그들은 또한 사람의 **집단**이 주위의 타인들을 이 같은 방향으로 몰아가는 것은 받아들일 수 있다고도 믿는데, 그 집단이 정부나 국가로 자임할 경우에 특히 그러하다. 즉, 그들은 내가 당신에게 더 잘 먹고, 기부를 더 많이 하고, 한국산 제품을 사라고 강요할 수 없다는 데는 동의하면서도, 국가가 그렇게 하는 것은 괜찮다고 생각한다. 그래서 그것이 바로 수수께끼이다: 왜 국가는 어떤 개인도 할 수 없는 것을 행하는 지위를 갖는가? 주위 사람들을 몰아붙일 수 있는 이 특별한 도덕적 힘은 어디에서 나오는가?

자유주의자는 내가 **도덕적 동위 명제**moral parity thesis라고 부르는 것으로부터 출발한다. 그들은 적어도 애초에는 개인이든 정부 공무원이든 모든 주체가 동일한 기본권, 의무, 그리고 행동의 허용 정도를 가진다고 믿는다. 반면에, 대다수 사람은 국가 및 그 공무원들은 개인이 할 수 없는 것을 할 수 있는 특별한 도덕적 힘을 가진다고 믿는다. 아마 그들이 옳을지도 모르지만, 이 특별한 도덕적 지위가 해명되고 정당화되어야 한다.

이 특별한 도덕적 지위가 정당화될 수 없다고 당신이 생각할 때 나오는 것이 자유주의이다. 따라서 자유주의를 반박하려면 개인의 도덕적 동위 명제라는 기본 조건을 극복하고 무시해야 한다. 그러나 그 기본 조건을 무시하고 극복하려는 국가주의, 권위주의, 그리고 모든 종류의 비자유주의 기저에 있는 이론들은 놀라우리만큼 나쁘다.

대개의 사람은 단순한 이론으로 돌아간다. 즉, 우리는 사람들에게 강제를 가하는 권한을 국가에 부여해야 하는데, 이는 그렇게 하는 것이 효과적이라는 것으로 말이다. 그것은 가치 있고 바람직한 목표를 어느 정도 만들어 낸다. 그러나 그것이 전부이다.

그러나 깊이 생각해 보면, 이는 별로 좋은 것이 아니다. 이렇게 생각해 보자: 아마도 모든 사람이 예술을 음미하고 소셜 미디어를 덜 사용한다면 좋을 것이라고. 그러나 그것이 국가가 사람들이 미술관에 가도록 혹은 그들의 소셜 미디어 계정을 지우도록 강제할 수 있다는 것을 의미하지는 않는다. 만약 그것이 무엇이든 올바른 종교라는 것이 존재한다면 거기에 참여하는 것은 아마 좋은 일일 것이다. 그러나 그것이 국가가 사람들이 어떤 식으로 예배를 하도록 강제할 수 있다는 것을 의미하지는 않는다. 모든 사람이 자기 어머니에게 더 많이 전화 연락을 드리는 것은 아마 좋은 일일 것이다. 그러나 그것이 그 일을 하게 하는 권위를 국가에게 부여하는 것은 아니다. 우리는 '그것은 좋다' it's good 라거나 '그것이 효과적이다' it works 라는 것보다 더 좋은 이론을 찾아야 하는 문제로 다시금 돌아간다.

자유주의는 단지 우리는 평등하다는 도덕 이론이 아니다. 그것은 국가는 어쨌든 모든 것을 잘 '수행한다' works 는 것에 회의적인 경험적 이론이기도 하다.

이 점을 생각해 보자: 미국의 연방 및 주 정부의 지출 합계는 7조 달러를 넘는다. 그토록 엄청난 지출에도 불구하고, 그 정부는 빈곤을 근절하지 못했고, 질병을 치료하지 못했으며, 범죄를 멈추게 하지 못했고, 전체 사회악의 많은 부분을 바로잡지 못했다. 정부는 "맞는 말이다. 우리는 그렇게 못했다. 그러나 그것은 국가에 더 큰 권력 및 더 많은 돈이 필요하다는 것을 보여 줄 따름이다"라고 말한다. 그러나 가질 수 있을 만큼 큰 권력과 돈을 가지고도 이토록 처참하게 실패한 그들이 그것들을 더 가지면 성공할 것이라고 왜 우리가 믿어야 하는가?

자유주의자는 시장에 대해 긍정적인 태도를 취하는 경향이 있다. 이것은 기이한 의문점을 준다. 나는 이것이 기이하다고 말하는데, 왜냐하면 시장 지향적 경제 체제가 있는 모든 곳은 최소한 다른 경제 체제보다 더 좋은 결과를 얻기 때문이다. 시장 경제 및 강력한 사적 재산 보호를 가진 국가들은 모두 부유하고, 심지어 그들의 '빈곤층'조차 상대적으로 부유하다. 이런 제도가 없는 국가들은 모두 빈곤하다.

그럼에도 무엇인가 잘못되어 갈 때 권력을 쥐고 있는 사람들은 항상 시장을 비난할 것이고 오직 그들에게 더 많은 돈 및 권력이 있을 때만 문제가 해결된다고 주장할 것이다. 그들이 정말 진지할 수도 있다. 결국, 자기 사무실에 앉아 있는 정치인은 사회를 장기판으로, 또 국민을 장기판의 졸卒로 단순하게 생각할 수도 있고, 오직 그가 다른 이들을 그의 의지에 따르도록 강제할 수 있기만 하면 모든 것이 잘 작동할 것으로 상상할 수도 있다. 여기서의 상상은 홀리는 힘이 있다. 그것은 국민, 정치인, 그리고 정치 이론가를 다 홀린다.

당신이 자유주의를 받아들이지 않는다 해도, 모든 이가 수용할 수 있는 몇 가지 충고가 있다. 아마도, 자유주의자는 정부에 대해 너무 회의적이라고 당신이 생각할지도 모르겠다. 그럼에도 건강한 회의론은 항상 필요하다. 그것을 위해 이런 점들을 생각하자:

첫째, 나는 프레데릭 바스티아Frédéric Bastiat의 조언을 받아들이기를 추천한다: 정책을 평가할 때는, 보이는 것과 보이지 않는 것을 항상 살펴보라. 보이는 것은 가장 직접적으로 영향을 받은 집단에게 명백한 결과이다. 예컨대, 수입 전화기에 대한 관세는 국내 전화기 생산자에게 이득을 줄 것이다. 보이지 않는 것은 장기적이면서도 모든 이에게 덜 명백한 결과이다. 예컨대, 관세는 우리 소비자들이 구입한 상품에 대해 지불하지 않을 수도 있었던 더 많은 돈을 지불해야 함을 의미하며, 따라서 그 때문에 우리가 더 원했을 상품에 돈을 더 쓰지 못하게 한다.

둘째, 법적 보장과 실질적 보장 사이의 차이를 생각해 보라. 어떤 약속을 하는 정치인이나 어떤 결과를 만들어 내겠다고 확고한 의도를 밝히는 국가가 의미하는 보장과 무엇인가를 필연적으로 제공한다는 의미의 보장 사이에는 차이가 있다. 예컨대, 정치인은 가난한 사람이 식품을 구입할 수 있다는 것을 식품 가격을 통제하는 것으로 (법적인 의미에서) '보장'하려고 노력할지 모르지만, 이는 (실질적인 의미에서) 식품 부족이 일어나는 것을 보장할 것이다. 어떤 결과를 만들어 내겠다는 확고한 의도로 행동하는 정부는 이 결과가 나타날 것을 진정으로 보장하는 것이 아니다. 오히려 그것이 그 결과가 나타나는 것을 막는 경우가 흔하다.

이것은 또한 때로는 좋은 결과를 얻는 방법은 법적인 보장이 아닌 다른 어떤 메커니즘이라는 것임을 의미한다. 예컨대, 마르크스주의자는 시장 경제가 사람들이 부자가 될 것임을 '보장'하지 않는다고 불평하는데, 왜냐하면 시장 경제는 법적 보장을 제공하지 않기 때문이다. 하지만 사실은 시장 경제는 항상 거의 모든 사람을 부유하게 만들지만, 비시장 경제는 결코 그렇게 하지 못한다. 정책의 핵심은 결과를 만들어 내는 것이다. 법적 보장은 그 법적 보장이 그런 결과를 만들어 내는 최선의 법일 때만 중요하다.

셋째, 정치인은 인간이며 모든 인간적 결점들을 가지고 있음을 기억해야 한다. 그것은 당신의 정치적 적뿐 아니라 당신의 정치적 친구에게도 적용된다.

우리 대부분은 우리가 선호하는 정치적 프로그램이 의도한 대로 정확히 입법화되는 것으로 상상한다. 마치 정부 공무원이 우리의 정책 목표를 기계적으로 실행하는 냉철한 정의正義의 로봇인 것처럼 말이다. 그러나 정부 공무원도 다른 사람들처럼 결점이 있다는 것이 진실이다. 우리가 그들에게 힘을 부여하고 어떤 고상한 일을 수행하라고 요구하면, 그들은 그 힘을 그 일 대신에 자신들을 위해 사용할 것이다. 모든 조직은 조직 내부의 사람들이 조직 전체와 반드시 동일한 이해관계와 목표를 가지고 있는 것이 아니라는 문제점에 직면하고 있다. 조직에 좋은 것이 조직 내의 사람들에게는 좋은 것이 아닐 수도 있다. 기업, 비영리 기관, 그리고 정부에서는, 개별 공무원 및 개별 기관이 외부 이해관계자들에게용 비을 치르게 하면서 자신의 자원과 권력을 자기 자신을 위해 사용하는 경우가 흔하다. 참으로, 민주제의 거의 모든 실패는 그것이 잘못된 인센티브로 가득 찬 체제이기 때문에 나온다.

마지막 한 가지 조언은 이것이다: 상징적 정치를 피하라. 우리는 투표자 대부분에게 정치는 정책에 관한 것이 아니라는 경험적 증거를 풍부하게 가지고 있다. 그들이 정당에 가입하고 정치적 사상을 지지하는 것은 그들이 이런 정당이 좋아서 또는 그 사상이 진실이라고 진정으로 믿어서가 아니라, 그것이 그들과 동일한 정체성을 갖는 집단에 대해 자신의 충성심을 표시하는 방법이기 때문이다. (이러한 주장의 경험적 증거로 『현실주의자를 위한 민주제』(*Democracy for Realists*), 『리버럴도 보수주의자도 아니다』(*Neither Liberal nor Conservative*), 그리고 『두뇌 안의 코끼리』(*The Elephant in the Brain*)를 읽어 볼 수 있다.) 대부분의 사람은 그들이 지지한다고 주장하는 정책을 진정으로 지지하지는 않는다.

더욱이 정치인들이 정책을 제안할 때는 그 정책의 핵심은 문제를 해결하는 것이라기보다는 그들이 남을 돌본다는 점이 눈에 띄도록 만드는 것이다. 그들은 무엇인가를 행동 중인 것처럼 보이기를 원하며, 그들은 효과가 있지만 좋게 들리지 않는 정책보다 좋게 들리는 정책을 밀어붙이고자 한다. 그러나 나의 친구이자 조언자인 데이비드 슈미츠David Schmidtz가 즐겨 말하듯이, "만약 당신의 마음이 바른 자리에 있다는 것을 보여 주려는 것이 당신의 목표라면, 당신의 마음은 바른 자리에 있지 않은 것이다."

2022년 9월

제이슨 브레넌

미국 조지타운 대학 맥도너 경영대학

로버트 제이 및 엘리자베스 플래너건 패밀리 석좌 교수

머리말

자유주의자는 우리가 타인의 권리를 침해하지 않는 한 우리 각자는 우리가 원하는 대로 자유롭게 살 수 있어야 한다고 믿는다. 서로를 평등한 인간으로 존중하기 위해서는 우리는 사람들이 사회를 위해, 또 서로를 위해 봉사하도록 강제해서는 안되며, 심지어 자신에게 유익을 주는 것도 강제해서는 안된다.

자유주의 비판자들은 사람들에게 너무 많은 자유를 허용하는 것이 나쁜 결과를 초래할 것을 우려한다. 비판자들은, **어느 정도**의 자유는 분명 좋지만, 우리는 좋은 결과도 보장할 필요가 있다고 말한다. 우리는 좋은 문화, 과학적 진보, 그리고 경제 번영을 보장하는 정부를 필요로 한다는 것이다.

자유주의자는 자유가 좋은 결과를 **보장**하지 않는다는 데 동의한다. 만약 사람들이 스스로 선택을 자유롭게 할 수 있다면, 많은 사람이 나쁜 선택을 할 것이다. 그럼에도 자유주의자는 **아무것**도 좋은 결과를 보장해 주지 않으며, 따라서 보장이라는 것은 핵심을 벗어나는 것이라고 말한다. 자유가 좋은 결과를 보장하는 것은 아닐지 모르나, 실제로는 좋은 결과를 가져다준다.

그게 사실이든 아니든 간에 이는 매혹적인 생각이다. 나는 고등학교 경제학 수업에서 자유주의 사상을 처음으로 접했다. 나의 선생님이셨던 미스터 리Mr. Lee는 내가 헨리 해즐릿Henry Hazlitt의 **『한 강좌로 된 경제학』***Economics in One Lesson*을 읽을 것을 제안했다. 그것이 나를 바꾸어 놓았다.

해즐릿은 여러분이 정책을 평가할 때 사람들의 좋은 과거의 의도를 넘어 그 결과를 보아야 한다고 내게 가르쳤다. 그는 나에게 정치를 낭만 없이 보라고 가르쳤다.

해즐릿의 강좌는 단순하다. 우리가 제안된 정책을 평가할 때, 그는 우리가 의도된 수혜자에게 미치는 즉각적인 영향만을 검토하지 말라고 말한다. 그 대신에, 그는 그것이 영향을 받는 모든 집단에게 미치는 단기 및 장기의 효과를 모두 검토하라고 충고한다.

해즐릿의 강좌는 그 자체로 프레데릭 바스티아Frédéric Bastiat의 『보이는 것과 보이지 않는 것』*What Is Seen and What Is Not Seen*의 현대판이다. 바스티아도 정치경제학을 하나의 교훈으로 축약한다. 그는 이렇게 말한다.

> 나쁜 경제학자와 좋은 경제학자 사이의 차이점은 단 한 가지이다: 나쁜 경제학자는 **눈에 보이는** 효과에만 자신을 국한한다. 좋은 경제학자는 눈에 보이는 효과와 나타나게 되어 있는 효과를 모두 고려한다.

이 조언은 간단하고도 명백하지만, 우리 중 이를 따르는 사람은 거의 없다.

예컨대, 한때 자랑스러웠던 위젯widget 산업이 몰락 중이라고 가정하자. 한때 강력했던 제너럴 위젯General Widgets이 사업을 유지하기 위해 매년 수백만 달러의 손실을 본다. 좋은 의도를 가진 어떤 상원 의원이 제너럴 위젯 노동자의 일자리를 지키기 위해 정부가 제너럴 위젯에 보조금을 지불할 것을 제안한다고 가정하자. 좋은 아이디어인가? 해즐릿과 바스티아라면 그 보조금이 어디에서 나오는지 물어보라고 조언할 것이다. 보조금은 세금으로 지불된다. 제너럴 위젯의 일자리를 지키려면 다른 경제 부분에서 돈을 빼 와야 한다. 제너럴 위젯에 보조금을 지불한다는 것은 생산적인 경제 부분에서 비생산적인 부분으로 자원을 이전하는 것을 의미한다. 제너럴 위젯에 보조금을 지불한다는 것은 경제의 부富를 창출하는 부분에서 부를 파괴하는 부분으로 자원을 이전하는 것을 의미한다. 제너럴 위젯에 보조금을 지불할 때, 우리는 위젯 공장 현장에서 지켜낸 모든 일자리를 볼 수 있다. 우리는 경제의 나머지 부분에서 우리가 파괴한 모든 일자리를 인식하지 못한다. 즉, 보조금을 받을 필요가 없었기 때문에 실제로 다른 사람들을 위해 가치를 창출하고 있던 일자리들 말이다.

자유주의자는 자유 시장에 대한 과도한 열정을 가진 것으로 종종 여겨진다. 그 비판자들은 확실히 시장은 아주 잘 작동하는 경향이 있고, 좋은 재화를 전달하는 경향이 있다고 말한다. 그러나 비평가들은 시장이 실패하거나 실수할 수도 있다고 덧붙인다. 시장이 실패할 때는 정부 개입이 필요하다는 것이다.

자유주의자는 '맞다, 시장도 실패할 수 있음은 물론이다'라고 말한다. 그런데 정부 또한 실패할 수 있다고 그들은 덧붙인다. 원칙적으로는 완전한 정보를 갖추고 바른 동기를 가진 정부가 시장 실패를 교정할 수 있다고 일면 주장할 수 있다. 그런데 현실의 정부가 실제로 시장 실패를 교정할 것이라고 주장하는 것은 다른 문제이다. 기초 경제학 교과서들이 정부 개입을 요구할 때, 그것들은 해당 정부가 시장 실패를 교정하는 방법을 알고 있으며 정부가 그 권력을 그렇게 하는 데 사용할 것을 명시하고 있다. 현실 세계에서 우리는 정부에게 그렇게 하라고 법규로 명기할 수 없다. 우리가 현실 세계의 정부들이 행하기를 원하는 것과 실제로 정부가 행하는 것 사이의 모든 차이는 이 때문에 나온다.

우리는 생각 없는 자유주의자가 시장 실패를 무시하고서 시장에 의한 해결책을 내세운다고 말할지 모른다. 생각 없는 개입주의자는 정부 실패를 고려하지 않고 정부에 의한 해결책을 내세운다. 경제적 자유주의를 하나의 교훈으로 요약해야 한다면 이것일 것이다: 여러 정책을 평가할 때 시장 실패 및 정부 실패를 모두 고려하라. 그렇게 하지 않는 사람은 무책임한 방식으로 자신의 정치적 신념으로 귀착하게 된다.[1]

노벨상 수상자인 경제학자 게리 베커Gary Becker는 우리가 일단 시장 실패와 정부 실패 둘 다 고려한다면, 정부가 시장에 개입하는 것을 옹호하는 경우는 거의 드물 것이라고 주장한다.[2] 이는 단지 이상적인 정부라면 시장의 실수를 교정할 수 있다는 것이 곧 실제의 정부가 그렇게 교정할 것이라는 의미는 아니기 때문이다. 정부가 상황을 개선하기보다 악화시키는 경우가 더 많다고 베커는 말한다. 지금은 아마 베커가 틀릴 수도 있다. 시장 실패 및 정부 실패를 제대로 평가하는 데는 아마 정부의 엄청난 개입이나 심지어 사회주의까지 필요하다. 우리는 그것에 대해 논쟁할 수도 있을 것이다. 그러나 만약 우리가 그런 논쟁을 하고 있는 중이라면, 우리는 적어도 지적으로 책임 있는 방식으로 정치에 관해 논쟁을 하고 있는 것이다. 그것은 하나의 개선이다.

자유주의는 경제학에 대한 시각으로 가장 잘 알려져 있다. 그러나 그것은 단지 경제학에만 관련된 것이 아니다. 그것은 심지어 주로 경제학에 관

1 시장 실패와 정부 실패를 모두 고려하는 객관적 논증 방식에 따르지 않는다면 자신이 믿고 있는 신념의 편향으로 귀결하기 마련이다. 그 경우 시장주의자는 시장만이 옳다고, 개입주의자는 정부만이 옳다는 '믿음'이 지배하고 과학적 논증은 실종된다.

2 굳이 정부 실패만을 보는 것이 아니라 정부 실패, 시장 실패를 모두 감안하더라도 정부 개입은 거의 정당화되기 어렵다는 것이 베커의 시각이다.

련된 것도 아니다. 자유주의가 자유 시장에 대해 갖는 태도는 자유주의가 사회생활의 여타 부분에 대한 태도가 확장된 것일 뿐이다.

자유주의는 단지 경제학에 관한 것도 아니며, 심지어 주로 경제학에 관한 것도 아니므로 나는 제6장 전까지는 경제 문제에 초점을 맞추지 않는다. 제1장에서는 자유주의 사상에 대한 소개를 제공하고, 적어도 우리가 대중적 토론에서 이러한 용어들을 어떻게 사용하는지를 감안할 때 자유주의는 어떻게 실제에 있어서 보수적conservative 시각이나 진보적리버럴, liberal 시각이 아닌지를 설명한다.[3] (철학적 용어로 보면, libertarianism으로 표기한 자유주의는 본래의 자유주의(liberalism)에 해당되는데, 철학자들은 그것을 러쉬 림보(Rush Limbaugh)가 의미하는 '리버럴' (liberal)의 의미와 구별한다).[4]

제2장에서는 자유주의자가 자유를 어떻게 생각하는지 설명하고 그들이 자유를 중요시하는 이유를 전반적으로 개관한다. 제3장에서는 개인의 도덕성 및 윤리에 관한 이슈들을 탐구한다. 그것은 주로 자유주의에 대한

3 '자유주의'(liberalism)의 학문적 본의는 개인의 자유를 보호하고 사적 계약을 통해 상호 작용을 하는 점을 강조하는 정치 철학이다. 그런데 좌파가 특히 미국에서 오늘날 liberalism은 자유주의가 아니라 좌파주의(leftism)나 진보주의(progressivism)로, 또 liberal은 '자유주의자'가 아니라 '좌파'(leftist) 혹은 '리버럴' 등의 진보주의자라는 의미로 사용한다. 미제스, 하이에크, 홀콤 등에 의하면 이는 좌파가 언어를 오염시킨 선명한 예이다. liberalism이 자유주의가 아니라 오히려 그와 반대되는 좌파주의나 진보주의로도 쓰이고, 또 liberal이 자유주의자가 아니라 그와 상극인 좌파, 진보주의자라는 의미로 오염되자, 로크, 스미스, 흄 등의 진정한 자유주의 전통을 이어 온 자유주의자들은 자신이 좌파, 진보주의자로 오해되는 것을 거부하면서 진정한 자유주의를 지칭하기 위해 '고전적'(classical)이란 수식어를 붙여 '고전적 자유주의'(classical liberalism) 혹은 아예 해방이란 뜻의 불어를 토대로 libertarianism이란 용어를 사용하게 되었다. 또 자신을 고전적 자유주의자(classical liberal) 혹은 리버테리언(libertarian)으로 부른다. 이 책에서도 liberalism이 현대 미국의 대중 정치 의미로 쓰일 경우 '좌파주의'나 '진보주의'로, 그런 주장자를 '좌파' 혹은 단지 '리버럴'로 부를 것이다. 또 본래 의미의 자유주의는 '고전적 자유주의', '본래 의미의 자유주의', 혹은 '리버테리언주의'(libertarianism) 등으로 부르고, 그 주장자들은 '(고전적) 자유주의자', 혹은 '리버테리언'이라고 부를 것이다.

4 러쉬 림보는 미국의 보수주의 논평가이다. 그가 말하는 liberalism은 오늘날 미국의 좌파 리버럴적 정치 이념, 즉 좌파주의나 진보주의란 뜻이다.

오류, 특히 대부분의 자유주의자가 아인 랜드Ayn Rand의 추종자라고 생각하는 오류를 바로잡기 위한 것이다. 제4장에서는 정부와 민주제에 관한 자유주의적 시각을 개관한다. 그것은 정부 실패의 개념을 설명하고, 자유주의자가 정부가 문제를 해결하는 것에 반대하는 성향이 있는 이유를 광범위하게 설명한다. 제5장에서는 마약과의 전쟁War on Drugs, 장기 판매organ sales, 총기 규제와 같은 뜨거운 이슈를 포함하여 시민적 자유civil liberties에 대한 자유주의적 시각들을 설명한다. (몇 가지 더 뜨거운 이슈들은 오늘날의 문제들을 다루는 제8장으로 넘긴다.) 제6장에서는 자유주의자가 강력한 재산권, 자유 무역, 그리고 자유 시장을 지지하는 이유를 설명한다. 제7장에서는 사회 정의social justice에 관한 자유주의적 시각들을 설명한다. 대중들이 잘못 이해하고 있는 것과는 달리, 역사적으로 대부분의 자유주의자는 부분적으로는 가난한 사람들에 관한 관심에서 자유주의를 주장해 왔다. 제8장에서는 바로 요즘 토크쇼 및 뉴스 방송에서 토론되는 몇 가지 현대적 문제들을 다룬다. 마지막으로, 제9장에서는 자유주의를 현대 정치 안에서 다룬다. 그것은 어느 주 및 어느 나라가 자유주의와 가장 거리가 먼지 혹은 가장 자유주의적인지 묻는다. (당신이 놀라워할지 모르나, 미국은 가장 자유주의적인 나라가 아니다.) 그것은 또한 미국과 세계가 점점 더 자유주의적으로 되어 가는지 혹은 점점 거기서 멀어지는지와 같은 몇 가지 추세들을 탐구한다.

이 책은 미국 정치에 초점을 두고 있다. 비록 미국이 가장 자유주의적인 나라는 아니지만(질문 98번 참조), 자유주의적 사고에 대한 관심이 가장 많이 표현되는 나라이다. 이 책은 또한 선거 중간에 출판되고 있는데, 거기서 티 파티Tea Party[5] 및 론 폴Ron Paul[6] 덕분에 몇 가지 자유주의 사상들이 정치 전

5 티 파티는 제9장의 질문 95번 참조.

면에 대두되어 있다.

이 책을 읽는 방법은 여러 가지이다. 처음부터 끝까지 죽 통독할 수 있다. 그러나 옥스퍼드 대학 출판사Oxford University Press의 **모두가 알아야 할 것**What Everyone Needs to Know 시리즈의 다른 책들처럼 나는 독자들이 그렇게 할 것으로는 예상하지 않는다. 그 대신에, 당신이 좋아하는 어느 질문에서부터든 시작할 수 있다. 또한 당신은 어떤 생각들은 다른 질문들 속에서 반복되는 것을 때때로 볼 텐데, 이는 내가 독자들이 1페이지부터 읽기 시작했다고 가정하지 않기 때문이다.

만약 당신이 주로 경제적 자유에 관한 질문들에 관심이 있다면, 당신은 질문 36번 및 37번에서 읽기 시작한 다음에 제6장, 제7장 및 제8장을 읽을 수도 있다.

만약 당신이 약자 및 억압받는 자들에 관한 자유주의자의 태도에 관심이 있다면, 제7장부터 읽기 시작한 다음에 제4장, 제5장, 제6장 및 제8장을 읽을 수도 있다.

만약 당신이 현대의 정치적 논쟁에 가장 관심이 있다면, 제1장에서 시작한 다음, 제8장과 제9장을 읽은 다음에 나중에 다른 장들, 특히 질문 48~50번 및 질문 54~61번으로 돌아갈 수도 있다.

만약 당신이 선과 옳음에 관한 더 추상적인 철학적 질문들에 가장 관심이 있다면, 제1장에서 시작한 다음에 제2장과 제3장을 읽을 수도 있다.

당신 자신에게 물어보라. 당신은 자유주의자가 공동체와 가난한 사람

6 론 폴은 미국 정치 현실에 나섰던 자유주의 사상가 및 정치인으로 하원 의원을 거쳐 전략적으로 공화당을 선택해 대통령 후보자로 출마한 바 있다. 2016년에는 대선에 출마하지 않았음에도 선거인단 중 1표를 얻었다. 2022년 11월에 다시 당선되어 켄터키주의 3선 상원 의원이 된 그의 아들 랜드 폴이 자유주의 노선을 상당 부분 잇고 있다.

들의 고통에 무관심하고 단지 대기업만 보호하려는 이기적이고 윤리적으로 자기중심적 사람들이라고 생각하는가? 오해를 바로잡으려면, 나는 제3장부터 읽기 시작할 것을 추천한다. 그런 다음 질문 36번, 37번 및 71번을 읽은 후 제7장 및 그리고 끝으로 질문 92번을 읽으면 된다.

이 책을 쓸 것을 제의하고 쓰도록 나를 격려해 준 옥스퍼드 대학 출판부의 나의 편집자 데이비드 맥브라이드David McBride에게 감사를 드린다. 책을 어떻게 구성할 것인지에 관해 귀중한 의견 교환을 주신 익명의 두 심사자에게 감사를 드린다. 내가 글을 쓰는 동안 이러한 문제에 대해 도움이 되는 의논을 해 준 브라이언 캐플런Bryan Caplan, 존 해스너스John Hasnas, 알렉산더 맥커빈Alexander McCobin, 데이비드 슈미츠David Schmidtz, 존 스래셔John Thrasher, 케빈 밸리어Kevin Vallier에게 감사를 드린다. 특히 내가 과거 브라운Brown 대학에 있을 때의 동료인 존 토머시John Tomasi에게 감사를 드린다. 존과 나는 고전적 자유주의에 대한 대안적이고도 보다 인간적인 비전을 논의하고 형성하면서 함께 여러 해를 보냈다.

제이슨 브레넌

워싱턴, DC

2012년 4월

차례

제1장 자유주의의 기초

제2장 자유의 본질과 가치

제3장 인간의 본성과 윤리

제4장 정부와 민주제

제5장 시민적 권리

제6장 경제적 자유

제7장 사회 정의와 빈곤층

제8장 오늘날의 문제

제9장 정치: 어제, 오늘, 그리고 내일

제1장

자유주의의 기초

1 자유주의란 무엇인가?

자유주의는 하나의 정치 철학이다. 자유주의자는 개인 자유의 존중이 정의justice의 중심적 요건이라고 믿는다. 그들은 인간관계가 상호 동의에 토대해야 한다고 믿는다. 자유주의자는 협력, 관용, 그리고 상호 존중의 자유로운 사회를 내세운다.

자유주의는 우리 각자가 타인의 권리를 침해하지 않는 한, 우리의 삶을 어떻게 전개할지 선택할 수 있도록 허용되어야 한다고 주장한다. 그리고 우리의 삶을 영위하는데 사회의 허락을 받을 필요가 없다. 우리는 다른 사람들에게 답을 하거나 그들에게 우리 자신을 정당화할 필요가 없다. 우리는 모르는 사람들에게 봉사하도록 강요되어서는 안된다. 우리는 **우리 자신**에게 봉사하는 것조차 강요받아서는 안된다.[1] 즉, 아무도 우리 자신의 유익을 증진하라고 우리에게 강요할 수 없다. 자유주의자는 우리 각자에게 다른 사람들이 더 큰 사회적 안정, 경제적 효율성 또는 더 좋은 문화를 위해 우리를 희생시키는 것을 금지하는 정의에 토대를 둔 불가침성이 있다고 믿는다. 우리 자신의 삶에 관해 우리 각자는 주권자sovereign이다. 우리는 노예, 하인 혹은 버려진 아이처럼 취급되어서는 안된다.

자유주의는 미국에서 가장 인기 있는 정치 철학이 아니다. (질문 12번, 질문 94번 참조.) 그렇지만 그것은 상식적인 도덕적 사고로부터 나온다. 대부분의 미국인이 추상적으로는 우리가 타인을 해치거나 그들의 권리를 침해하

1 예컨대, 나 자신에게 좋은 결과를 가져오는 것조차도 누군가가 내가 그것을 행하도록 강요해서는 안된다.

지 않는다면 우리는 우리가 원하는 대로 자유로이 행동할 수 있어야 한다는 데 동의한다. 대부분의 사람이 인간관계가 자발적이어야 한다는 데 동의한다. 예컨대, 대부분의 사람이 내가 당신에게 내 교회나 북클럽에 들어오도록 강제하는 것이 잘못된 것임에 동의한다. 대부분의 사람이 '더 큰 선을 위해'for the greater good 개개의 사람을 희생해서는 안된다는 데 동의한다. 대부분 사람이 '자신의 이익을 위해'for her own good 다른 성인에게 무엇인가를 하도록 강제하는 것은 잘못된 것이라는 데 동의한다.

그러나 대부분의 사람이 이러한 상식적인 원리들에 대한 예외가 많이 있다고 생각한다. 자유주의자는 그렇지 않다. 예컨대, 보수주의자conservatives는 정부가 사람들이 돈을 위해 성性 거래를 금지하기를 원한다. 자유주의자는 그렇지 않다. 많은 좌파-리버럴은 정부가 정식 서류가 미비한 이민자를 가정부로 고용하는 것을 금지하기를 원한다. 자유주의자는 그렇지 않다. 마르크스주의자Marxist는 개인이 공장을 소유하는 것을 정부가 금지하기를 원한다. 자유주의자는 그렇지 않다.

자유주의자는 만약 우리가 인간관계가 자발적이어야 한다는 생각을 진지하게 받아들인다면, 정부의 역할은 크게 제한되어야 한다고 말한다. 정부가 행하고 있고 또 사람들이 정부가 행하기를 원하는 많은 일들은 우리의 이웃을 노예, 하인, 혹은 스스로 어쩌지 못하는 어린아이로 취급하지 않고는 수행할 수 없다. 자유주의자의 시각에서 보면, 좌파-리버럴, 보수주의자, 마르크스주의자, 파시스트, 그리고 사민당원을 포함하여 다른 정치 이념을 가진 사람들 모두가 우리는 때로는 우리 이웃을 노예, 하인, 혹은 어린아이로 취급해야 한다는 데 동의한다. 그들은 단지 어떻게, 그리고 언제 그럴지에 관해서만 의견이 다를 뿐이다.

자유주의자는 정부를 불신하는 경향이 있다. 그 부분적인 이유는 그들이 정부는 흔히 무능하다고 믿기 때문이다. 사회와 시장은 생태계와 같고, 또 생태계가 그러하듯이 그것들을 관리하는 데는 의도하지 않은 결과가 나올 수밖에 없다. 따라서 정부는 문제를 개선하는 것이 아니라 악화시키는 경향이 있다. 자유주의자는 권력을 얻을 수 있다는 희망이 남을 돕기를 원하는 사람들에게 매력을 줄 수도 있지만 남을 착취하려는 사람들에게도 적어도 그만큼 매력을 줄 수 있다는 점을 우려한다.[2]

자유주의는 단일의 철학이 아니라 이와 관련된 철학들을 모아놓은 것이다. (질문 5번 참조.) 대부분의 여러 정치 철학의 내부에 다양성이 있듯이, 자유주의적 사상 내부에도 많은 다양성이 있다. 자유주의자는 그 원리들의 공통적 핵심을 공유한다. 그들은 때때로 이러한 원리들을 이해하는 방식에 관해 의견이 일치하지 않는다. 그들은 이러한 원리들에 대한 몇 가지 예외가 있다고 생각하기도 하며, 그렇게 생각하지 않는 경우도 있다.

2 자유주의자는 무엇을 내세우는가?

자유주의자는 **극도의 관용**radical tolerance을 내세운다. 자유주의는 요구하는 것이 많은 교리이다. 즉, 그것은 우리가 우리 자신의 일에나 신경을 쓸 것을 요구한다. 우리 대부분은 그렇게 하지 않으려고 하지만 말이다. 자유로운 사회에서는 어떤 사람들은 전통적인 생활 방식을 따르기로 선택할 것

2 권력을 얻겠다고 정부에 선인만 들어오는 것이 아니며 악인도 최소한 선인만큼은 들어오는 것은 우려할 만한 점이다.

이다. 또 다른 사람들은 새로운 삶의 방식을 선택할 것이다. 어떤 사람은 촘촘하게 짜인 공동체를 선택할 것이다. 어떤 사람은 코뮌[3] communes을 선택할 것이다. 어떤 사람은 홀로 사는 삶을 선택할 것이다. 어떤 사람은 사악할 것이다. 어떤 사람은 덕이 있을 것이다. 어떤 사람이 평온하게 살고 다른 사람의 자유를 존중하는 한, 그 사람은 그가 선택한 대로 삶을 영위할 수 있을 것이다. 자유주의자는 "네가 원하는 대로 살고 남도 그리 살게 하라" Live and let live고 말한다. 누구든지 선한 삶에 관해 타인의 시각에 맞추도록 강요받아서는 안된다. 심지어 우리가 다른 사람들이 사악하고, 경솔하고, 자기 파괴적이고, 혹은 어리석은 삶을 사는 것을 볼 때조차도, 그들이 다른 사람의 권리를 존중하는 한 우리는 그들이 그렇게 하도록 내버려 두어야 한다. 우리는 다른 사람들에게 그들의 방식을 바꾸도록 설득하려고 할 수도 있다. 우리가 좋은 본을 세울 수도 있다. 그러나 우리는 그들이 더 잘하도록 강제할 수는 없다.

자유주의자는 **극도의 의지주의**[4] radical voluntarism를 내세운다. 자유주의자는 인간의 모든 상호 작용이 강제가 아닌 동의에 토대하기를 원한다. 모든 사람은 자기 삶의 주권자이어야 한다.

자유주의자는 **극도의 존중** radical respect을 내세운다. 정상적인 성인은 누구라도 좋은 삶의 의미를 개발하고 그 의미를 실현하기 위한 계획에 근거하여 행동하는 능력이 있다. 사람은 자기 삶의 주체이다. 이 주체성이 중요하다. 감각을 가진 다른 피조물과 인간을 구별해 주는 것이 바로 이 점이다.

3 코뮌은 주로 유럽에 기반한 전통적 지배 체제에서 공동생활을 하는 최하위 자치 단위를 말한다.
4 의지주의(意志主義(voluntarism), 혹은 주의주의(主意主義))는 개인의 자발적 의지가 세계의 근본 원리이며 이것으로 세계가 형성된다는 인식론이다. 이에 반대되는 결정주의(determinism)는 개인 외부의 어떤 주체에 의해 세계가 결정된다고 본다. 자유주의는 전자를 따른다.

개인을 삶의 주체로 존중하기 위해 우리는 개인들에게 동등한 자유 영역을 가진 다른 사람들과 양립하는 개인적, 시민적, 그리고 경제적인 자유의 범위를 가능한 한 광범위하게 인정해야 한다.

자유주의자는 **극도의 평등**radical equality을 내세운다. 어떤 사람이나 사람의 집단도 다른 사람 및 다른 사람의 집단보다 우월한 특별한 권위를 가지고 있지 않다. 다른 사람을 당연히 지배할 수 있는 사람은 아무도 없다. 모든 사람은 능력, 덕성, 혹은 사회 계급에 관계없이 기본적으로 동일한 도덕적 지위를 가진다. 우리 모두는 자기 자신에 대해서는 동등하게 주권자이며, 타인에 대해서는 동등하게 비非주권자nonsovereign이다.

자유주의자는 **극도의 평화**radical peace를 내세운다. 많은 사람이 정부는 다른 나라의 시민을 완전한 인간이 아닌 것처럼 취급할 수 있다고 믿는 듯하다. 자유주의자는 모든 사람이 어디에서 태어나든 동일한 기본적인 도덕적 지위를 가지고 있다고 믿는다. 어떤 국가도 자신의 경제를 발전시키기 위해 외국인의 이익을 희생할 수는 없다. 제국과 정복은 결코 정당화할 수 없다. 정부는 자기네 국민의 이득을 확보하기 위해 전쟁을 일으켜서는 안된다. 정부는 오직 진정한 자기방어를 위해서만 전쟁을 할 수 있다.

자유주의자는 **책임**responsibility을 내세운다. 자유로운 사회에서는 사람들이 자신의 결정에 책임을 져야 한다. 그들은 자신의 잘못된 결정의 대가를 타인들에게로 외부화해서는 안된다. 자유주의자는 책임감 있고 자유로운 사람들은 문제를 해결하기 위해 연대할 것임도 믿는다.

그러므로 자유주의자는 **극도의 자유**radical freedom를 내세운다. 각 사람은 자신의 삶을 어떻게 전개할지 결정할 수 있다. 우리는 다른 사람들에게 우리 자신을 정당화할 필요가 없다. 우리 각자는 정의에 토대한 불가침성을 가지는데, 이는 다른 사람들이 더 큰 사회적 안정, 경제적 효율성, 혹은 바람직한 문화적 목적을 이루기 위해 우리를 희생하는 것을 금지한다.

3 자유주의자는 무엇을 반대하는가?

자유주의자는 사회가 사회 안의 개인들과는 별개의 사회 자체의 선good을 가지고 있다는 생각을 거부한다. 그들은 개인이 더 큰 사회적 유기체 안에 있는 세포일 뿐이라는 교리를 거부한다.

자유주의자는 우리가 이웃에게 빚을 지고 태어났다는 생각을 거부한다. 우리의 삶은 사회의 변덕에 따라 언제든지 현금화되는 백지 수표가 아니다.[5]

자유주의자는 정부가 시민을 부모가 자녀를 대하듯이 다루어야 한다는 생각을 거부한다. 우리의 이웃을 존중하려면 우리는 그들이 그들 자신의 결정으로 일어서도록 허용해야 한다. 우리는 때때로 그들이 그들 자신의 결정으로 인해 무너지도록 허용해야 한다.[6] 우리는 그들을 통제하려고 해서는 안되는데, 심지어 그들 자신의 이익을 위해서라도 그러하다.[7] 어떻든 '우리는 그들 자신의 유익을 위해 그렇게 하고 있다' we are doing it for their own good는 것은 흔히 악을 행하는 것에 대한 핑계이다.[8]

5 우리가 이웃과 더불어 서로에게 빚지고 살아간다는 명분으로 사회가 임의의 시간에 개인에게 희생을 요구하는 것에 따를 도덕적 의무가 없다.

6 개인이 자유롭게 고위험 및 고수익을 얻는 투자를 선택하고 그 결과 실패하는 경우, 그 실패를 사회(실은 타인들)가 보전해 주는 것은 자유주의의 본질에 어긋난다.

7 병자를 그 의사에 반하여 강제적으로 치료하는 것이 그 본인에게 이익을 주는 경우라도 이를 강제하는 것은 자유주의에 어긋난다.

자유주의자는 어떤 개인 혹은 어떤 집단이 다른 누구보다 우월한 자연적 권위를 가지고 있다는 생각을 거부한다. 우리 모두는 자기 자신에 대해서는 동등하게 주권자이며 타인에 대해서는 동등하게 비주권자이다. 다수가 소수를 지배할 자연적 권리는 없다.

자유주의자는 목표를 달성하기 위해 폭력을 사용하는 것을 거부한다. 폭력은 때때로 자기방어를 위해 허용하며 다른 경우에는 거의 허용되지 않는다. 자유주의자는 정부가 규범적 도덕 규칙에서 면제된다고 생각하지 않는다. 만일 내가 당신에게 무언가를 하도록 강제하는 것이 잘못된 것이라면, 경찰이 당신에게 그렇게 하도록 강제하는 것 또한 잘못된 것임이 보통일 것이다.

자유주의자는 국경이 사람들을 내부자와 외부자로 구분해야 한다는 생각을 거부한다. 그들은 우리가 이 국경을 넘나드는 것을 서로에게 금지할 수 있다고 생각하지 않으며, 같은 나라 국민에게 특혜를 줄 것을[9] 사람들에게 강제할 수도 없다고 생각한다.

자유주의자는 정부에 관한 낭만적인 생각에 반대한다. 사람은 사람이다. 누군가에게 총을 건네주고는 그를 보스라고 부르며, 고상한 목표를 부여한다고 그가 성자로 바뀌지 않는다. 자유주의자는 권력을 잡은 자들이 자신의 권력을 선을 행하기 위해 사용하기 원할 것이라는 데에 회의적이다. 그들은 또한 권력을 쥔 자가 선을 행하는 **방법**을 알 것이라는 데에 회의적인데, 심지어 그들이 그것을 알기 원하는 경우에도 말이다. 만약 정부가 전지전능한 천사들로 채워진다면 많은 자유주의자는 정부의 역할이 커지는

....

8 '너의 자유를 구속하는 것은 다 너를 위한 것이야'라는 논리를 자유주의는 거부한다.

9 예컨대, 내국인이 외국인에게 불이익을 주거나, 외국인보다 동료 내국인을 우대하는 것 등이다.

것을 받아들일 것이다. 그러나 정부가 현실의 인간의 결점을 지닌 현실의 사람들로 채워질 때, 자유주의자는 정부의 역할은 제한되어야 한다고 믿는다. 우리 삶 속에서 정부는 기껏해야 무대를 설정해야 하며 각본이 되어서는 안된다.

4 우리는 왜 자유주의를 알아야 하는가?

미국의 공중은 자유주의자의 목소리를 점점 더 내는 것 같다. 티 파티 Tea Party는 자유주의적인 생각들을 자주 옹호한다. 최근의 갤럽 여론 조사에 의하면 미국인들은 연방 정부가 지출하는 모든 돈의 절반을 낭비하고 있다고 믿고 있다. 미국인의 82%는 국가가 잘못 다스려지고 있다고 생각한다. 69%는 의회를 거의 또는 전혀 신뢰하지 않는다고 말한다. 거의 절반은 시민의 권리와 자유에 대한 즉각적인 위협이 정부라고 믿는다. 높은 휘발유 가격과 금융 위기에도 불구하고, 미국인들은 자신의 정부보다 가스, 은행 및 부동산 산업체들을 더 긍정적으로 본다.

물론 정부에 대한 불신은 평화, 번영, 그리고 자유라는 자유주의적 이상을 원칙적으로 지지하는 것과는 다르다. 그럼에도 최근 CNN의 여론 조사에서 기록적인 63%의 미국인들이 정부가 너무 많은 일을 하고 있으며 개인과 기업에 더 많은 것을 넘겨야 한다고 말했다. 50%는 정부가 전통적 가치를 고양하려고 해서는 안된다고 말했다. 미국 시민은 경제나 사회 및 도덕적 삶에 대해 포괄적인 정부 개입을 점점 줄여 나가기를 선호하는 것 같다.

우리가 자유주의를 알아야 하는 이유는 세상이 점점 더 자유주의적으로 변하고 있기 때문이다. 일반적으로, 세계 전반에 걸쳐 경제 장벽들이 낮아지고 있다. 다양성에 대한 관용이 증가하고 있다. 전통적으로 자유롭지 못한 국가들이 점점 더 자유로워지고 있다. 우리는 다음과 같이 질문할 필요가 있다: 이러한 발전이 좋은 것인가, 혹은 나쁜 것인가? 모든 사람이 얼마만큼 자유로워져야 하는가? 그들은 자유주의자가 그들에게 바라는 만큼 자유로워져야 하는가, 혹은 우리가 사람들의 자유를 제한해야 하는가?

우리가 자유주의를 알아야 하는 부분적인 이유는 자유주의가 미국 정치에서 제3의 길을 제공하기 때문이다. 미국 정치에는 두 개의 큰 진영이 있다. 첫 번째는 경찰국가$_{police\ state}$인 미국, 즉 전 세계를 보호하면서 그 시민들의 생활 방식을 보호하는 국가를 내세운다. 그것은 정부가 전통적인 유대-기독교적 덕성을 증진할 것을 내세운다. 두 번째는 보모 국가$_{nanny\ state}$인 미국, 즉 그 시민들의 행동을 '그들 자신의 이익을 위해' 조절하고 통제하는 국가를 내세운다. 두 진영 모두 정부가 산업과 교역을 관리, 통제, 그리고 뒷받침하는 것을 지지한다. 수사상으로는 멋들어진 경계선이 두 진영을 구분한다. 그러나 집권했을 때는 두 진영은 완전히 같은 식으로 행동한다.

우리가 자유주의를 알아야 하는 이유는 자유주의가 우리가 당연하다고 여기는 생각들에 도전을 주기 때문이다. 예컨대, 대부분의 사람은 만약 어떤 목표, 곧 국가 번영이나 빈곤층을 돕는 것이 중요하다면, 정부는 그 목표의 달성에 책임을 져야 한다고 가정한다. 이와 대조적으로, 자유주의자는 이러한 목표는 너무나 중요하기 때문에, 우리는 정부가 그것을 책임지도록 내버려 두어서는 안된다고 말한다.[10] 대부분의 미국인은 어떤 문제를 볼

········

10 아주 중요한 일이니 정부가 담당해야 한다는 시각과 아주 중요한 일이라는 바로 그 점 때문에 개인이 직접 담당해야 한다는 시각의 차이이다. 자유주의는 후자이다.

때, 정부가 어떻게 그것을 해결할 수 있을지 궁금하게 생각한다. 자유주의자가 어떤 문제를 볼 때는, 그 문제가 어떻게 해결될 수 있을지 궁금하게 생각한다.[11]

우리가 자유주의를 알아야 하는 이유는 그것이 현상 유지에 도전을 주기 때문이다. 우리는 현상 유지를 당연한 것으로 여기는 경향이 있다. 우리는 세계가 강력한 국가들, 즉 시민들 삶의 많은 측면을 통제하고 규제하려는 국가들로 분화되어 있음을 본다. 우리는 이것이 당연할 따름이고 대안이 없다고 가정한다. 자유주의는 우리가 그보다 더 잘할 수 있으며 더 잘해야 한다고 말한다.

우리가 자유주의를 알아야 하는 이유는 그것이 부자들과 힘 있는 자들의 권위에 도전을 주기 때문이다. 우리 대부분은 친親권위적pro-authority 편향성이 있다. 우리는 사회 압력에 순응하도록 진화했다. 심리학자 스탠리 밀그램Stanley Milgram은 보통 사람 대부분이 과학자가 그렇게 하라고 지시할 경우 기꺼이 서로를 고문하고 죽일 의향이 있음을 보여 주었다. 정부에 저항한다는 미국적 신조에도 불구하고 미국인들은 권력에 복종하는 경향이 있다. 자유주의적 사상은 이러한 편향성에 반격을 가한다.

우리가 자유주의를 알아야 하는 이유는 그것이 우리 자신의 도덕적, 정치적 신념이 일관성이 있는지를 결정하는 데 도움이 되기 때문이다. 자유주의의 기본 사상은 상식적인 도덕성에서 나오지만, 자유주의자는 이러한 사상을 사용하여 상식에 도전한다. 예컨대, 상식적인 도덕성은 어떤 사람이

11 전자는 문제를 해결하는 '정부'에 초점을 두고 후자는 문제를 해결하는 주체(정부)보다 해결될 '문제'에 초점을 둔다. 자유주의는 후자이며, 더 나은 문제 해결을 위해 정부 아닌 시장 기제를 이용하는 것에도 열려 있다.

자신의 일에 신경을 쓰며 다른 사람을 해치지 않는다면, 그를 그대로 놔두어야 한다고 말한다. 그러나 우리 대부분은 만약 그 사람이 제 일에만 신경을 쓰고 누구에게도 피해를 주지 않지만 코카인을 약간 흡입했다는 것을 알게 된다면 그 사람을 투옥하려 할 것이다. 당신들이 이 책을 읽으면서 알게 되겠지만, 자유주의자는 그 논의의 바탕을 당신들도 아마 동의할 전제와 생각에 두고 있다. 만약 그렇다면, 당신 자신은 왜 자유주의자가 아닌지를 당신 자신에게 묻고 싶을 것이다.[12] 자유주의자가 잘못 생각한 것인가, 아니면 당신이 그런 것인가? (혹은 일부 이슈에서는 자유주의자가 옳지만, 다른 이슈에서는 그렇지 않은 것인가?)

우리가 자유주의를 더 알아야 하는 이유는, 우리 대부분은 자유주의자가 무엇을 믿으며 왜 그리 믿는지에 관해 잘못된 생각을 가지고 있기 때문이다. 30년 전, 주류 언론에서 자유주의 사상을 논의한 사람은 거의 없었다. 그러나 최근 수년간 언론은 자유주의적 사고에 깊은 관심을 가져왔다. 그러나 언론은 자유주의자를 공정한 방식으로 보여 주지 못한다. 따라서 당신은 자유주의자가 실제로 생각하는 것을 오해할 가능성이 크다. **슬레이트**_Slate_, **허핑턴포스트**_the Huffington Post_, **뉴요커**_the New Yorker_, 그리고 **보스턴 리뷰**_the Boston Review_에 실린 자유주의 관련 기사들은 자유주의 비판자들이 쓴 것이었다. 자유주의자는 이 기사의 정확성과 균형성이 브래드 피트와 안젤리나 졸리의 부부싸움에 관한 최신 가십 칼럼 수준이라고 믿는다. 자유주의 비판자들이 자유주의를 공정하게 서술할 유인은 약하다. 비록 우리가 자유주의를 거부하더라도, 우리가 무엇을 거부하고 있는지는 알아야 한다.

....

12 동일한 전제와 생각에 입각하고 있으면서도 왜 자유주의자와 비자유주의자로 갈라졌을까?

우리가 자유주의를 알아야 하는 이유는 자유주의 혹은 그 일부가 옳을 수도 있기 때문이다.

5 자유주의자에는 어떤 유형이 있는가?

자유주의자가 모든 것에 의견이 일치하지는 않는다. '자유주의' libertarianism란 일단의 관련 정치 철학을 포괄하는 용어이다.

자유주의자는 (1) 고전적 자유주의자 classical liberals, (2) 강성 자유주의자 hard libertarians, (3) 신고전적 자유주의자 neoclassical liberals라는 세 가지 주요 범주로 구분된다. 이러한 집단들 사이의 경계는 유동적이다. 그들은 자유주의 사상의 역사에서 차지하는 각자의 위치에 따라 나누어진다. 각 집단은 일단의 핵심 사상을 공유한다.

(1) **고전적 자유주의자** classical liberals: 고전적 자유주의자는 최초의 자유주의자들이었다. 고전적 자유주의 사상가에는 19세기의 애덤 스미스 Adam Smith, 데이비드 흄 David Hume, 존 로크 John Locke, 매리 월스턴크래프트 Mary Wollstonecraft, 해리엇 테일러 밀 Harriet Taylor Mill, 프레데릭 바스티아 Frédéric Bastiat, 데이비드 리카도 David Ricardo와 20세기의 프리드리히 하이에크 F. A. Hayek, 제임스 뷰캐넌 James Buchanan, 고든 털럭 Gordon Tullock, 그리고 밀턴 프리드먼 Milton Friedman이 있다.

고전적 자유주의자는 개방적이고 관용적인 사회, 강력한 시민권, 강력한 경제적 권리 및 재산권, 그리고 개방된 시장 경제를 내세운다. 그들은 전쟁, 제국주의, 그리고 정복을 반대한다. 그들은 경제에 관한 정부의 통제 및 관리에 반대한다. 그들은 기업 복지[13] corporate welfare와 연고 자본주의[14] crony capitalism에 반대한다.

고전적 자유주의자는 문제를 해결하는 데 정부를 이용하는 것에 대해 강성 자유주의자보다는 반대가 적다. 노벨상 수상자인 경제학자 밀턴 프리드먼은 이렇게 말한다. "… 정부는 우리가 각자 성취하기에는 어렵거나 비용이 많이 든다고 여기는 것을 때로는 공동으로 성취할 수 있게 해 줄 수 있다. 그러나 그렇게 정부를 사용하는 데는 어떤 위험이 수반된다. 우리는 이런 식으로 정부를 이용하는 것을 피해서도 안되며 피할 수도 없다. 그러나 우리가 그렇게 하기 전에 이득들 사이에 명백하고도 광범위한 균형을 취해야 한다." 고전적 자유주의자는 흔히 정부는 공공재(예: 도로 또는 국방), 일종의 사회 안전망, 공립 교육, 또는 그보다 더 좋은 방식인 사립학교에 대한 공적 바우처 bouchers와 같은 몇 가지 서비스를 제공해야 한다고 믿는다. 고전적 자유주의자는 경제에 대한 몇몇 정부 규제를 수용하는 경우가 흔하다.

고전적 자유주의자는 우리가 자유를 존중해야 한다고 주장하는 경향이 있는데, 이는 그렇게 하는 것이 좋은 결과를 낳는 경향이 있기 때문이라고 한다. 그들은 덕성, 문화, 과학적 진보, 그리고 번영이 가장 잘 자라는 토양이 자유라고 믿는다.

초기의 고전적 자유주의자는 자신을 '고전적 자유주의자' classical liberals라

13 '기업 복지'는 미국 소비자 운동을 주도했던 랠프 네이더가 처음 쓴 용어로, 정부가 기업에 지원금, 조세 혜택, 구제 금융, 보조금 등의 특혜를 주는 것이 마치 기업이 사회 복지 대상자이기라도 한 것처럼 감싼다는 의미로 빈곤층이 아니라 기업이 받는 복지라는 비난이 들어 있다.

14 연고 자본주의(혹은 연고주의(cronyism))는 기업이 자유 시장적 경쟁이 아니라 주로 기업-정부 결탁으로 특혜를 받는 것에 몰두하는 경제 체제를 의미하며, 랜달 홀콤(Randall Holcombe)에 의해 최근 크게 부각되는 개념이다.

고 부르지 않았으며, 자신을 단지 '자유주의자'liberals라고 불렀음을 유의하라. '자유주의자'라는 단어는 한때 오늘날 우리가 '고전적 자유주의자'라 부르는 의미였다. 그러나 19세기 후반에 미국 사회 민주주의자들social democrats은 자신들에게 제멋대로 '자유주의자'liberals라는 단어를 갖다 붙였다.[15] '리버테리언'libertarian이라는 말이 개발된 부분적인 이유는 고전적 자유주의자들이 자신을 사회 민주주의자들과 구별할 필요가 있었기 때문이었다.[16] 전형적인 미국인에게 '리버럴'liberal이란 광범위한 복지 국가, 정부의 광범위한 사회 서비스, 재분배 성격이 강한 과세, 그리고 강력한 정부 위상 및 시장 경제의 관리를 옹호하는 사람이라는 뜻이다. 고전적 자유주의자는 이 모든 것에 반대한다.

(2) **강성 자유주의자**hard libertarians: 20세기 중반에 고전적 자유주의의 한 변형이 강성 자유주의(앞으로는 이렇게 부를 것이다)로 발전했다. 강성 자유주의는 고전적 자유주의 사상의 더 급진적 버전이다.

고전적 자유주의자는 재산권property rights이 중요하다고 생각하지만, 그들은 여전히 최소한의 공공재, 복지 프로그램, 그리고 사회 서비스를 제공하

15 좌파가 이렇게 본의를 변질시킨 오늘날의 'liberals'는 더 이상 자유주의자라는 의미가 아니라 좌파 정치인을 의미하는 '리버럴'로 부른다. 그러므로 문재인 대통령이 취임 직후 미국 언론이 그를 좌파라는 뜻으로 liberal로 평가한 것을 한국 언론이 '자유주의자'로 보도한 것은 아주 잘못된 해석이다. '좌파'라는 지적을 완충해서 보도하려는 친(親)문재인 언론의 고의적 분식이거나, 용어 이해에 대한 무지 때문인데 전자의 혐의가 더 강하다.

16 본래 고전적 자유주의를 신봉하는 사람들을 자유주의자(liberal)라고 불러야 하지만, 나중에, 특히 미국 좌파들이 그 단어를 가로채어 오히려 자유주의에 반대되는 자신들을 묘사하는 단어로 사용하자, 고전적 자유주의자는 더 이상 그 단어를 쓰지 않고 리버테리언(libertarian)이란 단어를 고안해 자신들을 묘사한다. 따라서 현재에는 리버럴(liberal)은 좌파 정치를 옹호하는 자(소위 '리버럴')이고 오히려 리버테리언(libertarian)이야말로 고전적 자유주의가 의도한 본의의 자유주의자이다.

기 위해 사람들에게 세금이 부과될 수 있다고 믿는다. 이와 대조적으로, 강성 자유주의자는 모든 그런 세금이 도덕적으로는 도둑질과 같다고 믿는다. 예컨대, 옥스팜[17] OxFam 대표들이 당신 집에 와 총을 당신에게 겨누고는 그들에게 자선금을 줄 것을 요구했다고 상상해 보자. 비록 당신이 가난한 사람들을 도울 도덕적 의무가 있을지라도, 옥스팜이 당신에게 도움을 강요할 권리는 없다. 옥스팜 대표들은 도둑들이며 그들은 당신의 권리를 침해하는 것이다. 강성 자유주의자는 그들 대신에 정부의 세금 징수원이 총을 겨눈다고 달라지는 것은 아무것도 없다고 말한다.

그래서 강성 자유주의자는 정부의 역할은 최소이어야 한다고 생각하는 경향이 있다. 그들 중 많은 사람이 정부는 법원 제도, 군사 보호, 그리고 경찰만 제공해야 한다고 믿는다. 이들 자유주의자는 '최소' 또는 '야경' night watchman 국가를 내세우는 것으로 알려져 있다.

강성 자유주의자 중 일부는 무정부주의자 anarchists 이다. 그들은 만약 우리가 정부 없이 지낸다면 사회는 더 잘 작동하고 더 정의로울 것이라고 믿는다. (질문 33번 참조.) 정부란 (1) 강제력 사용에 대한 독점권을 주장하고, (2) 규칙을 만들고 다른 사람에게 지시를 내릴 수 있는 독점권을 주장하며, (3) 다른 사람들이 이러한 규칙과 지시를 준수할 것을 기대하며, (4) 이러한 독점을 유지하기에 충분한 권력을 가진 기관이다. 무정부적 자유주의자 anarchist libertarians 는 만약 기업의 사적 독점이 나쁘다면 강압적 권위의 정치적 독점은 더 나쁘다고 말한다.

고전적 자유주의자와 비교할 때, 강성 자유주의자는 사람들의 권리 rights

....

17 옥스팜은 빈곤을 퇴치하기 위해 영국에서 창설된 국제적 자선단체이다.

에 관한 관심에 그들의 신념의 기반을 더 많이 두며, 좋은 결과를 낳는 것에는 훨씬 적게 기반을 두는 경향이 있다. 그럼에도 강성 자유주의자는 또한 자유주의 사회가 어떤 대안적 사회보다 좋은 결과를 낳을 것이라고 믿는다.[18]

강성 자유주의자에는 소설가 아인 랜드Ayn Rand, 경제학자 머리 로스버드Murray Rothbard, 철학자 로버트 노직Robert Nozick과 에릭 맥[19]Eric Mack이 포함된다.

당신들은 자유주의를 생각할 때, 내가 '강성 자유주의'hard libertarianism라고 부르는 것을 염두에 둘 가능성이 크다. 그러나 강성 자유주의가 광의의 자유주의적 사고의 주류를 대표하지는 않는다. 어떤 점에서는, 그것은 고전적 자유주의 정치사상 내부의 한 일탈이다.[20]

(3) **신고전적 자유주의자**Neoclassical liberals: 고전적 자유주의자의 새로운 사고 형태(즉, 리버테리언(libertarian))가 지난 30년 동안에 등장했다. 이러한 새로운 고전적 자유주의자 중 다수는 단지 자신을 고전적 자유주의자 또는 그냥 리버테리언이라고 부른다. 몇몇은 자신을 신고전적 자유주의자 또는 '피 흘리는 마음의 자유주의자'[21]라고 부른다.[22]

••••••••

18 강성 자유주의자는 '권리' 보호를 가장 중시하며, '결과'가 좋은지 여부는 그다음에나 고려한다. 그런데 그들은 권리를 강조하는 것이 곧 좋은 결과도 나오게 한다고 본다.

19 에릭 맥은 『자유주의』(*Libertarianism*)라는 탁월하고도 깊이 있는 입문서를 썼다.

20 강성 자유주의는 반(反)자유주의에 대한 가장 적극적인 공격을 통해 고전적 자유주의를 변론한 것으로 볼 수도 있고, 그와는 다른 독자적인 분지로 이해할 수도 있다. 어느 쪽이든 자유주의의 소극적 수비자가 아니라 적극적 웅변자의 국면을 보여 준 분파이다.

21 신고전적 자유주의의 대표적 주장자들이 소위 '피 흘리는 자유주의자'이다. 이들은 자신을 명시적으로 이렇게 부르기도 하지만 단지 '고전적 자유주의자' 혹은 '자유주의자'(리버테리언)로 표방하는 경우도 많다. '피 흘리는 마음'이란 원래 성경 속 예수 그리스도가 가난하고 병들고 수고하는 자들에게 갖는 애통하는 긍휼을 의미한다. 현실 정치에서 이 용어는 타인의 가난, 고통 및 질병에 지나치게 이타적이고 동정적인 모습을 연출하는 좌파-리버럴을 경멸하는 말로 정착되

신고전적 자유주의자는 고전적 자유주의자가 갖는 관심사들의 많은 부분을 공유한다. 그러나 그들이 더 오래된 고전적 자유주의자와 다른 점은 **사회 정의**social justice에 대한 명시적, 근본적인 관심을 가진다는 것이다.[23] (질문 75~77번 참조.)

••••••••

었는데, 이는 우파 언론인 웨스트브룩 페글러(Westbrook Pegler)가 사회 복지를 대대적으로 펼친 진보주의 대통령 프랭클린 루스벨트를 비난한 것이 그 계기이다.

22 여기서 libertarianism의 개념 범주를 정리할 필요가 있다. 앞에서 설명한 대로 대개 '고전적 자유주의'의 별칭으로 보는 경우가 무난하다. 그런데 일부 학자들은 광의의 자유주의 아래에서 그 본류인 고전적 자유주의가 아닌 특정 세부 유형을 지칭하는 것으로 이해하는 경우가 있다. 그 경우 libertarianism은 고전적 자유주의의 별칭이 아니라 그와 다른 유형(특히, 신고전적 자유주의자)을 지칭하는 것으로 이해한다. 그러나 이런 분류론은 일부에 불과하다. 요약하면, 미국의 대중 정치 및 좌파가 만든 언어 혼란을 막기 위해 고전적 자유주의가 자신의 별칭으로 부른 것이 libertarianism이다(그러므로 이를 '자유주의'라 부르는 것은 타당하다). 이 자유주의가 좌파의 이론적 공격에 맞서 자기방어에 적극적으로 나선 것이 강성 자유주의이며, 자유주의자 중 일부가 고전적 자유주의의 본류를 다소 벗어나 사회적 약자에 대한 실질적 배려(사회 정의)를 요구하며 그들을 위한 '피 흘리는' 심정의 공감을 강조하는 부류가 신고전적 자유주의이다. 신고전적 자유주의(속칭 '피 흘리는 자유주의')의 정체성은 자유주의와 진보주의 중 어디에 속하는지는 가끔 모호하지만 진보주의보다 자유주의 핵심 가치를 더 공유하는 범위에서 자유주의의 한 유형으로 볼 수 있다.

23 신고전적 자유주의자는 사회적 약자에 대한 정부의 배분, 곧 '사회 정의'를 적극적으로 주장하는 이타적 동정심으로 충만한 사람들이다. 이 점 때문에 다른 유형의 자유주의자로부터 비판도 많이 받는다. 첫째, 밀턴 프리드먼의 아들인 자유주의자 데이비드 프리드먼은 '피 흘리는 마음의 자유주의자'들이 '사회 정의'를 자유주의의 한 부분으로 받아들이자고 주장하지만 그 구체적 의미가 모호하다고 지적한다. 그들이 원하는 '사회 정의'의 실질적 의미가 사회적 약자에게 돌아갈 영향을 최우선으로 고려하자는 뜻 같으나, 자유주의의 한 부류임을 자임하면서 좌파가 좋아할 이 개념을 굳이 수용하려는 유일한 이유는 좌파 학자들을 매혹하려는 사기질에 불과하다고 본다. 둘째, 본서 역자들은 더 근원적 비판을 제기한다. 신고전적 자유주의자가 정부가 사회적 약자의 복지를 제공하는 데 필요한 선의, 지식, 그리고 능력이 있다고 믿는다면 그 정부가 신고전적 자유주의자 자신의 삶도 잘 영위해 줄 것으로 기대해야 할 것이다. 그렇다면 개인은 자신의 자유와 책임을 정부에게 위탁하고 정부에 의존하는 것이 낫다는 것으로 귀결한다. 그런데 이는 자유주의의 근본 전제와 모순된다. 셋째, 우리 개인의 이익뿐 아니라 널리 타인의 복지 증진도 중요하다는 것은 모두가 동의할 만한 인간의 선한 동기이다. 그러나 기본적으로 자유주의는 개인의 자유가 정의의 중심 요건이라고 본다. 타인의 복지에 대한 피 흘리는 심정의 애틋한 이타심은 자유주의를 통하기보다 다른 논리와 제도로 접근함이 더 적합하다. 약자에 도움을 주는 배분 결과를 자유주의로 성취하겠다는 논리는 자유가 목적이 아니라 약자의 복지 증진 수단으로 격하되는 것으로 이어진다. 이 비판들의 끝은 한 가지 의문으로 수렴한다: 신고전적 자유주의가 과연 자유주의의 한 유형인가? 어떤 사상이 자유주의 가치 일부를 누락한다면, 이는

근본적으로 사회 정의를 주장하는 사람들은, 정의로운 사회에서 혜택을 가장 적게 받으며 가장 취약한 구성원을 포함하여 모든 사람의 이익을 위하도록 사회 제도가 충분히 작동해야 한다고 믿는다. 사회 정의를 믿는다는 것은 사회에서 이익과 부담의 분배를 정의의 문제matter of justice로 여기는 것이다. 다른 자유주의자와 마찬가지로, 신고전적 자유주의자는 재산권이 사람들이 존중해야 할 사안이라고 말한다. 그러나 그들은 만약 사유재산 제도가 많은 사람이 그들 자신의 아무런 잘못도 없는데도 체제적으로 궁핍하도록 만드는 경향이 있다면, 그 제도는 정당성이 없다고 말한다.[24]

사회 정의라는 생각은 흔히 마르크스주의자, 좌파-리버럴 또는 사회 민주주의자와 같은 좌파 사상가들과 연관되어 있다. 신고전적 자유주의자는 정의로운 사회는 가난한 사람들에게 충분히 혜택을 줄 수 있는 제도가 있어야 한다는 마르크스주의자, 좌파 자유주의자, 그리고 사회 민주주의자의 의견에 동의한다. 그러나 신고전적 자유주의자는 사회 정의에 대한 관심은 개방되고도 자유로운 시장, 강력한 재산권, 그리고 경제적 자유와 양립할 수 있을 뿐만 아니라 또한 그것들을 **요구**한다고 생각한다.[25] 마르크스주의자는 만약 우리가 사회 정의를 실현하기를 원한다면 개방된 시장과 강력한 경제적 권리는 가질 수 없다고 말한다. 사회 민주주의자는 만약 우리가

....

자유주의의 한 변용일 수도 있고, 이미 근본 요소를 일탈한 비자유주의일 수도 있다.

24 바로 이런 점을 강조하는 점에서 신고전적 자유주의자가 주류적 자유주의자와는 달리 '사회 정의'를 강조함을 알 수 있다. 주류 자유주의인 고전적 자유주의는 비록 극빈층에 대한 복지에 반대하지 않는다는 원론적인 입장은 표명하지만 '사회 정의'에 상당히 냉소적이다. 그것은 자유주의가 정의롭지 않은 철학이기 때문이 아니라, 사회 정의는 허구적 개념이거나, 배분을 곧 정의로 보는 잘못된 관점이거나, 국가 권력의 축소가 아니라 확대를 통해서만 그것을 성취할 수 있는데, 이는 결국 자유의 위축을 초래한다고 우려하기 때문이다.

25 전술한 대로, 신고전적 자유주의자는 재산권과 같은 전통적 자유주의적 요소들을 신봉하면서도 이것들이 사회 정의와 양립한다고 본다.

사회 정의를 실현하기를 원한다면 고도로 관리되고 규제받는 시장과 더 약화된 경제적 권리를 **반드시** 가져야 한다고 말한다. 그러나 신고전적 자유주의자는 만약 우리가 가난한 사람들에 관심을 두고 사회 정의를 실현하기를 원한다면 개방된 시장과 강력한 경제적 권리를 가져야 한다고 말한다. 신고전적 자유주의자는 만약 우리가 가난한 사람들에 관심이 있다면 가장 하고 싶지 않은 일은 그들에게 마르크스주의를 부과하는 것이라고 말한다. 가난한 사람들은 상업 사회에서 번영을 누렸으며, 그 밖의 어느 곳에서도 그런 일이 일어난 적은 거의 없었다.

우리는 세 종류의 자유주의자를 그들이 사회 정의에 대해 취하는 태도로 구별할 수 있다. 신고전적 자유주의자는 사회 정의의 이상을 명시적으로 **단언**affirm한다. 강성 자유주의자는 사회 정의의 이상을 명시적으로 **거부**reject한다. (질문 75~77번 참조.) 고전적 자유주의자는 사회 정의에 관해 **애매**ambiguous하다. 많은 고전적 자유주의자가 사회 정의라는 개념이 발전하기 이전에 저술들을 내었다.[26] 고전적 자유주의자는 사회 정의를 거부한다기보다는 그것을 고려하지 않았다. 그러나 대부분의 고전적 자유주의자는 가난한 사람들에 관해 명시적으로 관심을 보였다. 애덤 스미스는 국가의 부富는 왕의 국고 규모가 아니라 보통 사람들의 배가 부른지와 그의 자녀들에게 기회가 얼마나 주어지는가로 측정된다고 주장했을 때 경제학을 영원히 바꾸어 놓았다. 고전적 자유주의자가 이러한 고전적 자유주의의 제도들을 내세우는 것은 대개 그들은 이러한 제도가 가난한 사람들을 돕는다고 믿기 때문

26 고전적 자유주의자 중 제임스 뷰캐넌, 밀턴 프리드먼 시대에는 이미 사회 정의라는 관념이 있었다. 저자는 여기서 '사회 정의'가 주된 정책 이슈로 대두되기 전 스미스, 흄 등 초기의 고전적 자유주의 자유주의자를 염두에 두고 있다.

이다.

대중의 토론에서는, 사람들은 때때로 그저 강성 자유주의자를 지칭하기 위해 '자유주의자'libertarian를 좁은 방식으로 사용한다. 때때로 사람들은 자유 시장, 재산권, 그리고 개방적이고도 관용적인 사회를 내세우는 어떤 사람을 지칭하기 위해 넓은 의미로 '자유주의자'라는 말을 사용한다. 이 책은 고전적 자유주의자, 강성 자유주의자, 그리고 신고전적 자유주의자를 포함하는 넓은 의미로 '자유주의자'를 사용한다. 때때로 나는 이 세 진영 중 하나를 특정해서 언급할 것이다. 자유주의자들이 생각하는 것이 무엇인가를 기술할 때, 나는 세 가지를 일반화하여 기술할 것이다.

6 자유주의자는 보수주의자인가?

아니다. 자유주의는 우익이나 보수주의자의 시각이 아니다. 자유주의자가 어떤 보수주의자들과는 몇 가지 정치적 신념을 공유하지만, 다른 많은 점에서 상반된다.

미국 보수주의자들은 흔히 정부 권력에 대해 회의적일 것을 요구한다. 그들은 정부가 문제를 해결하려고 할 때, 그것은 상황을 좋게 만들기는커녕 오히려 악화하는 경우가 매우 흔하다는 것을 우려한다. 보수주의자는 자유 시장, 확장적인 정부 운영 및 경제 규제의 축소, 그리고 재산권의 강력한 존중을 선호한다는 것을 흔히 주장한다. 이 점에서 자유주의자와 보수주의자는 일치한다.

그러나 많은 보수주의자에게 제한된 정부에 관한 이야기는 단지 이야기일 뿐이다. 권력을 잡게 되면 많은 보수주의자는 이렇게 전제한 선언을 어긴다. 그들은 중소기업보다 크고 부유한 기업을 선호하는 방식의 규제와 조세 법규를 마련한다. 그들은 포크 배럴[27] pork barrel 사업과 기업 복지[28] corporate welfare에 자금을 댄다. 그들은 국내 생산자에 도움을 주기 위해 해외 무역을 제한하고자 한다. 그들은 이민을 제한하고, 무역 장벽 및 관세를 부과하며, 그리고 경제 보조금을 국내 기업에게 지원한다. 그들은 공공사업 프로젝트를 위해 사유재산을 몰수한다. 자유주의자와 보수주의자 양측 모두 자유 시장이라는 말은 하지만, 그것을 진정 의도하는 것은 자유주의자이다.

보수주의자는 또한 강력한 경찰국가와 힘이 있고도 매파적인 외교 정책을 선호한다. 그들은 범죄, 특히 마약에 대해 강경하기를 원한다. 그들은 미국이 세계 문제들을 통제하는 초강대국이 되기를 원한다. 그들은 미국의 우위를 유지하기 위해 다른 나라들과 전쟁을 시작하는 것을 지지한다.

자유주의자는 이것은 작은 정부를 지지한다는 보수의 주장을 훼손하는 것이라고 말한다. 테러와의 전쟁 및 마약과의 전쟁은 큰 정부를 초래한다. 자유주의자는 보수주의자가 그들의 미사여구에도 불구하고 정부를 더 간결하고도 눈에 덜 띄게 만드는 것이 아니라 실제로는 더 크고도 더 두드러지게 만드는 경향이 있다고 말한다.

많은 보수주의자가 정부가 전통적인 유대-기독교적 가치를 지지하고

27 냉동 기술이 나오기 전 1700년대 미국에서 돼지고기를 소금에 절여 보존하던 나무통을 말한다. 노예들을 부리기 위해 이것을 유인으로 사용한 데서 나온 용어로 오늘날에는 특정 기업, 산업, 부문, 그리고 지역 등에 정부 자금이나 사업을 배정하여 투표자(혹은 그 투표자의 지역구 정치인)에게 특혜를 주려는 정책을 의미한다.

28 '기업 복지'는 전술한 제1장 질문 5번의 각주 참조.

부과해야 한다고 믿는다. 보수주의자는 정부의 주된 목적의 하나가 시민의 도덕적 덕성을 강화하는 것이라고 믿는다. 예컨대, 극도의 보수주의자로서 대통령 후보로 유력한 릭 샌토럼Rick Santorum은 미국 법은 '더 높은 법에 합치'comport with higher law해야 하며, 만약 대통령에 당선된다면 그는 '성서적 진리'biblical truths에 토대하여 정책을 결정할 것이라고 말한다. 이러한 문화 지향적 보수주의자culturally oriented conservatives는 학교가 지원하는 기도를 지지하고, 동성 결혼을 반대하며, 동성애자가 공직을 갖는 것이나 군에 복무하는 것을 금지하기를 원하며, 학교가 과학 대신 창조론을 가르치고, 그리고 이혼할 수 있는 권리를 제한하기를 원한다. 그들은 성性 관련 직업을 금지하는 것과 성에 관한 자료를 규제하거나 그것을 입수하는 것을 금지하는 것에 찬성한다.

보수주의자는 테러와의 전쟁War on Terror을 치르기 위해 애국법[29]Patriot Act, 영장 없는 도청, 고문, 관타나모만[30]Guantanamo Bay, 그리고 기타 시민의 자유 침해를 지지하는 경향이 있다. 그들은 징벌을 내리는 경찰국가를 옹호하며, 피고인이 자신을 방어하는 능력을 제한할 것을 주장한다. (공화당 후보인 뉴트 깅그리치(Newt Gingrich)는 한때 모든 마약 거래자들의 처형을 주장했다.) 그들은 경찰국가가 가난한 소수자들에게 차별적으로 부담을 주는 것에는 거의 관심을 보이지 않는다. 그들은 미국이 세계 인구의 약 5%에 불과하나 전 세계 수감자의 절반이 넘는 사람을 가두고 있다는 사실에는 관심이 없는 듯하다. 그들은 낙태할 권리나 피임을 할 권리와 같은 여성의 권리들을 거부한다.

29 미국 9.11 테러 이후 테러 방지를 위해 나온 법으로 인권 침해 여지가 있었기 때문에 나중에 폐지되고 다른 법으로 대체되었다.

30 쿠바의 관타나모에 있는 미국 해군 기지 안 수용소로 테러와의 전쟁에서 체포된 사람들을 적법 절차 없이 다룬 것으로 알려진 곳이다.

그들은 미국 시민 자유 연합American Civil Liberties Union을 역겹다고 여긴다.[31]

이 모든 이유로 보수주의자와 자유주의자는 이념적으로 적이다.

보수주의자와는 달리 자유주의자는 시민적 자유의 영역이 확장되어야 한다고 주장한다. (질문 44~61번 참조.)

자유주의자는 흔히 몇몇 보수적 신념에는 동의한다. 예컨대, 보수주의자는 가족의 강한 유대, 결혼, 그리고 안정된 가정이 사회의 기반이라고 주장한다. 그러나 이런 생각이 보수주의자에게만 있는 것은 아니다. 대부분의 사회학자가 좌파이지만 그들은 보수주의자와 마찬가지로 불안정하거나 깨어진 가정이 범죄, 폭력, 빈곤, 그리고 비행을 야기한다고 주장하며 이를 보여 주는 많은 자료도 있다. 사회학자들은 미혼모에게서 태어난 아이들이 기혼모에게서 태어난 아이들보다 훨씬 더 나쁜 삶을 영위할 가능성이 있다고 주장한다. 적어도 미국에서는, 일하지 않는 남성은 열심히 일하는 남성보다 덜 행복하다. 종교를 가진 시민은 세속적인 시민보다 삶의 만족도가 더 높다는 것을 알려 준다. 이 모든 것들은 으레 보수주의자의 주장이지만 좌파 사회학자들도 이를 지지하는 경향이 있다. 많은 자유주의자도 그러하다.

그럼에도 자유주의자는 보수주의자와는 달리, 정부가 유대교-기독교적 가치를 장려하는 것이 사회 문제를 해결하지 못할 것이라고 믿는다. 보수주의자는 무너진 가정을 걱정한다. 자유주의자는 무너진 가정을 무너뜨리고 있는 것은 흔히 보수주의적 정부라고 믿는다. 예컨대, 자유주의자는 마약과의 전쟁이 도심을 파괴하고 황폐하게 만든다고 믿는다. (질문 50번 참조.) 또한 자유주의자는 보수주의자와는 달리, 어머니가 두 명이거나 아버

31 ACLU는 동성애, 낙태 등 미국의 좌파-리버럴의 가치를 옹호하는 진보적 시민단체이다.

지가 두 명인 가정이 어머니가 한 명이거나 아버지가 한 명인 가정보다 더 무너져 있는 것이라고 생각하지 않는다.

보수주의자는 정부가 전통적인 덕성을 증진하기를 원한다. 자유주의자는 정부가 어떤 직접적인 방법으로 그렇게 할 수 있다는 것을 부정한다. 예컨대, 몇몇 사람이 진정으로 게으르고 일을 하지 않기로 작정했다고 가정해 보자. 정부는 물론 그들이 일을 하도록 강제할 수 있다. 그러나 그것이 그 사람들을 근면하거나 책임감 있게 만들지는 못할 것이다. 만약 당신이 법적 위협 아래서만 책임 있게 행동한다면, 실제로는 책임 있게 행동하는 것이 아니다.

보수라 자처하는 많은 사람이 보수주의에 대한 나의 서술이 부당하다고 생각할 것이다. 보수라 자처하는 몇몇 사람은 애국법, 종교와 국가의 연합, 민권의 침해, 그리고 매파적인 미국 외교 정책에 반대한다. 국가가 교회에게 동성 결혼을 인정하라고 요구하지 않는 한, 그들은 국가가 동성 결혼을 인정하는 것을 문제 삼지 않는다. 비록 그들은 낙태, 매춘, 그리고 도박이 도덕적으로 잘못된 것이라고는 믿지만, 그렇다고 이런 행위가 불법적인 것은 아니라고 말할지 모른다. 그러나 이런 식으로 생각하는 사람은 정치적 보수주의자$_{\text{political conservative}}$가 아니라 도덕적으로는 보수적인 견해를 가진 정치적 자유주의자$_{\text{political libertarian}}$라고 묘사하는 것이 가장 좋다.[32]

32 이 책의 초점은 도덕 철학이 아니라 정치 철학으로서의 자유주의이다. 만약 본문과 같은 사람이 있다면 그는 정치적으로는 보수주의자(conservative)가 아니라 자유주의자(libertarian)이다. 다만 그의 도덕 철학이 보수적일 뿐이라는 뜻이다.

7 자유주의자는 리버럴인가?

그렇기도 하고 안 그렇기도 하다. 즉, 그것은 우리가 ‘리버럴’liberal을 어떤 의미로 이해하는가에 달려 있다.[33]

미국의 대중 정치에서, 마르크스주의자와 공산주의자까지는 가지 못한 채 중심에서 좌측에 있는 사람들을 묘사할 때 대부분의 사람이 ‘리버럴’이란 말을 사용한다. 이러한 의미의 ‘리버럴’은 경제에 대한 정부의 통제 강화, 광범위한 복지 국가, 그리고 시민의 권리에 강력하게 전념할 것을 내세우는 좌파 성향의 사람을 의미한다. 자유주의자libertarian는 좌파-리버럴left-liberals보다 시민의 권리를 훨씬 더 강조하지만, 자유주의자는 경제에 대한 정부의 통제나 광범위한 복지 국가를 내세우지 않는다. 따라서 이런 의미에서 그들을 ‘리버럴’이라고 부를 수 없다.

그러나 ‘리버럴’이란 말은 **정치 철학**philosophy에서 뚜렷한 의미를 갖는다. 철학자들이 자유주의liberalism를 말할 때 그들은 러시 림보Rush Limbaugh나 존 스튜어트[34]Jon Stewart가 의도하는 바를 의미하지 않는다. 철학적 의미에서 ‘리버럴’은 자유liberty를 내세우는 사람이다. 리버럴은 자유를 정치를 이끌어 가는 근본 가치로 간주한다. 그들은 자유의 존중을 정치 행위에 대한 근원적인 제약으로 간주한다. 어떤 사람이 개인의 자유를 존중하고 드높이는 데

33 제1장의 각주 20번, 21번, 22번 참조.

34 러시 림보는 미국의 공화당을 지지해 온 보수주의 방송인이다. 존 스튜어트는 미국 민주당을 주로 지지해 온 방송인이다. 이들이 리버럴을 비판하든 옹호하든 그들이 말하는 ‘리버럴’은 좌파 진보주의자라는 의미이다. 곧, 자유주의(liberalism) 및 자유주의자(liberal)를 좌파 진보주의 및 좌파 진보주의자라는 의미로 오염해 버린 미국 정치의 통속적 의미이다.

몰입하는 한 그는 리버럴이다. 그렇다. 이런 의미에서 보면 자유주의자는 모두 다 리버럴liberals이다.[35]

철학적 자유주의에서 '좌파-리버럴'과 자유주의자libertarians 사이에는 경계선이 있다. 이 경계선은 경제적 자유economic liberty 문제와 관련되어 있다.

대부분의 리버럴은 어떤 자유는 다른 자유보다 더 중요하고 더 근본적이라는 데 동의한다. 이런 기본적 자유는 높은 수준의 정치적 보호를 받을 가치가 있다. 그것들은 예외적인 경우에만 침해할 수 있다. 대부분의 리버럴은 그들의 기본적 자유 목록에 몇 가지 시민적 자유 및 정치적 자유뿐만 아니라 소유권과 같은 몇 가지 경제적 자유도 포함시킨다.

그러나 리버럴은 기본적인 경제적 자유의 범위에 대해 차이를 보인다. 자유주의자는 우리의 경제적 자유가 넓은 범위를 가져야 한다고 믿는다. 마치 종교의 자유freedom of religion에, 자신을 변명하거나 정당화할 필요 없이 종교적인 결정을 스스로 내리는 광범위한 자유가 사람들에게 부여되어야 할 필요가 있는 것과 똑같이 말이다.

자유주의자는 경제적 자유를 위해서는 사람들이 경제적, 재정적 결정을 광범위하게 스스로 내릴 수 있어야 한다고 누구에게나 말한다. 좌파-리버럴은 우리의 경제적 자유가 좁은 범위를 가져야 한다고 믿는다. 예컨대, 저명한 좌파-리버럴 철학자 존 롤스[36]John Rawls는 각 사람은 자신의 개인적

---

35 요약하면, 자유주의(liberalism) 및 자유주의자(liberal)를 정치 '철학'으로 이해할 경우에는 liberal은 '자유주의자'이고 곧 리버테리언과 동의어이다. 그러나 대중 정치 현실에서 오염된 의미로 이해한다면 리버럴은 곧 '좌파 진보주의자'이고 리버테리언과 동의어가 될 수 없다.

36 여기서 자유주의 진영의 한 가지 중요한 주제가 부각된다. 흔히 한국 사회과학자 일부가 '자유주의자'라고 부르는 롤스는 과연 자유주의자인가? 우선, 그가 고전적 자유주의자가 아님은 분명하며, 강성 자유주의자 로버트 노직의 주된 공격 대상이 바로 롤스였음을 감안하면 강성 자유주의자가 아님은 더욱 분명하다. '신고전적 자유주의자'로는 분류될 수 있는가? '자유주의'를 정

재산(칫솔이나 책과 같은)을 소유하고 자신의 직업을 결정할 권리가 있다고 주장한다. 그러나 다른 모든 경제적 결정은 개인이 아니라 정부 또는 모든 자격 있는 투표자 전체에 속한다. 롤스에 따르면 당신이 빵집을 소유할 수 있는지 결정하는 것은 정부이다.

8 자유주의는 급진적인 시각인가?

'급진적'radical이라는 말에는 몇 가지 뚜렷한 의미가 있다. 때때로 사람들은 '급진적'이란 말을 '마르크스주의자'의 동의어로 사용한다. 자유주의자는 마르크스주의자가 아니다. 그들은 마르크스주의가 사람들의 권리를 침해하고 사회 정의를 훼손한다고 믿는다. 따라서 그런 의미에서는 자유주의자는 급진적이지 않다. 그러나 때때로 우리는 '급진적'이라는 말을 과감한 개혁을 주장하는 사람이란 의미로 이해한다. 그런 의미에서는 맞다. 대부분의 자유주의자는 급진주의자이다.

고전적 자유주의자와 신고전적 자유주의자는 강성 자유주의자보다는 더 온건하지만, 자유주의는 온건하거나 중도적인 시각이 아니다. 자유주의자는 급진적인 자유, 급진적인 평화, 급진적인 존중, 급진적인 평등, 그리고 급진적인 관용을 주장한다. 자유주의자는 정치적인 이슈에 중도적 태도를

확히 고유한 의미로 해석하는 한 그는 신고전적 자유주의자로도 분류될 수 없다. 오히려 그는 본서에서 지적하듯이 '좌파-리버럴'에 불과하다. 좌파라는 의미의 liberal을 한국 일부 학자가 자유주의자라고 잘못 부르는 것은 좌파가 성공적으로 오염시킨 언어 혼란의 가장 극적인 예이다. 이는 외신이 문재인 전 대통령을 liberal이라고 규정한 것을 그를 옹호하는 일부 언론이 '자유주의자'라고 고의로 오독한 것보다 더 큰 혼란을 학계에 주었다. 한국에서 롤스가 누린 비정상적 인기에는 이 착각으로 일부 자칭 자유주의자들이 그에게 잘못 보낸 지지도 들어 있다.

취하는 것이 본질적으로 좋은 것이 없다고 말한다. 결국, 흑인 시민권에 대한 온건한 입장의 예가 **짐 크로**[37]Jim Crow이다. 언론의 자유에 대한 온건한 입장에는 정부의 적극적인 검열위원회를 갖는 것이 들어 있다. 지난 수십 년 동안 미국의 개입주의적 외교 정책은 유화주의와 제국주의 사이의 온건한 입장이다.

자유주의는 상식적인 시각이 아니지만 그 기본 생각은 상식, 일상적 도덕에 토대하고 있다. 자유주의 경제학자 브라이언 캐플런Bryan Caplan이 말했듯이, 우리가 낯선 사람을 어떻게 대해야 하는지에 대해 상식적인 도덕이 말하는 바를 생각해 보자. 우리는 그들을 노예로 삼거나, 그들에게서 도둑질하거나, 강간하거나, 공격할 수 없다. 우리는 그들이 우리를 섬기라고 요구해서는 안된다. 우리는 그들이 우리에게 음식을 먹이거나 의료 서비스를 제공하도록 강요할 수 없다. 우리는 우리와 다른 종교적 시각을 가졌다는 이유로 그들을 구타해서는 안된다. 우리는 담배와 빅맥Big Mac이 그들에게 해롭다고 확신할지라도 그들의 입에서 담배나 빅맥을 쳐내서는 안된다. 우리는 수입 스테레오를 구매하려고 한다는 이유로 그들을 베스트바이[38]Best Buy에서 쫓아내어서는 안되며, 그들이 얻고자 하는 일자리를 얻는 것을 막아서도 안된다. 우리는 그들을 납치하여 우리의 적과 싸우도록 강제해서는 안된다. 우리는 그들의 사업체에 들어가 어떻게 일을 운영하는지 말해 주려 해서는 안된다.

37 짐 크로는 흑인을 비하해 부르는 통칭이다. 미국 남부를 중심으로 1877~1960년대까지 존속한 흑인 차별 입법들을 통칭해서 짐 크로 법(Jim Crow laws)이라고 한다. 차별이 거의 없어질 때까지 짐 크로 법은 차별 금지 및 차별 유지 세력의 애매한 절충 상태로 오랫동안 지속되어 왔다.

38 가전제품을 주로 파는 미국의 전문 소매점이다.

이 모든 생각은 상식적인 도덕적 사고에서는 당연한 것으로 받아들여진다. 자유주의자를 급진주의자로 만드는 것은, 그들이 이러한 생각은 정부 및 그 담당자들에게도 적용된다고 생각하기 때문이다. 앨프Alf는 베티Betty가 담배를 피우는 것을 원하지 않는다고 가정해 보자. 상식적인 도덕적 사고에 따르면, 앨프가 베티에게 총을 겨누고 그녀가 담배를 피워서는 안된다고 말하는 것은 허용되지 않는다. 이제 베티를 제외한 모든 사람이 ATF[39] 창설에 찬성표를 던지고, 앨프에게 ATF의 제복을 주기로, 또 앨프가 베티의 담배를 압류하는 데 찬성표를 던졌다고 가정하자. 자유주의자는 아무것도 변하지 않는다고 말한다.[40] 여전히 앨프는 베티가 담배를 피우는 것을 막아서는 안된다. 우리 국민[41]We the People이 베티가 담배를 끊을 것을 명령했더라도 자유주의자는 우리에게 이런 명령을 내릴 권리가 없으며, 베티가 복종할 의무도 없다고 말한다. 혹 베티가 뭔가를 말한다면 그녀는 우리에게 이렇게 말해야 한다. "어떻게 감히? 너희는 너희 자신이 도대체 누구라고 생각하는가?"

9 자유주의자는 아인 랜드의 추종자인가?

소설가 아인 랜드1905~1982는 가장 유명한(혹은 악명 높은) 자유주의자인지

39 주류, 담배의 밀수와 탈세 및 총기와 폭발물의 유통, 소유, 판매를 관장하는 법무무 산하 기구(Bureau of Alcohol, Tobacco, Firearms and Explosives)로 통상 ATF로 부른다.
40 사적 주체인 앨프가 베티가 담배를 못 피우도록 강제할 수 없음은 물론, 그가 공적 주체가 되더라도 그런 강제는 여전히 행할 수 없다.
41 주권자라는 의미의 '우리 국민'도 이런 명령을 내릴 권리가 없다.

모른다. 그녀의 두 소설 **『원천』**源泉, *Fountainhead*과 **『아틀라스가 어깨를 움찔했다』***Atlas Shrugged*는 매년 수십만 부가 팔린다. 1957년 이후, 랜드는 소설 쓰기를 중단하고 그녀의 소설에 표현된 철학적 주제라고 간주하는 것에 관한 논픽션 연구를 시작했다. (그녀의 몇몇 비판자들은 그녀가 드러낸 철학이 소설에 포함된 생각을 잘 반영하지 못한다고 생각한다.) 랜드의 영향력은 엄청나다. 예컨대, 미국 하원 의원 론 폴Ron Paul, 폴 라이언Paul Ryan 및 연방 대법원 판사인 클래런스 토머스[42]Clarence Thomas는 그들의 주된 지적 영감 속에 그녀가 있다고 주장한다.

랜드는 '자유주의자'libertarian라는 명칭을 거부했으며 자유주의와 관련되기를 원하지 않았다. 그녀는 대부분의 자칭 자유주의자들을 '변덕을 숭배하는 주관주의자' whim-worshipping subjectivist(s)와 '괴기스럽고 역겨운 … 사람들' monstrous, disgusting … people로 간주했다. (일반적으로 랜드는 무엇에 관해서든 그녀와 의견이 일치하지 않는 모든 이에게 적대적이었다.)

'객관주의자'[43]가 아닌 자유주의자non-Objectivist libertarians에 대한 그녀의 적대감에도 불구하고, 랜드는 아마도 누구보다 더 많은 사람에게, 특히 청소

••••••••

42 론 폴은 미국 하원 의원을 역임했던 자유주의 성향의 정치인이고, 폴 라이언은 공화당 출신으로 부통령 후보 및 하원 의장을 역임했으며 티 파티의 지지를 받았던 정치인이며, 클래런스 토머스는 토머스 소얼 및 아인 랜드에 영감을 받은 것으로 알려진 보수 성향의 연방 대법원 대법관이다.

43 랜드는 자신의 사상을 자유주의(libertarianism)가 아니라 '객관주의'(objectivism)라고 규정했다. 그 요지는 다음과 같다. 현실은 객관적으로 존재하며 희망, 감성에 좌우되지 않는다. 이성만이 현실을 바로 인지하는 수단이다. 모든 인간에게 자신이 곧 목표이며, 이기주의는 선이다. 자신을 위해 타인을 희생하는 것은 진정한 이기주의가 아니며, 동시에 타인을 위해 자신을 희생하는 이타주의도 잘못된 것이다. 랜드의 부인에도 불구하고 객관주의는 자유주의에 아주 근접해 있다. 양자의 큰 차이는 두 가지인데, 첫째 자유주의는 외국에 대한 군사 불개입을 요구하지만 랜드는 타국의 위협에 대한 선제적 조치를 인정한다. 둘째, 자유주의에는 정부는 필요하되 최소한의 규모이어야 한다는 최소정부론자(minarchist)와 무정부주의자(anarchist)가 둘 다 존재하지만, 랜드는 국가를 절대적으로 필요한 도덕적 존재로 본다.

년들에게 자유주의 사상을 소개하는 역할을 했다. 그들은 랜드에게서 다음과 같은 매력적인 생각을 발견한다:

- 개인은 자신의 삶에 대해 책임을 질 필요가 있다. 즉, 그들은 다른 사람의 노력에 대한 기생충으로 살아서는 안된다.
- 타인에게 강제를 먼저 가하는 것은 잘못된 일이다.
- 생산성과 창의성은 중요한 **도덕적**moral 덕성이다.
- 정직함, 곧 자신에게 진실함을 지키는 것은 좋은 삶의 필수적 부분이다.
- 우리 각자는 행복을 추구할 권리가 있다. 우리는 남을 섬기러 태어나지 않았다.

또한 많은 사람들이 사회주의에 대한 랜드의 **도덕적** 비난에도 동의한다. 랜드에게는 사회주의의 문제는 그것이 비효율적이라는 것만이 아니다. 오히려 그녀는 사회주의가 자기희생self-sacrifice을 영광스러운 것으로 여기게 만든다고 보았다.[44]

비록 랜드가 준 영향력이 있기는 하지만, 그녀가 자유주의 또는 더 광의의 고전적 자유주의 사고의 주류를 대표하지는 않는다. 랜드는 '강성 자유주의자'hard libertarian였으며, 강성 자유주의는 자유주의적 사고의 주류가 아니다. (질문 5번 참조.) 만년에 랜드는 자신을 철학자로 자처했지만, 자유주의

44 이기심이 미덕이라는 도덕 철학을 가진 랜드에게는 이웃이나 사회를 위해 개인 희생을 요구하는 사회주의는 애초부터 위선이고 오류이다. 랜드가 보기에는 사회주의가 비효율적이라는 점보다 그것이 자기희생을 거룩한 행동으로 만드는 점이 더 나쁜 것이다.

철학자 대부분을 포함하여 대부분의 철학자는 그녀의 철학적 연구는 빈약한 것이라고 간주한다.

랜드는 자신의 철학을 객관주의Objectivism라고 불렀다. 객관주의의 주된 생각은 실체reality는 세계에 관한 어떤 마음이나 누군가의 신념과는 독립되어 존재하며, 세계에 대한 객관적인 지식은 가능하며, 각 개인은 그가 깨달은 자기 이익을 추구해야 할 도덕적 의무가 있으며, 그리고 자유방임적 자본주의의 정치적 및 경제적 체제가 인간의 객관적 본성에 부합한다는 것이다.

대부분의 자유주의자가, 그리고 참으로 대부분의 철학자가 어떤 객관적인 실체가 존재할 수 있으며 우리는 그 실체에 관한 지식을 가질 수 있음을 받아들인다. 객관주의자를 제외하면, 우리가 자신의 이익을 추구하는 것이 우리의 유일한 도덕적 의무라는 랜드에 동의하는 자유주의자나 다른 사람은 거의 없다. (질문 25번 참조.) 자유주의자는 일반적으로 정치에 대한 랜드의 결론에 대해 전부는 아니더라도 일부에 대해서는 동의하지만, 그들이 그런 결론을 받아들이는 데는 다른 이유가 있는 경우가 흔하다.

10 자유주의는 새로운 시각인가?

고전적 자유주의, 즉 자유주의의 초기 흐름은 17세기 후반 유럽에서 전개되었다. 미국 건국의 아버지 중 많은 사람이 고전적 자유주의자였다.

고전적 자유주의는 부분적으로는 종교 전쟁에 대한 반응으로 발전했다. 1562년에서 1598년 사이에 위그노[45]Huguenots와 가톨릭Catholics 사이의 프랑

45 프랑스의 개신교도.

스 종교 전쟁에서 수백만 명이 죽었다. 종교 전쟁으로 시작된 30년 전쟁Thirty Years War 동안 지금의 독일 인구는 약 2,100만 명에서 1,350만 명으로 줄었다. 독일 도시와 마을의 거의 3분의 1이 파괴되었다. 그 세기의 말미까지 사람들은 피 흘림으로 지쳐 있었다.

그들은 사람의 영혼을 구원하기 위해 전쟁을 일으키는 것이 저주받은 다수 외 아무도 구원하지 못한다는 것을 깨달았다. 그 결과, 많은 사람이 사회가 다양한 관점 및 생활 방식을 용인해야 한다는 것을 믿기 시작했다.

유럽 봉건제하에서는 모든 사람은 자기 위에 있는 사람에게 서약으로 묶여 있었다. 군주는 자신의 권력이 신의 의지인 것으로 정당화했다. 토머스 홉스Thomas Hobbes와 존 로크 같은 사상가들이 개인과 정부의 관계에 관한 이러한 전통적인 생각을 돌리는 데 도움을 주었다. 홉스와 로크는 정부는 피치자들이 받아들일 수 있는 조건에 관해 피치자로부터 정당성을 얻어야 한다고 주장했다. 그들은 권리rights가 단지 법적 협약이 아니라고 주장했다. 오히려 모든 사람은 정의의 문제matter of justice로서 권리를 소유했다.[46]

18세기 스코틀랜드 계몽주의는 경제학을 학문 분야로 확립하는 데 도움을 준 도덕 철학자 애덤 스미스, 사회학의 토대를 놓은 애덤 퍼거슨Adam Ferguson, 그리고 저명한 역사가이자 철학자인 데이비드 흄을 낳았다. 이 인물들은 사회는 대체로 **자생적 질서**spontaneous order라는 생각을 발전시켰다. 사회는 엔지니어가 설계한 기계가 아니다. 그것은 생태계에 더 가깝다. 우리가 말하는 언어, 우리가 누리는 문화, 그리고 경제 전체의 모습은 **인간 설계**의

46 법규가 어떤 행위를 할 수 있다고 규정했기 때문에 권리를 가지는 것이 아니라 그것이 정의에 부합한다고 여겨지기 때문에 권리로 인정받았다는 의미, 즉 권리를 소유하게 된 이유는 계약보다는 정의(正義)에 중점을 두기 때문이다.

산물이 아니라 **인간 행동**의 산물이다.[47] 공원 관리인이 실제로 정글 생태계를 관리할 수 없는 것과 똑같이, 정부 관료도 실제로 경제, 언어 또는 사회를 관리할 수는 없다.

스미스, 흄, 그리고 다른 스코틀랜드 계몽주의자들은 왜 어떤 나라는 부유하고 다른 나라는 가난한지 알고 싶었다. 그들은 자유가 그 차이를 설명한다고 믿었다. 개방된 시장은 인간의 에너지와 독창성을 파괴적인 전쟁에서 멀어지게 하고 평화롭고 상호 이익이 되는 협력으로 나아가게 한다. 애덤 스미스의 **『국부론』***Wealth of Nations*은 혁명적이었는데, 그 부분적인 이유는 스미스가 우리가 국가의 부富를 왕궁의 크기가 아니라 왕의 신민臣民들에게 주어지는 부와 기회로 측정할 것을 주장했기 때문이다. 국부론은 또한 그것이 제국 형성과 전쟁을 지속적으로 비판하는 것 때문으로도 주목할 만하다.

11 자유주의에 대한 몇 가지 통상적인 비판은 무엇인가?

몇몇 비판자들은 자유주의자가 다른 가치들은 배제하고 자유 하나에만 사로잡혀 있다고 주장한다. 대부분의 사람이 자유가 중요하다는 데 동의하지만, 자유만이 중요한 것이 아니라는 것이다.

많은 비판자가 자유주의 사회에서는 많은 가난한 사람이 굶어 죽거나 적어도 궁핍한 상태로 남을 것이라고 믿는다. 그들은 가난한 사람들을 구하

47 루트비히 미제스의 『인간행동』(*Human Action*)의 핵심 전제이다.

기 위해 정부의 경제 관리와 복지 국가가 필요하다고 믿는다. 예컨대, 좌파 철학자 브라이언 배리Brian Barry는 자유주의 철학자 로버트 노직이 "… 국가를 통한 모든 이전적 지불transfer payments을 제거함으로써 10%쯤의 동료 시민(그가 이 말을 안다면 말이다)을 굶기거나 그들에게 굴욕감을 줄 것을 제안하고, 병자, 노인, 장애인, 어린 자녀가 딸려 있고 생계를 부양해 주는 사람이 없는 어머니 등을 사적 기부자의 변덕 및 즐거움에 따라, 그리고 그들이 적용하기로 작정한 조건에 따라 주어지는 사적 자선의 온유한 자비에 내맡길 것을 제안"한다고 비난한다.[48]

좌파-리버럴, 마르크스주의자, 그리고 사회 민주주의자는 자유주의를 부자 및 이득을 보는 자에게 봉사하는 것으로만 간주한다. 자유주의는 대기업과 큰 단체에 봉사하지만 보통 사람들의 이익에 대해서는 그렇지 않다. 그들은 자유주의적 체제가 엄청난 소득 불평등을 야기할 것이라고 믿는다.

많은 비판자가 자유주의자가 비정상적으로 이기적인 사람이라고 믿는다. 그들은 자유주의자가 다른 사람들을 돕는 것에 반대한다고 생각한다. 그들은 자유주의를 이기주의의 수호라고 간주한다.

보수주의적 비판자들은 자유주의가 사회 구성을 붕괴시킬 것이라고 믿는다. 그들은 자유주의가 만연한 성적 난잡함, 성적 변태, 방종, 신성 모독, 그리고 마약 사용을 초래할 것이라고 생각한다. 그들은 자유주의적 문화가 전통적 가치를 파괴할 것이라고 믿는다.

많은 보수주의자 및 심지어 많은 좌파-리버럴조차 자유주의가 외교 정

48 강성 자유주의자인 로버트 노직은 롤스식 재분배주의 및 그것을 구현하기 위한 복지 정책이 개인의 자발적 선택을 간과함을 선명하게 비판하였다. 좌파 철학자들은 노직과 자유주의가 빈곤층에 냉혹한 것이라고 비판한다.

책에 관해 너무 유화적이라고 생각하여 이를 반대한다. 자유주의 정치하에서는, 미국은 세계의 경찰 노릇을 하거나 세계 정치를 통제하려 하지 않을 것이다. 그것은 무역을 통해서만 타국들과 거래할 것이다. 그것은 순수한 자기방어로만, 그리고 명백하고도 급박한 위협이 있을 때만 전쟁을 벌일 것이다. 그래서 몇몇 보수주의자는 자유주의가 중국이나 러시아가 세계를 지배하도록 허용할 것이라고 우려한다.

많은 보수주의자는 이민에 대한 자유주의적 시각을 싫어한다. 자유주의자는 자유롭고 개방적인 이민을 허용하려고 한다. 보수주의자는 이것이 많은 범죄를 야기하고 국가의 문화를 파괴할 것이라고 믿는다. 많은 좌파-리버럴과 보수주의자는 자유로운 이민이 국내 임금을 급락시킬 것이라고 믿는다.

전반적으로 보면, 좌파 측 사람들은 자유주의가 불평등을 야기하고 가난한 사람들에게 피해를 줄 것으로 생각하기 때문에 자유주의에 반대한다. 우파 측 사람들은 자유주의가 도덕적 타락과 나약한 미국을 초래할 것으로 생각하기 때문에 자유주의에 반대한다.

12 몇 퍼센트의 미국인이 자유주의자인가?

미시간 대학교, 스탠퍼드 대학교 및 기타 지역의 연구자들은 투표자 의견에 관한 중요한 조사인 미국 전국 선거 연구American National Election Studies를 수행한다. 그 조사는 우리가 경제에 대한 정부의 통제를 더 혹은 덜 받아야 하는지, 우리가 타인들에게 더 혹은 덜 관대해야 하는지와 같은 질문을 한다.

이 데이터를 이용하여, 워싱턴 DC에 있는 자유주의적(적어도 이 글을 쓰고 있는 시점에서는) 싱크 탱크인 케이토 연구소CATO Institute의 분석가들은 약 15%의 투표자가 자유주의자에 해당한다고 추정한다. 그러나 몇몇 다른 여론 조사는 더 많은 퍼센트의 투표자가 자유주의자이거나 자유주의자에 기울어진 것으로 추정한다. 갤럽 여론 조사는 일반적으로 투표자의 20~23%가 자유주의자라고 판정한다. 2007년의 워싱턴포스트-ABC 뉴스 공동 여론 조사는 대략 26%의 미국인이 자유주의자라고 한다. (이에 대한 더 자세한 내용은 질문 94를 참조.)

자유주의적 신념을 가진 대부분의 사람은 자신을 자유주의자라고 부르지 않는다는 것을 유의하라. 그들은 흔히 자신을 리버럴, 보수주의자, 또는 중도주의자라 부른다.

13 자유주의자 중 유명한 사람들에는 누가 있나?

자유주의자는 어디에나 있다.

완벽하게 자유주의적인 정치인은 드물다. 미국 정치 체제는 상대적으로 절충적이고 중도적 견해를 가진 정치인(그들 지역구 투표자들에 비추어 측정하면 그렇다)을 선택하는 경향이 있다. 그러나 자유주의 성향의 몇몇 정치인이 있는데, 최근 뉴멕시코주 지사를 지낸 게리 존슨Gary Johnson, 최근 뉴햄프셔주 지사를 지낸 크레이그 벤슨Craig Benson, 그리고 론 폴 미국 하원 의원이 이에 포함된다. 폴 라이언 하원 의원은 아인 랜드가 그에게 가장 큰 영향을 준 사람 중 하나였다고 말한다.

좌파는 흔히 자유주의가 대기업의 이익에 봉사하고 있는 것으로 간주한다. 그렇지만 미국의 대부분 사업가는 특별할 것 없는 민주당원이나 공화당원이다. 몇몇 자유주의적인 기업 리더로는 BB&T의 존 앨리슨John Allison, Whole Foods의 존 매키John Mackey, PayPal의 피터 틸Peter Thiele이 있다.[49]

대중문화에는 많은 자유주의자가 있다. 자유주의 소설가 및 작가에는 아인 랜드, 딘 쿤츠Dean Koontz, 로버트 하인라인Robert Heinlein, 데이브 배리Dave Barry, 그리고 피제이 오로크P. J. O'Rourke가 있다.[50]

자유주의적 텔레비전, 영화, 그리고 라디오 스타에는 펜 질렛Penn Jillette과 텔러Teller, 크리스 록Chris Rock, 클린트 이스트우드Clint Eastwood, 드루 케리Drew Carey, 커트 러셀Kurt Russell, 토미 충Tommy Chong, **사우스 파크**[51]South Park의 제작자이자 성우인 트레이 파커Trey Parker와 맷 스톤Matt Stone, 존 스토셀John Stossel, 그리고 하워드 스턴Howard Stern이 들어 있다.

자유주의 음악가로는 밴드인 러시Rush의 닐 피어트Neil Peart, 드와이트 요컴Dwight Yoakam, 밴드인 블루스 트래블러Blues Traveler의 존 포퍼John Popper가 있다.[52]

또한 많은 자유주의 학자가 있는데, 여기에는 게리 베커Gary Becker, 타일러 카우언Tyler Cowen, 그리고 스티븐 랜스버그Steven Landsburg가 들어 있다. 철학자로는 데이비드 슈미츠David Schmidtz, 제럴드 고스Gerald Gaus, 로렌 로마스키

....

49 BB&T Corporation은 미국의 대형 금융 기업, Whole Foods는 미국의 대형 슈퍼마켓 회사, PayPal은 온라인 거래에 기반을 둔 다국적 금융 회사이다.

50 촌철살인의 자유주의적 논평으로 유명한 오로크는 2022년 2월 15일 사망했다.

51 사우스 파크는 미국의 애니메이션 시트콤이다.

52 닐 피어트는 미국의 록 밴드 러시의 드럼 담당 및 작사자로 2020년 1월에 사망했다. 드와이트 요컴은 미국의 컨트리 음악 가수 및 영화인이다. 블루스 트래블러는 즉석 연주로 잘 알려진 미국의 록 밴드이며, 존 포퍼는 이 밴드의 싱어이자 하모니카 연주자이다.

Loren Lomasky, 마이클 휴머Michael Huemer가, 사회학자로는 찰스 머리Charles Murray와 파비오 로하스Fabio Rojas, 정치학자로는 마이클 멍거Michael Munger와 마크 페닝턴Mark Pennington, 법 이론가로는 리처드 엡스타인Richard Epstein, 랜디 바넷Randy Barnett, 존 해스너스John Hasnas, 그리고 일리아 소민Ilya Somin이 있다.

제2장

자유의 본질과 가치

14 자유주의자는 '자유'를 어떻게 정의하는가?

철학자들은 자유에는 두 가지 주요한 종류가 있다고 말한다. 즉, 소극적 자유negative liberty와 적극적 자유positive liberty이다.

우리는 흔히 장애, 방해, 또는 제약이 없음을 나타내기 위해 '자유' liberty 혹은 freedom라는 단어를 사용한다.[1] 철학자들은 이것을 소극적 자유라고 부른다. 그래서, 예컨대 어떤 사람이 자기 생각을 말하는 것을 다른 사람들이 중지시키지 않을 때 그는 소극적 자유로 이해되는 표현의 자유를 누린다. 자유로운 표현이란 것은 그의 표현에 대한 방해가 없다는 것이다.

이와 대조적으로, **적극적 자유**는 사람이 자신이 결정한 대로 행하는 힘이나 능력이다. 예컨대, 우리가 "새처럼 자유롭다"고 말한다면, 새는 날 수 있는 힘이나 능력이 있다는 뜻으로 우리가 말하는 것이다. 사람들이 새를 방해하는 일은 거의 없다는 말이 아니다.

소극적 자유는 장애의 **부재**이다. 그러나 적극적 자유는 힘이나 능력의 **존재**이다.

만약 어떤 사람이 실질적으로 어떤 재산을 소유하고 있고 통제할 수 있다면, 그 사람은 적극적 자유로 이해될 수 있는 재산의 자유를 가진 것이다.

....

1 양자의 구분 논거는 둘로 요약할 수 있다. 첫째, liberty는 억압에서 벗어난 독립이나 해방의 상태를, freedom은 자신이 원하는 행동을 할 수 있는 상태임을 좀 더 부각한다. 둘째, liberty는 법적으로 부여된 권리이며, freedom은 법 규정과 상관없이 개인에게 부여된 권리라는 국면을 더 강조한다. 그러나 이 미세한 차이에도 불구하고 영어권에서도 양자를 상호 대체적으로 쓰는 경우가 많다. 이를 처음 번역한 일본의 근대 지식인 후쿠자와 유키치도 두 단어 모두를 자유(自由)라 이해했고 그 후 한자 문화권에서는 대체로 그렇게 정착했다. 본서에서도 특별한 경우가 아니라면 두 가지 모두 그렇게 번역할 것이다.

존 케리John Kerry와 평균적인 민주당 투표자 양측 다 요트를 소유할 소극적 자유를 가지고 있다. 즉, 그들이 요트를 사는 것을 저지하려는 사람은 아무도 없을 것이다. 그러나 실제로 오직 존 케리만이 요트를 살 형편이 된다. 그래서 그는 대부분의 투표자가 할 수 없는 것을 할 수 있는 힘을 가지고 있고, 그런 점에서 그는 적극적인 자유를 투표자보다 더 많이 가지고 있다.[2]

최근까지 대부분의 자유주의자는 유일한 진정한 자유는 소극적 자유라고 주장하는 경향이 있었다. 그들은 적극적 자유라는 개념이 분명하지 않다고 믿었다. 현대 및 과거의 고전적 자유주의자는 자유의 소극적 개념을 내세운 반면에, 좌파-리버럴, 사회주의자, 그리고 마르크스주의자는 자유의 적극적 개념을 내세운 상태가 오랫동안 굳어져 있었다.

그러나 최근에 많은 자유주의자가 소극적 자유와 적극적 자유 **둘 다** 받아들이기 시작했다.[3] 오늘날의 자유주의자가 자유로운 사회를 원한다고 말할 때 그것이 의미하는 바는, (1) 서로를 간섭하지 않는 사회와 (2) 대부분의 사람이 자신의 목표를 달성할 수 있는 수단과 능력을 가지는 사회라는 두 가지 모두를 원한다는 것이다.[4]

....

2 저자는 여기서 매사추세츠 상원 의원 존 케리가 2010년 약 70만 달러의 요트를 구입한 후 50만 달러의 관련 세금을 안 내기 위해 매사추세츠주의 항구가 아니라 그런 세금이 면제되어 있는 로드아일랜드주의 항구에 정박하여 지탄을 받은 사건을 빗대고 있다.

3 이 주장은 신고전적 자유주의자에 한정된다. 고전적 자유주의자, 강성 자유주의자는 여전히 소극적 자유만을 자유의 본질로 본다.

4 (1)은 소극적 자유, (2)는 적극적 자유를 의미한다.

15 왜 몇몇 자유주의자는 적극적 자유를 거부하는가?

최근까지는 대부분의 자유주의자가 적극적 자유라는 개념을 거부했다. 그들은 적극적 자유는 진정한 자유의 형태가 아니라고 말했다. 그들은 개인의 목표를 달성하기 위한 힘이 중요하다는 것에는 동의했다. 그러나 만약 사람의 목표를 달성하기 위한 힘이라고 이해되는 적극적 자유를 자유의 한 형태로 여긴다면, 이것은 자동으로 사회주의와 과도한 복지 국가를 허용하게 될 것이다. 그들은 사회주의와 과도한 복지 국가에 반대했기 때문에 적극적 자유의 개념을 거부했던 것이다.

마르크스주의자 및 다른 사회주의자는 적극적 자유에 전념하는 것은 사회주의에 전념하는 것을 암시한다고 주장한다. 그들의 주장은 간단하다:

(1) 정부는 모든 사람이 완전한 자유를 가지도록 보장해야 한다.

(2) 자유의 한 유형이 적극적 자유이다.

(3) 그러므로 정부는 모든 사람이 적극적 자유를 누릴 것을 보장해야 한다.

(4) 정부가 모든 사람이 적극적 자유를 가지도록 보장하기 위해서는, 정부가 반드시 경제를 관리해야 하며 광범위한 복리 혜택을 제공해야 한다.

(5) 따라서 정부는 경제를 관리해야 하고 광범위한 복리 후생을 제공해야 한다.

이 논증은 타당하다. 즉, 전제로부터 결론이 나온다. 그러므로 만약 자유주의자가 그 결론을 거부하기를 원한다면, 그들은 그 전제 중 적어도 하나를 거부해야 한다. 과거에는 자유주의자는 2번째 전제를 거부하는 경향이 있었다. 그들은 적극적 자유는 자유의 진정한 형태가 결코 아니라고 주장했다.

16 왜 지금은 많은 자유주의자가 적극적 자유를 받아들이는가?

질문 14번은 소극적 자유와 적극적 자유 사이의 차이를 설명한다. 질문 15번은 왜 많은 자유주의자가 적극적 자유를 거부하는 것이 보통이었는지를 설명한다.

오늘날의 자유주의 사상가 중에는 적극적 자유를 수용하는 경향도 있다.[5] 그들은 목표를 진정으로 성취할 힘이 자유의 한 형태라는 데 동의한다. 그들은 이러한 적극적 형태의 자유가 소중하며, 적극적 자유가 없는 소극적 자유는 가치가 거의 없는 경우가 흔하다는 점에서 마르크스주의자와 사회주의자들과 의견이 일치한다.

그러나 오늘날의 자유주의자는 적극적 자유가 소중하다는 주장이 정부가 무엇을 해야 하는지 혹은 하지 말아야 하는지를 암시하는 것은 **아무것도 없다**고 말한다. 우리는 정부가 자유에 대해 무엇을 해야 하는지를 단지 '자유'liberty라는 단어를 어떻게 정의하는지로 결정할 수는 없다. 오히려, 정부가

5 이는 자유주의자 일반의 추세가 아니다. 따라서 이 문장의 진정한 의미는 자유주의자 중 '일부'는 적극적 자유도 중시한다는 것이다.

해야 할 일이 무엇인가 있다면 정부는 특정한 종류의 자유에 대해 무엇을 해야 할 것인지를 알기 위해서는, 우리는 사람들이 정부가 그 역할을 하는 것에 의존할 때 실질적으로 무슨 일이 일어나는지를 알기 위해 역사적, 사회적, 그리고 경제적 증거를 검토해 보아야 한다. 그러고 나면, 적극적 자유를 증진하기 위해 정부가 해야 할 일은 **아무것도 없다**는 것이 드러날지 모른다. 혹은 정부가 적극적 자유를 **간접적으로** 조장해야 한다고 드러날지 모른다.[6]

우리는 우리 모두가 중요한 적극적 자유를 가질 것이라는 법적 보장을 정부가 표명해 주기를 원하는가? 최근의 저술에서, 철학자 데이비드 슈미츠David Schmidtz와 나는 그 답은 정부가 법적 보장을 표명할 때 무슨 일이 일어나는지에 달려 있다고 주장한다. 법적 보장은 단지 법적 선언일 뿐이다. 그것은 진정한 보장이 아니다. (1936년의 소련 헌법이 자유로운 언론, 사생활, 그리고 적법 절차를 '보장했다'(guaranteed)는 것을 생각해 보라.) 많은 요인이 법적 보장을 파괴하거나, 손상하거나, 왜곡할 수도 있으며 실제로도 정말 그러하다. 법적 보장이란 그것이 효과가 있을 때에만 타당하다. 정부에 몇몇 가치 있는 목적을 달성할 힘을 부여한다고 그 목적이 자동으로 증진되지는 않는다. 사실, 어떤 목표를 증진하는 힘을 정부에 부여하는 것은 때때로 그 목표를 훼손한다.

슈미츠와 나는 소극적 자유를 보호하는 것이 적극적 자유를 증진하는 가장 중요하고도 효과적인 방법임은 역사적 사실이라고 주장한다. 정부가

••••••••

6 적극적 자유를 수용한다는 것이 반드시 정부의 적극적 역할을 의미하는 것이 아니다. 적극적 자유를 수용하더라도, 고전적 자유주의자가 애초에 주장하듯이 정부의 역할은 아무것도 하지 않거나 간접적으로만 역할을 하는 것이 될 수도 있다는 의미이다.

적극적 자유를 가장 잘 증진하는 방법은 법의 지배, 재산권, 자유, 관용, 그리고 자유로운 시장을 지지하는 것이다. 이와는 대조적으로, 슈미츠와 나는 사회주의 사회가 그 시민들이 적극적 자유를 많이 누릴 수 있도록 도움을 준 적이 결코 없었다고 말한다. 따라서 적극적 자유에 전념하는 것이 사회주의를 **허용하는** 것이 아니다. 그것은 오히려 사회주의를 **금지한다**. 마르크스주의자는 적극적 자유만이 진정한 자유라고 말한다. 슈미츠와 나는 이 진정한 자유는 시장 사회에서 찾을 수 있으며, 그 밖에 어디에도 없다고 그들을 반박한다.

아주 세련된 비자유주의자는 법적 보장이 진정한 보장이 아님은 당연하며, 소극적 자유를 보호하는 것이 적극적 자유를 증진하는 데 필수불가결함도 당연하다고 대응한다. 그러나 그들은 모든 사람이 시장 경제로부터 또 그 소극적 자유로부터 나오는 이익을 얻는 것을 보장하려면 정부 개입 확대와 강력한 복지 국가가 필요하다는 것이 경험상 적합하다고 주장한다.[7]

17 왜 자유주의자는 자유가 아주 중요하다고 생각하는가?

자유주의자는 두 가지 다른 이유로 자유를 소중히 여긴다.

7 자유주의자가 아닌 자 중에서도 아주 정교한 논리를 가진 자는 정부 개입과 복지 국가를 이런 식으로 옹호한다: "자유주의자가 흔히 주장하는 대로, 자유를 소극적으로 보장함을 넘어 이런저런 법을 통해 적극적으로 규정한다고 실제적 보장이 되는 것도 아니라는 말은 맞다. 그런데 자유주의자가 강조하는 소극적 보장이 실제적 보장으로 이어지게 하기 위해서라도 정부 개입을 해야 하고 복지 국가가 필요함이 경험적으로 맞다."

(1) **자유는 존중을 보여 준다**: 자유주의자는 우리가 다른 사람을 도덕 공동체의 구성원으로 그리고 목적 그 자체로 존중하기 위해서는 우리는 그들에게 광범위한 개인의 자유를 부여해야 한다고 말한다.

(2) **자유는 좋은 결과를 산출한다**: 자유주의자는 모든 사람에게 좁은 범위보다 넓은 범위의 자유를 부여하는 것이 더 좋은 결과를 낳는다고 말한다.

강성 자유주의자는 다른 사람에 대한 존중심을 보여 주는 데 자유가 필수적이라는 주장을 강조하는 경향이 있다. 고전적 자유주의자는 자유가 얼마나 좋은 결과를 산출하는지 강조하는 경향이 있다.[8]

(1) 첫째, 자유가 타인을 존중한다는 점이 얼마나 필수적인 것임을 살펴보자. 자유주의자는 각 사람에게는 정의justice에 기반한 신성불가침권이 있다고 주장한다. 우리는 어떤 사람에게 단지 나머지 다른 사람들이 복지를 더 누리도록 하기 위해 그 자신을 희생하라고 강요할 수는 없다. 우리는 개인을 다른 사람들의 행복을 증진하기 위해 이용하고 버리는 도구로 취급할 수 없다. 정의가 보장하는 권리가 정치적 거래나 사회적 이익의 계산 대상이 되어서는 안된다. 우리는 타인을 속박하고서 그들이 그들 자신의 의지보다 우리의 의지대로 살도록 강요해서는 안된다.

우리 각자에게는 영위할 각각의 삶이 있다. 우리가 타인의 권리를 존중하는 한, 우리도 우리가 적합하다고 여기는 대로 살 수 있어야 한다. 대부분

8 비유하자면, 노직에게는 자유가 번영과 경제 성장 같은 어떤 바람직한 성과를 가져온다는 점은 최우선적 가치가 아니지만, 프리드먼에게는 아주 중요한 가치가 된다.

의 자유주의자는 우리가 다른 사람에게 자선을 베풀고 그들을 도울 도덕적 의무가 있다는 데 동의한다. 그러나 자유주의자는 우리가 다른 사람을 돕도록 일반적으로 강요받아서는 안된다고 말한다. 많은 사람이 자신이 자유로울 경우 자기 파괴적이거나 비정한 선택을 할 것이다.[9] 그러나 다른 사람을 나와 동등한 사람으로 존중하기 위해서는, 우리는 그들이 비록 사악한 삶을 선택할지라도 그들이 선택한 대로 살도록 허용해야만 한다고 자유주의자는 말한다.

자유주의자가 자유를 내세우는 이유에는 곳곳에 있는 의견 불일치 문제에 대한 대응이라는 부분이 있다. 사람들은 정의, 좋은 삶, 그리고 좋은 공동체의 본질에 대해 의견들이 상당히 다르다. 자유주의자는 우리는 모든 합리적인 사람들이 받아들일 수 있는 조건에서만 함께 살아야 한다고 믿는다. 우리는 선과 정의에 관해 의견이 상당히 다르기 때문에, 강제가 정당화되는 경우는 거의 없다.[10] 사람들을 도덕과 공동체의 동등한 구성원으로서 존중하기 위해서는 우리는 그들을 우리 자신의 의지대로 속박하려고 해서는 안된다. 우리는 오히려 각자에게 광범위한 개인의 자유를 인정해 주어야 한다.

자유주의에 대한 몇몇 비판자들은 진정한 자유는 혼자 남겨지는 것에 관한 것이 아니라고 주장한다.[11] 오히려, 사람들이 자신의 자유를 누리기 위해 충분한 부와 기회를 가질 경우에만 자유가 중요하다는 것이다. 그들은

9 자유가 주어지면 마약을 남용할 수도 있고, 가난한 사람의 의료부조 재원이 되는 비용을 내지 않을 수도 있다.

10 무엇이 선이고 정의인지 의견이 다른 사회에서는 특정 입장을 강요하는 것을 금지하는 자유주의만이 모두가 수용할 만한 유일한 대안이다.

11 남의 간섭이 없게 하고(소극적 자유) 나머지는 그 홀로 삶을 개척하라는 것이 자유가 아니라는 의미이다.

자유주의[12]가 실제로는 대부분의 사람이 이 진정한 자유를 누리는 것을 막는다고 생각한다.

(2) 둘째, 자유를 옹호하는 결과주의적 이유를 생각해 보라. 자유주의자는 모든 사람에게 넓은 범위의 자유를 인정하는 것이 일반적으로 좋은 결과를 낳는다고 믿는다. 그들은 자유의 제한이 일반적으로 나쁜 결과를 낳는다고 믿는다. 자유주의자는 자유로운 사회가 자유롭지 못한 사회보다 더 큰 부, 행복, 번영, 평화, 선한 품성, 과학 지식, 그리고 보편적 신뢰를 낳는다고 주장한다. 예컨대, 자유주의자는 대체로 자유 시장 경제를 가진 사회에는(스위스, 캐나다, 그리고 호주와 같은) 자유롭지 못한 경제를 가진 사회(북한, 쿠바, 그리고 미얀마 같은)보다 더 행복하고, 더 건강하며, 그리고 더 번영하는 시민이 있다고 주장한다.

자유주의자는 자유가 항상 좋은 결과만 낳는 것은 아님을 인정한다. 자유가 항상 복지를 증진하는 것은 아니다. 사람들에게 그들이 좋아하는 것을 하도록 허용하는 것이 항상 그들의 후생이 더 나아지게 만드는 것은 아니다. 결국, 만약 사람이 자유롭다면, 그들은 흔히 어리석고, 경솔하며, 그리고 자기 파괴적인 선택도 할 것이다.

그러나 사람들이 어리석고, 경솔하며, 그리고 자기 파괴적 선택을 하도록 허용하는 것은 실제로는 사람들이 현명하고, 신중하며, 그리고 안전한 선택만을 하도록 강요하는 것보다 더 나은 결과를 낳는다고 자유주의자는 주장한다. 이것이 자유주의자가 마약과의 전쟁War on Drugs을 끝내기를 원하는 한 이유이다. 사람들이 마약을 사용하는 것을 허용할 때, 그들 중 많은

12 여기에서는 소극적 자유만을 인정하는 주류 자유주의를 의미한다.

사람이 자신의 삶을 파괴할 것이라는 데 자유주의자는 동의한다. 그러나 그들은 정부가 사람들이 마약을 사용하는 것을 금지한다면 훨씬 더 많은 삶이 파괴될 것이라고 주장한다. (질문 50번 참조.)

자유주의자는 정부가 얼마만큼의 권력을 가져야 하는지는 정부가 그 권력으로 무엇을 할 것인지에 달려 있다고 말한다. 만일 권력이 부패하는 (혹은 이미 부패한 자들을 끌어들이는) 경향이 없거나 혹은 지도자가 전지전능하고 변함없이 이타적이라면, 우리는 정부에게 우리의 삶에 관한 광범위한 권력을 맡기기를 원할 수 있다.

그러나 현실 세계에서의 권력은 진실로 부패하며 또 부패한 자들을 정말로 끌어들인다.[13] 정부에서는, 선을 행하는 권력은 동시에 악을 행하는 권력이기도 하다. 이 권력은 선을 행하기를 원하는 사람들과 악을 행하기를 원하는 사람들 둘 다를 매혹한다. 따라서 미래의 영웅 및 악당이 그 권력을 얻고자 경쟁할 것이다. 경쟁에서는 악당이 유리하다. 그들은 그에 필요한 무슨 일이든 도덕적 제약에 구속되지 않고 기꺼이 행하려 할 것이다.

현실 세계에서 정치가, 관료, 그리고 투표자는 흔히 무능하다. 정치인은 선거에서 승리하는 데는 전문가이나, 경제 운영 및 의료 관리에는 전문가가 아니다. 만약 투표하는 공중이 정치에 대해 충분한 정보가 있고 매우 합리적이라면, 그들은 훌륭한 지도자를 선택할 것이다. 그러나 자유주의자는 (사회 과학 연구에 비추어 볼 때) 투표자가 대체로 무지하고 비합리적이라고 생각한다. 그래서 그들은 나쁜 지도자를 선택한다. 자유주의자는 시장에 대해 지나치게 낙관적이라고 비난받는 경우가 흔하다. 그러나 그들은 시장이

13 저자는 액튼(Lord Acton)의 '권력은 부패한다, 절대적 권력은 절대적으로 부패한다'는 구절을 암시하고 있다.

실패한다는 것을 인정한다. 경제학 교과서에 의하면 시장이 실패할 때, 그 실패를 바로잡기 위한 정부 개입은 때때로 정당화된다. 그러나 이런 교과서가 의미하는 것은 단지, 원칙적으로, 정보를 잘 갖추고 선의를 가진 정부만이 그 문제를 해결할 수 있다는 것이다. 그렇지만 현실 세계의 정부는 교과서의 정부가 아니다. 정부 지도자들은 흔히 문제 해결 방법을 모른다. 우리가 우리의 문제를 해결하기 위해 그들에게 권력을 주면, 그들은 흔히 그들 자신의 목적을 위해 그 권력을 사용한다. 시장이 실패할 가능성이 있고 또 실제로 정말 실패하는 것과 똑같이, 정부도 실패할 가능성이 있고 또 실제로 정말 실패한다고 자유주의자는 말한다. 자유주의자는 우리가 일단 시장 실패와 정부 실패 두 가지 모두를 고려한다면, 우리는 자유 시장을 강력하게 선호할 것이며 정부 개입은 거의 선호하지 않을 것이라고 믿는다.

자유주의자에 대한 몇몇 비판자들은 시장이 실패하는 것처럼 정부도 실패할 수 있다는 것에 동의한다. 그러나 그들은 그 증거의 균형에 대해서는 동의하지 않는다. 그들은 시장 실패가 더 심각하며 정부 실패는 덜 심각한 경향이 있다고 생각한다. 그래서 그들은 더 많은 정부 개입과 덜 자유로운 시장을 주장한다.

18 자유주의자는 자유를 유일한 가치라고 생각하는가?

아니다. 대부분의 자유주의자는 자유는 단지 많은 가치 중의 하나라고 믿는다. 그들이 자유를 소중히 여기는 부분적인 이유는 자유가 **다른** 가치들을 산출한다고 그들이 믿기 때문이다. (질문 17번 참조.) 자유주의자는 자유가 더 커지면 일반적으로 건강, 부, 지식, 혁신, 그리고 행복도 더 커진다고 믿는다.

19 자유주의자는 자유가 다른 모든 가치보다 우월하다고 생각하는가?

경제학자 제프리 삭스Jeffrey Sachs는 자유주의자가 자유에 대해 외곬의 집착을 가지고 있다고 불평한다. 자유주의자와는 대조적으로, 삭스는 우리가 다른 가치를 성취하기 위해서는 자유를 빈번히 제한해야 한다고 믿는다. 때때로 자유는 더 중요한 것을 방해한다는 것이다. 삭스는 자유주의자가 "어떤 비용이 들어도 자유! 하늘이 무너져도 자유!"라고 말하는 것으로 간주한다. 삭스는 자유주의자에게는 "자비, 정의, 시민의 책임, 정직, 체면, 겸손, 그리고 심지어 빈곤 계층, 약자 계층, 그리고 취약 계층의 생존조차 모두 자유 뒤로 밀려나 있다"라고 말한다.

경제학자 스티브 호르비츠Steve Horwitz는 우리는 인도주의적인 사회냐 혹은 자유로운 사회냐의 선택에 직면하고 있는 것이 아니라고 응수한다. 그와는 달리, 자유주의자는 자유로운 사회는 인도주의적인 사회를 이루기 위한 **수단**이라고 믿는다. 자유주의자는 삭스와 **경험적** 불일치점을 가지고 있다. 즉, 그들은 세상이 어떻게 작동하는지에 의견이 일치하지 않는다. 삭스는 우리가 자비와 정의를 갖기 위해 그리고 빈곤층을 돕기 위해서는 어떤 자유는 배제해야 한다고 생각한다. 자유주의자는 만약 우리가 자비와 정의를 갖기를 원하거나 빈곤층을 돕기를 원한다면 우리는 자유를 더 적게 필요로 하는 것이 아니라 더 많이 필요로 한다고 믿는다.

대부분의 자유주의자는 다른 가치를 위해 적어도 가끔은 자유를 희생해야 한다는 데 동의한다. 따라서 자유주의 철학자 댄 러셀Dan Russell이 주장하듯이, 비상 상황에서는 재산권은 때때로 유보되어야 한다. 그러나 만약 우리가 그러한 비상 상황을 벗어나기를 원하거나, 혹은 우리가 비상 상황을 만들 기회를 줄이기를 원한다면, 우리는 재산권을 설정하고 존중할 필요가 있다고 그는 말한다.[14]

자유주의자는 자유와 다른 가치 사이의 갈등이 그저 주어지는 것이 아니라고 덧붙인다. 오히려, 흔히 정부가 이러한 갈등을 **만들어 낸다**. 자유를 존중하는 정책은 이러한 갈등을 최소화하는 경향이 있다.

예컨대, 미국의 테러와의 전쟁War on Terror을 생각해 보라. 우리가 안전을 얻기 위해 어떤 자유는 희생해야 한다고 많은 사람이 주장한다. 자유주의자는 미국 정부가 자유와 안전 사이에 갈등을 만들어 냈다고 말한다. 과거에는 정부는 자유보다 안전을 택했으나 두 가지 모두 얻지 못했다. 자유주의자는 미국이 중동에서 통상 금지 조치를 가하고, 괴롭힘을 주고, 그리고 민간인을 살해하는 데 과거 50년을 써버렸다고 말한다. 이것이 알카에다Al Qaeda가 미국의 민간인을 공격하고 살해하도록 만든 것이다. (예컨대, 미국은 1차 이라크 전쟁 후 이라크에 경제 제재를 부과했다. 정치학자 존 뮬러(John Mueller)가 기록한 대로, 이러한 제재로 수십만 명의 무고한 이라크 민간인이 죽게 되었다. 오사마 빈 라덴은 9.11 공격을 이러한 치명적인 제재에 대한 대응이라고 부분적으로 정당화했다.) 미국은 두 개의 전쟁을 시작함으로써 9.11 테러에 대응했다. 아마도 이것이 미국을 더 안전하게 만들 것이라고 여겼다. 많은 자유주의자는 그 대신에 그것은 차세대 테러리스트를 낳게 할 것인데, 그들은 그들의 부모와 형제가 미

14 재산권이 제한되는 경우가 나타날 수 있지만, 그럼에도 재산권 제도를 인정하는 곳에서 결국 재산권이 제한되는 경우가 더 적어진다.

국의 폭탄으로 죽는 것을 목도한 후 복수를 원하며 자랄 것이라고 생각한다.

혹은 미국의 주택 정책과 2008년 금융 위기에 대한 정부의 대응을 생각해 보라. 많은 이들이 우리는 이제 경제 번영을 보장하기 위해 시장 속의 몇몇 자유를 희생해야 한다고 주장한다. 자유주의자는 우리가 **지금** 자유와 번영 사이에서 선택을 하도록 요구받게 된 이유는 우리가 **과거**에 자유보다 번영을 선택했기 때문(그리고 둘 다 얻지 못했다)이라고 말한다. 정부는 주택 시장에서 방만한 신용을 요구했다. 금융 위기 전, 자유주의자는 지역 사회 재투자법Community Reinvestment Act의 1995년 개정이 채권자들이 과도하게 위험한 대출을 하게 만들었다고 말한다. 자유주의자들은 정부 보증 기업GSES인 프레디 맥Freddie Mac과 패니 메이Fannie Mae가 도덕적 해이를 초래할 것인데, 그 이유는 개인 투자가들은 자신들이 위험한 대출을 하고 난 다음에 그 대출을 정부 보증 기업들에 팔 수 있다는 것을 알고 있었기 때문이라고 말했다. 주택 시장에 거품이 일었다가 터져 버리기 한참 전, 론 폴Ron Paul과 피터 시프Peter Schiff와 같은 자유주의자는 정부의 주택 정책이 위기를 초래할 것이라고 주장했다. (질문 92번 참조.) 그 당시 그들은 어리석고 멍한 선동가로 간주되었다. 그러나 그들이 옳았다.[15]

20 자유주의자는 우리의 유일한 도덕적 의무가 타인의 자유를 존중하는 것이라고 생각하는가?

대부분의 자유주의자는 상식적인 도덕적 관심을 공유한다. 다른 많은

15 이 부분은 본서 제8장 각주를 참조하라.

사람이 행동하는 것처럼 우리도 자선을 베풀고, 다른 이의 노력에 무임승차 하는 것을 피하고, 다른 사람을 존중과 친절로 대하며, 그리고 우리의 아이들과 사랑하는 사람들을 부양하는 등의 의무가 있다고 자유주의자는 생각한다.

자유주의자를 다른 철학적 리버럴과 그리고 특히 비자유주의자와 구별되게 하는 것은 자유주의자는 모든 인간이 매우 광범위한 개인의 자유를 가진다고 생각한다는 점이다. 각 사람은 간섭받지 않고, 이용당하지 않으며, 예속당하거나 강요당하지 않을 강력한 권리를 가지고 있다. 이들 권리가 쉬이 무시되어서는 안된다.

권리는 우리의 행동에 대한 부수적 제한$_{\text{side constraints}}$으로 작동한다.[16] 권리는 우리가 다른 사람에게 무엇인가를 하는 것을 금지한다. 심지어 이러한 행위가 공공의 이익이나 타인의 이익에 도움을 줄지라도 말이다.

그래서, 예컨대 내가 최고의 전문적인 인생 코치라고 상상해 보자. 모든 사람이 살아가는 데 가장 행복하고도 가장 좋은 방법을 내가 결정할 수

....

16 권리가 가진 '부수적 제한'이란 강성 자유주의의 웅변가 노직(Robert Nozick)이 지적한 개념이다. 개인이 권리를 가지고 있다는 것은 타인에게는 그 권리를 침해하는 행위를 금지하게 만드는 제약이 된다. 예컨대, 광포한 난동을 일으킨 폭도들이 살상을 자행하여 곧 무고한 사람 10명쯤 죽일 상황이다. 이때 그들의 분노를 진무하고자 보안관은 그들이 가장 만족할 만한 무고한 1명을 죽일 수 있을까? 무고한 생명을 더 많이 살리는 것을 목표로 삼는다면(공리주의) 보안관의 처분을 정당화하겠지만, 노직은 이에 반대한다. 권리는 그런 산술적 비교로 파악해서는 안된다. 보안관이 그 한 사람을 죽이는 것은 그의 권리(생명권)를 침해하는 것이다. 개인이 가진 권리(생명권)는 타인이 그를 죽이는 행동을 금지하는 부수적 제약이다. 얼핏, 이것이 딜레마로 보일지 모른다. 보안관은 다른 무고한 10명의 잠재적 피살자의 생명을 구하려고 한다. 따라서 보안관은 1명의 권리가 가진 부수적 제약과 다른 10명의 잠재적 피살자가 가진 부수적 제약의 충돌 속에 빠져 있다고 여길지 모른다. 그러나 노직은 이 경우에 모순은 없으며 한 가지의 부수적 제약만이 있다고 판단한다. 우리(보안관)에게는 타인을 죽여서는 안된다는 부수적 제약이 있지만, 타인(폭도들)이 누군가를 죽이는 것을 막을 의무는 없다. 노직의 이러한 '권리' 개념은 공동체가 비용과 편익을 저울질하여 개인의 권리 침해 행동을 정당화하는 것을 반대하는 강력한 논리이다.

있다고 상상해 보자. 재능 있는 데이비드가 해변의 놈팡이보다 의사로서 더 많은 선善을 행할 수 있다는 것을 내가 확실히 안다고 상상해 보자. 또한 데이비드가 해변의 놈팡이보다 의사로서 훨씬 더 행복하고 더 잘 살 것임을 확실히 안다고 상상해 보자. 그런데도 데이비드는 해변의 놈팡이가 되기를 원한다고 상상해 보자. 자유주의자는 이런 상황에서조차 내가 데이비드에게 의사가 되라고 강요할 수는 없다고 말한다. 비록 내가 그의 삶을 영위하는 방법을 그보다 더 잘 알고 있을지라도, 그는 자기 삶의 방식을 선택할 권리가 있다.

상식적인 도덕적 사고에 따라 다른 예를 하나 들자면, 비록 음식이 당신보다 노숙자에게 더 가치가 있을지라도, 내가 노숙자를 먹이기 위해 당신의 냉장고에서 음식을 훔쳐서는 안된다. 혹은 또 다른 예를 들자면, 노예제나 짐 크로 법[17]Jim Crow laws이 경제적으로 효율적이었을지라도, 이것이 그 제도를 정당화하지는 않을 것이다. 혹은 우리가 두 사람이 따로 있는 것보다 함께 있는 것이 가장 행복할 것임을 어떤 식으로든 알더라도 우리가 두 사람이 결혼하도록 강제해서는 안된다.

비록 내가 당신이 노숙자를 돕도록 강요하는 것은 나쁘다고 믿고 있을지라도, 이것이 내가 노숙자에게 관심이 없다는 것을 의미하지는 않는다는 것을 유의하라. 같은 맥락에서, 비록 내가 당신이 당신의 '영혼의 짝'과 결혼하라고 강요하지 않으려 하더라도, 그것이 내가 당신의 행복에 무관심하

17 짐 크로(Jim Crow)는 흑인을 비하해 부르는 이름이다. 미국 남부를 중심으로 1877~1960년대까지 존속한 흑인 차별 입법들을 통칭해서 짐 크로 법이라고 한다. 예컨대, 나중에 Brown v. Board of Education에서 위헌으로 판결된 학교 선택의 차별, 마틴 루터 킹 목사의 캠페인으로 나타난 버스 안의 흑백 차별 등이 이에 속한다. 짐 크로 법은 민권법(Civil Rights Act, 1964), 투표권법(Voting Rights Act, 1965) 등의 제정으로 사라져 갔다.

다는 뜻은 아니다. 오히려, 그것은 당신의 이익을 위해서든 타인의 이익을 위해서든, 내가 당신에게 강요할 수 있는 것은 한계가 있다는 것을 의미한다.

21 '자유의 추정'이란 무엇인가?

자유주의libertarianism는 **리버럴**liberal의 정치 철학이다.[18] (질문 7번 참조.) 모든 철학적 리버럴은 자유가 근본 가치이며 개인에게는 정의의 문제로서, 광범위한 기본권과 자유의 집합이 천부적으로 주어져 있다고 믿는다.

자유주의자는 자유를 지지하는 강력한 추정이 있다고 믿는다. 자유의 추정은, 사람은 자신이 최선이라고 여기는 대로 자유롭게 살 자유가 애초부터 주어져 있으며, 그 자유는 타인의 허락을 구하거나 그것이 정당하다는 인정을 타인으로부터 받을 필요가 없다는 주장이다. 자유에 대한 **모든** 제한은 애초부터 불의不義이며, 다른 해명이 있을 때까지는 부당한 것으로 간주한다. 자유의 추정presumption of liberty에 따르면, 자유에 대한 모든 제한은 자신의 자유가 제한당하는[19] 사람으로부터 정당하다는 인정을 받아야 한다. 강제는 자유를 거의 항상 제한하는데, 그것은 정당한 강제라고 인정될 만한 경우에만 허용되어야 한다. 따라서 정치적 권위 및 모든 법은 그것들이 정당한 것이라는 해명을 받기 전까지는 정당하지 않은 것으로 간주된다.

자유주의자는 사회를 향해 "우리는 모든 행위 X를 애초부터 허용해야

18 대중 정치 용어가 아니라 정치 '철학'의 관점에서 이해하는 경우의 리버럴(liberal), 즉 철학적 리버럴은 곧 리버테리언이다(제1장의 질문 7번, 각주 35번 참조). 따라서 이 본문 구절에서 리버럴은 곧 자유주의자를 지칭한다.

19 제한을 가하는 측이 아니라 제한을 받는 측으로부터 정당하다는 인정을 받아야 한다.

한다. X에 대한 어떤 금지가 정당하다고 규명할 책임은 사회[20]에 있다"라고 말한다. 이와는 대조적으로, 비자유주의자는 "X를 허락하는 것이 좀 더 높은 가치나 공동선에 기여한다는 점이 드러날 때까지는 우리는 X를 금지해야 한다"라고 말한다. 자유주의 사회는 개인을 향해 "우리가 결정적인 도덕적 이유, 곧 X를 허용하는 것에 반대하는 이유를 바로 당신으로부터 인정받지 못하는 한, 우리는 당신이 X를 하도록 허용할 것이다"라고 말한다. 비자유주의 사회는 "당신이 그것을 하는 좋은 이유를 우리에게 제시하는 경우에만 우리는 당신이 X를 하도록 허용할 것이다"라고 말한다.

22 자유주의자는 우리가 어떤 권리를 가지고 있다고 생각하는가?

자유주의자는 모든 사람이 광범위한 권리의 집합을 누리는 것은 정의의 문제라고 믿는다. 이 권리들에는 시민적, 경제적, 그리고 정치적 자유가 들어 있다.

시민적 자유에는 자유 언론의 권리, 집회의 권리, 결사의 권리, 양심의 자유, 신체적 무결성bodily integrity의 권리와 학대와 폭력으로부터의 자유, 삶의 방식을 선택할 자유, 저항할 권리, 퇴거할 권리(즉, 나라를 떠나 시민권을 포기할 권리), 그리고 성性에 관한 선택의 자유가 들어 있다. 자유주의자는 또한 형사 사법 체제에서의 자유주의적인 절차적 권리들을 주장하는데, 여기에는 영장 없는 수색과 압수를 거부할 권리, 공정하고 신속한 재판을 받을 권

20 X 행위를 금지 받은 개인이 아니라 그 금지를 가한 주체인 사회를 의미한다.

리, 유죄로 입증될 때까지는 무죄로 추정받을 권리, 고소인의 신문訊問을 받을 권리, 그리고 인신 보호habeas corpus를 받을 권리가 들어 있다. 자유주의자는 일반적으로 사형死刑 제도와 가혹한 형사 조치에 반대한다.

자유주의자는 동성애자에 대한 동등한 보호를 주장하며, 따라서 동성 결혼을 지지하고 미국 군대의 동성애에 대한 과거의 제한 조치에 반대한다. 자유주의자는 낙태, 산아 제한, 그리고 서로 받아들일 수 있는 조건으로 성 관계를 할 권리를 포함한 여성의 생식生殖의 자유를 주장한다. 자유주의자는 인터넷 검열, 포르노그래피에 대한 제한(포르노그래피 모델이 동의 능력이 있는 성년이라면), 그리고 국기 태우기나 반정부 선동을 제한하는 것에 반대한다.

자유주의자는 사람들이 마약을 사용할 권리와 자기 파괴적 선택을 할 권리를 가지고 있다고 믿는다. 자유주의자는 국가를 위한 강제적 복무와 징병에 반대한다. 그들은 애국법the Patriot Act과 미국인들에 대한 정부 사찰에 반대한다.

자유주의자는 또한 자유로운 이민도 지지한다. 그들은 사람들이 적합하다고 생각하는 대로 국경을 넘을 수 있는 권리를 가지고 있다고 믿는다. 멕시코인은 토박이 미국인과 같이 미국에서 살 수 있는 동등한 권리를 가진다고 주장한다. 모든 사람은 모든 나라의 사람을 시민권과 관계없이 고용할 수 있는 권리를 가진다고 믿는다. 특별한 경우를 제외하면 정부는 시민이 국가를 떠나는 것을 금지할 수 없으며 또한 외국인이 입국하는 것도 막을 수 없다고 그들은 주장한다. (질문 86번 참조.)

자유주의자는 경제적 자유가 시민적 자유와 같이 광범위한 범주를 갖는 것으로 해석한다. 종교의 자유를 인정하기 위해서는 종교 영역에서의 독립적 활동을 보편적으로 보호하는 것이 필요하다는 점을 모든 리버럴이 동의하듯이,[21] 자유주의자는 경제적 자유 인정을 위해서는 경제 문제에서의 독립적인 활동을 보편적으로 보호하는 것이 필요하다고 주장한다.

그래서 자유주의자는 사람들이 개인의 재산을 취득, 보유, 사용, 증여, 그리고 많은 경우에 파괴할 권리를 가진다는 것은 기본적 정의의 문제라고 주장한다. 즉, 자신을 위해 부를 취득하는 것, 계약을 맺는 것, 모든 당사자가 동의하는 조건으로 재화와 서비스를 사고파는 것, 자신의 직업을 선택하는 것, 근로 조건을 협의하는 것, 적합하다고 여기는 대로 자신의 가정을 꾸리는 것, 판매하기 위해 물건을 생산하는 것, 사업을 시작, 운영, 그리고 폐업하는 것, 생산 수단으로 사유 재산을 소유하는 것, 생산의 목적을 위해 재산을 개발하는 것, 자본의 위험을 감수하는 것, 무엇을 먹고, 마시며, 그리고 입을지를 결정하는 것, 어떤 종류의 오락과 문화적 경험을 소비할지 결정하는 것 등등. (질문 62번 참조.) 자유주의자는 성적性的 서비스와 심지어 신장과 같은 자기 신체의 일부를 팔 권리가 있다고 믿는다.

모든 리버럴이 그러하듯이 자유주의자는 강력한 자유의 추정이 존재한다고 믿는다.[22] 자유주의자는 만약 (1) 어떤 행동이 타인에게 강제를 가하거나 그들의 권리를 침해하거나, (2) 특정 행위를 금지하는 것에 대하여 아주 강력한 독자적인 정당화가 없는 한, 그 사람은 자유롭게 그 행동을 할 수 있어야 한다고 믿는다.

정치적 자유, 곧 투표하는 권리 및 공직에 출마할 권리에 대한 자유주의자의 태도는 복합적이다.

••••••••

21 좌파-리버럴도 종교의 자유를 보호 범위를 넓게 요구한다는 점에서는 자유주의와 견해가 같다. 자유주의자는 그런 포괄적 보호는, 좌파-리버럴이 별로 동의하지 않는 경제적 자유에도 인정되어야 한다고 주장한다.

22 '자유의 추정'은 앞에서 본 질문 22번 참조.

시민적 자유와 경제적 자유는(앞에서 정의한 대로) 개인 자기 자신에게 힘을 부여하며 타인이 절대로 침범해서는 안되는 개인의 자율적 영역을 만든다. 정치적 자유, 즉 투표하는 권리와 당선 혹은 선출이 되어 공직에 취임할 권리는 이와 다르다. 정치적 자유는 개인에게 타인들보다 우위에 서는 힘을 부여한다.[23] 그래서 자유주의자는 이러한 자유가 다른 자유와 같은 종류의 지위를 갖는 것으로 믿지 않는다. 오히려, 많은 자유주의자가 민주제 및 그에 수반되는 정치적 자유를 옹호하는 것은 도구적 이유 때문이며, 그것은 민주제가 다른 대안들보다 우리의 권리를 더 잘 보호한다고 생각하기 때문이다. 그러나 몇몇 자유주의자들은 무정부주의자이다.[24] (질문 33번 참조.) 심지어 몇몇 자유주의자는 특정한 비민주적 정부가 원칙상으로는 민주제 대신에 정당화될 수도 있다고 믿는다.[25]

앞서 열거한 대부분의 권리는 **소극적 권리**negative rights이다. 소극적 권리는 우리가 타인에게 특정한 행동들을 가하는 것을 금지한다. 그 사람의 입장에서 보면, 그 사람이 무엇인가를 행하거나 가지는 것을 간섭해서는 안 된다는 **강행적** 의무가 우리에게 있을 때, 그 사람은 무엇인가를 행하거나 가질 수 있는 소극적 권리를 가진다. 예컨대, 당신이 자신의 차를 소유하는 권리는 내가 당신의 허락 없이 그 차를 사용하는 것을 금지한다. 당신의 생명권은 내가 당신을 살해하는 것을 금지한다. 성에 관한 선택에 대한 당신

23 개인이 시민적 자유, 경제적 자유를 가진다고 타인을 지배하는 상태가 되는 것이 아닌, 즉 자율의 영역만 형성할 뿐이지만, 개인이 정치적 자유를 가지면 그는 타인을 지배하는 상태(타율의 영역 형성)를 얻는다. 따라서 여기서 저자는 정치적 자유는 시민적 자유, 경제적 자유와는 달리 다루어야 한다는 점을 제기한다.

24 무정부주의자에게는 민주적 '정부'가 개인의 자유와 권리를 더 잘 보장하기 때문에 그 정부를 옹호한다는 논리는 무의미하다.

25 그들은 적어도 이론상으로는, 특정한 조건하의 비민주적 정부도 정당화될 수 있다고 본다. 민주제 자체는 목표가 아니다.

의 권리는 당신이 언제 또는 어떻게 성관계를 할지를 내가 결정하는 것을 금지한다.

소극적 권리와 대조되는 것이 **적극적 권리**positive rights이다. 다른 사람들이 무엇인가를 어떤 개인에게 제공할 **강행적** 의무가 있을 때 그 개인은 적극적 권리를 가진다. 예컨대, 만약 당신이 음식에 대한 적극적 권리를 가지고 있다면, 다른 사람이 당신에게 음식을 주도록 강제하는 것이 허용될 수 있다.

모든 자유주의자는 우리가 특별한 경우에는 상호 간에 적극적 권리를 가진다고 믿는다. 예컨대, 자유주의자는 부모는 자기 자녀를 돌볼 강행적 의무가 있다고 믿는다.[26] 그러나 자유주의자는 사람들이 사회 전체에 대해 어떤 일반적인 적극적 자유를 가지는지 여부에 대해서는 의견이 일치하지 않는다. 예컨대, 어떤 궁핍한 사람이 정부로부터 복지 수당을 받을 권리가 있는지, 혹은 아이들이 정부로부터 무상 교육을 받을 권리가 있는지 생각해 보라. 강성 자유주의자는 그런 적극적 권리를 부정하는 것이 보통이다. 이와는 대조적으로, 고전적 자유주의자와 신고전적 자유주의자는 그러한 몇몇 권리가 있다고 정말로 믿는다.

자유주의자가 각 개인이 광범위한 여러 권리를 가진다고 말할 때, 그들이 말하고 있는 것은 **도덕적** 권리, 즉 우리가 서로에게 의무를 지우는 것은 정의와 도덕의 문제임을 유의하라. 그들은 법이나 헌법에 대해 말하고 있는 것이 아니다. 따라서 만약 당신이 어떤 자유주의자가 "나는 마리화나를 피울 권리가 있다"라고 말하는 것을 듣는다면, 그것은 헌법에 그 사람이 마리

26 동시에, 일정한 경우 자녀도 부모를 돌볼 강행적 의무가 있다.

화나를 피우도록 허락한 규정이 있다는 의미가 아니다. 이와 유사하게, 만약 그 사람이 "나치 독일의 유태인에게 생명권이 있었다"라고 말한다면, 그것은 포로수용소가 독일 법을 위반했다는 의미가 아니다.[27] 그 사람은 정의에 관한 주장을 하는 것이지 법에 관한 주장을 하는 것이 아니다. 자유주의는 정치 철학이지 헌법 이론이 아니다.[28]

23 자유주의자는 권리가 절대적이라고 믿는가?

어떤 권리가 절대적이라고 말하는 것은 그것이 경쟁적인 다른 권리보다 결코 낮게 평가될 수 없다는 것이다. 즉, 그 권리를 침해하는 것은 어떠한 다른 도덕적 고려를 하더라도 항상 부당한 것이 된다. 그러므로, 만약 재산권이 절대적이라면, 굶주리는 아이를 먹이느라 농부에게서 옥수수 하나를 훔치는 것은 잘못된 행위가 될 것이다.

몇몇 강성 자유주의자는 우리의 권리들, 혹은 적어도 권리 중 많은 것들이[29] 절대적이라고 여긴다. 그들은 권리를 침해하는 것은 그것이 무슨 권리이든 항상 잘못된 것이라고 믿는다.

그러나 자유주의자는 일반적으로 권리는 절대적이지 않다고 여긴다. 그들은 우리의 권리는 절대적인 것이 아니라 철학자들이 잠정적 권리$_{prima}$

27 유태인 수용소가 유태인을 말살하도록 명령한 나치 정권의 '최종 해결책'(final solution) 관련 법규를 위반하고 유태인 생명권을 인정하는 규정을 가지고 있었는지는 핵심이 아니다.

28 자유주의는 실정 헌법의 규정 현실에 상관없이, 예컨대 재산권 보장이 개인의 자유에 왜 필요한지 논의한다. 자유주의는 자유를 실정 헌법으로 검토하는 헌법 이론이 아니라 정의의 도덕이란 차원에서 논의하는 정치 철학이다. 물론 규범적, 경험적 양면에서 둘은 중첩될 수 있다.

29 모든 권리는 아닐지라도 상당수의 권리가 해당된다.

facie rights라고 부르는 것이라고 주장한다. 사람이 X를 할 **잠정적** 권리를 가질 때는, 그 사람이 X를 해도 된다는 강력한 추정이 있지만 적어도 가끔은 다른 도덕적 고려가 이 추정을 뒤엎을 수 있다. 예컨대, 나의 재산권은 타인이 나의 재산을 사용하는 것을 배제할 수 있게 한다. 내 잔디밭에 대한 나의 재산권은 당신이 내 허락 없이 잔디밭 위로 걷지 못하게 한다. 그러나 노상강도에게 쫓기고 있으며 피신하느라 내 잔디밭을 가로지를 필요가 있다고 가정해 보자. 만약 내 재산권이 절대적이라면 당신이 도주 시 내 잔디밭을 가로지르는 것은 잘못된 일일 것이다. 그러나 재산권이 절대적 권리라기보다는 잠정적 권리라고 가정해 보자. 그러면 노상강도를 피하기 위해서는 심지어 내 허락 없이도, 혹은 심지어 내가 잔디밭 밖으로 나가라고 요구할지라도, 당신은 정당하게 잔디밭을 가로지를 수 있을 것이다.

철학자들은 대부분의 도덕적인 의무는 절대적이라기보다 잠정적인 것이라고 생각하는 경향이 있다. 예컨대, 당신이 오후 6시에 저녁 식사를 위해 나와 만나고자 약속했다면, 당신은 약속 시간에 나를 만나도록 애초에 정해진 것이다. 다른 누군가와 식사를 하는 편이 더 낫다고 결정하는 것과 같은, 어떤 오래된 이유로든 당신은 약속을 깨서는 안된다. 그러나 당신이 저녁을 먹으러 오는 도중에 심장마비가 왔다고 하자. 혹은 저녁을 먹으러 오는 도중에 도움이 필요한 다친 아이를 우연히 보았다고 상상해 보자. 이 들 경우에 당신이 약속을 깨는 것은 허용할 수 있는 것으로 보인다. 당신이 제시간에 도착할 잠정적 의무보다 다른 도덕적 고려가 더 중요하다.

제3장

인간의 본성과 윤리

24 자유주의자는 모든 사람이 이기적이라고 믿는가?

자유주의자는 모든 사람이 늘 이기적이라고 믿는다고 대중이 잘못 알고 있다. 이 오해에 따르면 자유주의자는 이타주의가 환상이라고 믿는다. 어떤 사람이 타인을 위해 행동하는 것처럼 보일 때마다 그 사람은 실제로는 자기 이익을 도모할 뿐이다.

그러나 인간 본성에 관해 이러한 시각을 지지하는 자유주의자는 별로 없다. 자유주의자는 일반적으로 인간 동기에 대해 특이한 시각을 갖고 있지 않다. 그들은 이 이슈에 관해 기꺼이 심리학자를 따른다. 심리학은 우리에게 대부분의 사람은 이기적임이 지배적이지만, 그들은 또한 이기적이지도 이타적이지도 않은 동기뿐 아니라 이타적 동기도 가지고 있다는 것을 우리에게 알려 준다.

만약 이것이 오해라면 왜 그 오해는 그토록 널리 퍼져 있나?

첫째, 자유주의자는 흔히 경제 이론에 근거해 논증을 한다. 경제학자는 흔히 사람들이 항상 이기적인 **것처럼** 인간 행동을 **모형화**한다. 경제학자는 사람들에게 여러 가지 동기가 있다는 것을 안다. 그러나 모든 사람이 이기적인 것으로 가장하는 경제 모형은 강력한 예측력이 있다. 자유주의자는 자신의 철학을 방어할 때 흔히 경제학적 추론을 사용하기 때문에, 그들은 모두가 항상 이기적이라는 시각을 지지하는 것처럼 보일 수 있다.

둘째, 자유주의자는 정치에 대해 낭만적이지 않다. 자유주의자는 사람들이 정치로 들어갈 때 그들의 동기에 마법 같은 일은 일어나지 않는다고 믿는다. 만약 사람들이 정치 밖에서 주로 이기적이라면, 우리는 적어도 다른 증거가 있기까지는 그들이 정치 안에서도 주로 이기적일 것이라고 가정해야 한다. 따라서 자유주의자는 흔히 정치 제도는 덕성을 **아껴야**economize 한다고 말한다.[1] 즉, 여러 종류의 제도들 가운데 선택할 때, 우리는 그 성공에 과중한 분량의 선의와 이타주의를 요구하는 제도를 선택해서는 안된다. 만약 어떤 정치 제도나 정책이 성공하는데 선의와 이타주의를 과중하게 요구한다면 그것은 성공하지 못할 것이다.

비자유주의자는 정부는 공동선common good을 증진하게 되어 있으므로 정치인(또는 적어도 **그들이** 선호하는 정치인), 정부 공무원, 경찰관, 투표자, 그리고 군인은 특별히 이타적이고 공적 정신이 투철하다고 상상하는 경향이 있다. 자유주의자는 군인이나 경찰관이 나머지 사람들보다 더 거룩하다고 생각하지 않는다. 오히려, 그들은 정치 권력이 그 권력을 자기 나름의 사적 목적에 악용하려는 사람들을 끌어들인다고 말한다.

25 자유주의자는 모든 사람이 이기적이어야 한다고 생각하는가?

자유주의자는 단지 모든 사람이 이기적이라고 믿는다는 비난을 받는 것만이 아니다. (질문 24번 참조.) 또 다른 오해는 자유주의자가 모든 사람은 이기적**이어야** 한다고 믿는다는 주장이다. 많은 사람이 자유주의자는 이기주의를 찬양하는 것으로 믿고 있다.

그것은 틀린 것이다. 일반적으로, 자유주의자는 이기주의에 관해 특이

1 정치 제도는 인간의 덕성이라 부를 만한 이타심, 공익, 정의, 선, 애국심 등을 헤프게 표방하기보다 기본적으로 인간의 이기적 이익을 표준으로 삼아야 한다.

한 견해를 갖고 있지 않다. 대부분의 자유주의자는 우리가 타인의 복지를 증진할 도덕적 의무가 있다고 생각한다. 대부분의 자유주의자는 우리가 강력한 자선의 의무와 공동선에 봉사할 의무가 있다고 믿는다. 대부분의 자유주의자는 괴물 또는 소시오패스만이 타인에 관한 관심이 결여되어 있을 것으로 믿는다.

대부분의 자유주의자는 우리가 타인에게 어느 정도의 자선을 베풀 의무가 있다는 점에는 동의하지만, 그것이 얼마인지에 관해서는 그들은 의견이 일치하지 않는다. 그러나 이러한 종류의 의견 불일치가 자유주의자에게 특유한 것은 아니다. 비자유주의자들 또한 의견이 갈린다. 예컨대, 철학자 피터 싱어Peter Singer는 우리가 절박한 궁핍 속에 있는 사람들을 구하는 데 돈을 쓸 수 있을 경우에, 우리가 그렇게 하지 않고 사치품을 구입해서는 결코 안된다고 생각한다. 대부분의 다른 철학자 및 다른 사람은, 그들의 정치적 성향에 상관없이, 우리가 자선을 베풀어야 할 의무는 그보다 훨씬 약하다고 믿는다.

자유주의는 실제로는 비이기적인 행동을 요구한다. 자유주의자는 단지 자신을 위해 권력을 원하는 정치인을 비난한다. 그들은 자신의 이윤을 늘리기 위해 정부로부터 특별한 혜택을 추구하는 사업가를 비난한다. 자유주의는 모든 사람이 자신이 싫어하는 생활 방식에 관용을 보일 것을 요구한다.

경제학은 사람들이 자유 시장을 통해 자신의 이익을 추구할 때 그들이 공동선도 증진하는 경향이 있다고 주장한다. 자유주의자는 이 점을 받아들이며, 그리하여 흔히 좌파의 많은 사람보다 자기 이익self-interest을 덜 싫어한다. 좌파는 시장을 한 사람이 타인에게 피해를 주어야만 자신의 후생이 나아지는 제로섬zero-sum, 零合 게임으로 보는 경향이 있다. 좌파는 시장이 패자를 만드는 것을 통해 승자를 만든다고 생각하는 경향이 있다. 그와는 달리 자유주의자는 시장이 모든 사람이 다 승자가 될 수 있는 양합陽合, positive-sum 게임[2]이라는 주류 경제학의 생각을 수용한다. 그러나 이것 중 어느 것도 자유주의자가 모든 사람은 늘 이기적이어야 한다고 믿는다는 뜻은 아니다.

많은 사람이 자유주의를 아인 랜드Ayn Rand와 관련시킨다. 강성 자유주의자인 소설가 아인 랜드는 **윤리적 이기주의**ethical egoism라는 특이한 도덕 이론을 내세웠다. 윤리적 이기주의는 사람들이 각성하고, 합리적인 자기 이익을 추구해야만 한다고 요구한다. 비록 랜드가 윤리적 이기주의자이고, 또 많은 자유주의자가 그녀의 소설을 즐기지만, 이것이 모든 자유주의자 혹은 심지어 대부분의 자유주의자가 윤리적 이기주의자라는 의미는 아니다. 랜드가 주류적인 자유주의 혹은 고전적 자유주의 사상을 대표하지는 않는다.

랜드는 이기주의가 미덕이라고 주장한다. 그녀는 모든 사람에게는 오직 하나의 도덕적 의무가 있는데, 그것은 곧 자신의 이익을 증진하는 것이라고 믿는다. 이 말대로라면, 이 윤리론은 분명히 잘못된 것이다. 만약 윤리적 이기주의가 사실이라면, 아기를 고문하는 것이 내게 약간이라도 이득이 된다면 내가 그렇게 하는 것은 허용될 것이다. 그러나 내가 내 자신을 위해 약간의 이익을 얻고자 아기를 고문하는 것은 분명히 잘못된 일이며, 따라서 윤리적 이기주의는 잘못된 것이다.

그러나 이러한 반대는 랜드에게 공정한 것이 아닐 수 있다. 랜드는 자기 이익에 관해 비밀스러운 개념을 가지고 있다. 그녀는 '이기적'이라는 말

....

2 양합 게임은 게임 참가자에게 돌아가는 보상을 합하면 양(+)의 값인 경우, 음합 게임은 그 합이 음(−)의 값인 경우를 말한다.

을 대부분의 다른 사람들이 이해하는 대로 이해하지 않는 듯하다. 예컨대, 랜드는 어떤 개인이 그가 받을 자격이 없는 것을 취하거나 획득하여 순이익을 얻는 것은 논리적으로 불가능하다고 믿는 것 같다. 그녀는 어떤 개인이 타인을 공격, 학대, 혹은 착취함으로써 순이익을 얻는 것은 논리적으로 불가능하다고 생각한다. 랜드는 이기주의는 우리가 타인의 권리를 존중할 것을 요구한다고 생각한다. 그녀는 심지어 이기적인 사람은 진정으로 서로를 사랑할 수 있으며, 진정으로 이기적인 사람은 사랑하는 사람을 보호하기 위해 기꺼이 죽을 것이라고 믿는다. 랜드의 이기심 개념의 장점 혹은 결점이 무엇이든, 그녀는 소시오패스나 포식자를 도덕적 모범으로 여기지 않는다.[3]

26 자유주의자 자신은 특별히 이기적인가?

비판자들은 자유주의가 탐욕과 이기심을 합리화하려는 시도일 뿐이라고 흔히 말한다. 예컨대, 과거 조지 W. 부시George W. Bush의 연설문 작성자였던 보수주의자 마이클 거슨Michael Gerson은 사람들이 청소년기 후반에 자유주의[4]로 돌아서는 것은 청소년들은 이기적이고 자기중심적이기 때문이라고

....

3 아인 랜드의 『이기심의 미덕』(*The Virtue of Selfishness*)은 이런 사상을 집약한 것이다. 이에 대해 마이클 휴머 등이 정교한 논리학적 비판을 가하지만, 이들은 대부분 랜드가 의미하는 독특한 '이기심' 개념을 통상적 의미로 오해한 것이다. 랜드에 의하면 진정한 이기심은 '타인의 권리를 존중'하는 요소를 이미 내포한다. 랜드의 이기심이 일상적 의미의 이기심과 다른 이상, 그녀가 이기심을 지나치게 강조했다고 비판함은 정확한 평가가 아니다.

4 자유주의는 자기 이익에 몰두하는 이념이므로(저자에 의하면 이는 착각이다) 이기적이고 자기중심적 성향이 다분한 청소년들은 청소년기 후반쯤에는 대개 그 이념으로 돌아선다고 본다.

주장한다.

자유주의자는 그 바탕에서 누구와도 다르지 않다. 몇몇 사회주의자는 자애롭고 친절한 사람이지만 무덤덤하고 냉정한 사람도 있다. 몇몇 평등주의자는 타인을 돕지만, 거만한 생활을 하며 가난한 사람을 멸시하는 사람도 있다. 몇몇 보수주의자 중에는 덕이 있지만 잔인한 사람도 있다.

원칙상으로는, 사회과학자들이 어떤 이념의 사람이 다른 이념의 경우보다 더 이기적인 성향이 있는지 연구할 수 있을 것이다. 내가 아는 한, 그것을 연구한 사람이 아무도 없다. 따라서 우리가 자유주의자가 남보다 더 이기적인지 묻는다면, 그 답은 우리는 그것을 알지 못하며 자유주의자를 그렇게 여길 어떤 이유도 없다는 것이다.

우리는 자유주의자가 남보다 더 혹은 덜 이기적으로 행동하는지 연구하기를 시도할 수 있다. 예컨대, 그들이 남보다 자선 기관에 더 많이 기부하는지를 조사할 수 있다. 우리는 정치적 보수주의자가 좌파 측 사람보다 자선 기관에 더 많은 돈을 기부(또 더 많은 자원봉사나 헌혈)한다는 사실을 알고 있다. 자유주의자가 얼마나 자주, 또 얼마나 많이 기부하는지 알려진 바는 거의 없다.[5]

그럼에도 보수주의적인 사회과학자 아서 브룩스Arthur Brooks는 소득 및 기타 인구 통계학적 요인을 통제하더라도, (1) 자유 시장을 지지하는 사람이 자유 시장에 반대하는 사람들보다 자선 단체에 기부할 가능성이 훨씬 더 크고, (2) 자유 시장 거래자는 자유 시장에 반대하는 사람보다 더 많은 금액을 자선 단체에 기부한다고 주장한다. 그는 모든 조건이 같다면, 자유 시장 지

5 보수주의자가 좌파보다 자선에 더 돈을 낸다는 것은 알려져 있으나 자유주의자가 어떠한지는 아직 연구되지 않았다.

지자는 남보다 더 빈번히 또 더 많은 금액을 기부한다고 주장한다.

만약 브룩스가 옳다면 자유 시장 지지자가 사회주의자 및 좌파 구성원보다 덜 이기적이고 더 자비롭다고 결론을 내리고 싶다는 마음이 든다. 결국, 자선 단체에 대한 기부에는 실제적인 부가 소요된다. 만약 내가 자선 단체에 수천 달러를 기부한다면, 나는 그 돈으로 가려고 했던 휴가를 포기하게 된다. 이와 대조적으로, 높은 세율의 복지 국가를 주장하거나 그것에 찬성표를 던지는 데는 아무런 비용이 들지 않는다.[6] 좌파-리버럴이 자신에게 세금을 세 배로 올리고 그 세입을 가난한 사람들에게 주겠다고 약속하는 후보에게 표를 던진다고 가정해 보자. 그 사람의 투표가 그녀의 실제 세율을 변경할 가능성은 거의 없다.[7] (따라서 좌파는 자유주의자가 이기적이라고 비난함에 조심해야 한다.)

그러나 우리는 이 결론에 너무 급히 이르러서는 안된다. 아마도 좌파는 사적 자선이 효과가 없다고 생각하기 때문에 적게 기부하는 것인지도 모른다. 그들을 대변하여 우리는 이렇게 말할 수도 있다: 당신이 나쁜 약품이라고 생각하는 것에 돈 쓰기를 거부하는 것이 당신이 질병에 무관심하다는 것을 나타내는 것은 아니다.[8]

••••••••

6 실제로 좌파 후보가 당선되면 그도 높은 세금을 내야 할 위험이 있겠지만 그의 한 표로 그 후보자가 당선될 우려는 없다. 그는 안심하고 좌파 진보주의 정책을 구호로만 떠들면서 정의로운 사람임을 표방하면 된다. 결국, 돈은 실제로 안 들고 입으로만 주장하면 된다.

7 이 좌파-리버럴이 마음대로 그런 투표를 하는 이유는, 자신의 한 표로 그 후보가 당선되고 그에 따라 실제로 세금이 오를 가능성은 거의 없다고 보기 때문이다. 이 논리는 앤서니 다운스의 투표 이론에서 비롯되는데 본서에서도 자주 준거한다. 소위 넥타이 좌파라는 중산층이 자신에게도 불리한 과격한 사회주의 분배 제도 도입을 주장하는 당에 표를 던지는 이유는, 자신의 투표로 그 당이 실제로 승리할 가능성이 거의 없음을 확신하기 때문이다. 누군가를 정말 당선시키기보다는 자신이 특정한 가치를 주장하는 사람임을 표시함이 투표의 목적인 경우 이런 추세는 더 심해진다.

8 좌파가 남에게 기부를 적게 한다고 그들이 꼭 비정하다고 보기 어려울지 모른다. 그들은 기부가

좌파가 자유주의자는 이기적이라고 여기는 이유는, (1) 좌파가 가난한 사람들에게 해를 준다고 믿는 제도를 자유주의자가 옹호하기 때문이며, 또 (2) 흔히 좌파가 가난한 사람들을 돕는다고 믿는 제도를 자유주의자가 비판하기 때문이다. 예컨대, 자유주의자는 흔히 복지 국가를 비판한다. 좌파에게는 이것은 가난한 사람의 곤경에 냉담한 무관심으로 보인다. 그러나 대부분의 자유주의자는 복지 국가가 가난한 사람들에게 도움을 주기보다는 오히려 해를 더 준다고 믿기 때문에 복지 국가를 비판한다. 자유주의자가 그들이 나쁜 약이라고 생각하는 것에 돈을 쓰기를 거부하더라도, 이것이 그들이 질병에 무관심하다는 것을 나타내지는 않는다.[9]

노벨상 수상자인 자유주의 경제학자 밀턴 프리드먼Milton Friedman은 복지 국가의 대부분을 음의 소득세[10]negative income tax로 대체하기를 원했다. 음의 소득세는 특정 금액 미만의 가난한 사람들에게 그 수준까지 올라갈 수 있도록 조건 없는 현금 보조금을 준다. 가난한 사람들은 그것을 투자해 사업을 시작하는 것을 포함해 원하는 것을 자유롭게 할 수 있다. 이와 대조적으로, 미국의 복지 국가는 푸드스탬프, 무료 건강 보험, 주택비 절감 등과 같이 대체로 균일한 혜택 패키지를 제공한다. 프리드먼은 이러한 프로그램이 가난한 사람들을 굶어 죽지 않게 할 것으로 생각했지만 그것들이 가난한 사람들을 빈곤으로부터 구해 내지 못하는데, 부분적 이유는 그것들이 가난한 사람들이 기업가적 선택을 하도록 허용하지 않기 때문이다. 이러한 복지 프로그램

········

실제로 빈곤층에 도움이 안되기 때문에 기부를 안할 수도 있다. 이런 변론이 가능하다면 좌파가 기부를 적게 한다고 비정하다고 비난하는 것은 성급한 판단이 된다.

9 좌파-리버럴이 사적 자선이 복지에 큰 효과가 없다고 여겨 기부를 안한다고 하더라도 그것이 반드시 좌파가 가난한 계층에 매정하기 때문은 아니었듯이.

10 마이너스 소득세라고도 부른다. 소득'세'라 부르나 세금을 내는 것이 아니라 실제로는 보조금을 받는다.

이 극심한 빈곤이라는 긴급 사태에 대처하지만, 결코 긴급 사태를 사라지게 하지는 못한다. 프리드먼은 미국의 복지 국가가 가난한 사람들을 빈곤의 덫에 걸려들게 했다고 믿었다.

또는 대부분 사람이 착취 공장[11]은 악한 것이며 폐쇄되어야 한다고 생각한다고 간주하자. 이와 대조적으로, 철학자 맷 즈월린스키Matt Zwolinski는 만약 우리가 착취 공장을 폐쇄하려고 한다면 세계에서 가장 취약한 노동자들을 돕기보다는 해를 입힐 것이라고 주장한다. 만약 우리가 노동력 착취 공장이 일류의 노동 표준을 갖출 것을 요구한다면, 이러한 공장들은 가장 가난한 사람들, 일자리를 가장 절실히 필요로 하는 사람들을 고용하지 않을 것이다. 자유주의자는 가난한 사람들을 위하는 마음에서 착취 공장을 방어한다. 그러나 착취 공장 반대 운동은 자유주의자가 오직 싼값의 옷을 원할 뿐이라고 의심한다.

좌파 사람들이 정부가 사람을 도와주기를 원할 때, 그들은 정부가 그것을 가장 직접적인 방법, 곧 물자를 배포하는 것을 추구한다. 자유주의자는 가난한 사람들을 돕는 가장 좋은 방법은 간접적인 것이라고 주장한다. 좌파-리버럴은 "가난한 사람들에게 건강 보험을 제공함으로써 그들을 돕자"라고 말한다. 자유주의자는 "아주 많은 부를 창출하여서 아무도 물자 배포를 필요로 하지 않을 기반 조건을 만듦으로써 돕자"고 말한다. 좌파-리버럴은 "가난한 사람들에게 무료 음식을 주자"고 말한다. 자유주의자는 "가난한 사람들을 부자로 만들어서 그들이 제 음식을 살 수 있는 기반 조건을 만들자"라고 말한다. 좌파는 이것을 이기주의에 대한 특별한 변호로 여

11 노동자를 저임금으로 착취하는 공장.

긴다.

정치적 논쟁에서는 모든 측은 상대방의 동기를 의심하는 경향이 있다. 심리학자들은 우리 대부분이 우리와 반대되는 정치적 견해를 가진 사람들은 어리석고 불합리하고 사악함이 틀림없다고 믿도록 편향되어 있음을 보여 왔다. 따라서 좌파 사람들이 자유주의자는 이기적이라고 생각하는 경향이 있음은 놀라운 일이 아니다. 그들은 그들 자신의 정치적 신념이 자비를 유일하게 지각 있게 표현한 것이라고 여긴다. 따라서 그들은 자유주의자가 이기적이고도 냉혹한 사람임이 틀림없다고 결론짓는다.

자유주의자 역시 좌파를 의심한다. 자유주의자는 사회 민주주의자가 사회 정의에 호의적이라거나 진정으로 그것에 관심을 두고 있다는 점을 그대로 받아들이지 않는다. 자유주의자의 관점에서 보면, 좌파는 집권할 때마다 엘리트 금융가, 기업, 그리고 특수 이익 집단에게 특혜를 주는 것에 모두들 너무 열심인 것 같다. (또 실제로도 그런 경우가 흔하다.) 설상가상으로, 좌파 측 다수는 자유 이민을 반대한다. 자유주의자에게는 이것은 좌파 측이 가난한 사람들에게 관심을 표현하는 것이 정직하지 않은 것으로 보이게 만든다. 자유주의자는 이민 제한이 세계에서 가장 가난한 사람들이 더 나은 삶을 얻을 기회를 없앤다고 생각한다. 그들은 이민 제한이 세상의 가난한 사람들을 학대와 착취에 노출되게 한다고 생각한다. (질문 86번 참조.) 자유주의자의 관점에서 보면, 좌파는 참여 민주주의와 민족주의에 사로잡혀 있는 듯하다. 좌파는 제3세계의 진정으로 가난한 사람들을 돕는 것보다 제1세계의 상대적으로 부유한 하층 계급을 약간 더 부유하게 만드는 데 더 관심이 있는 듯하다.

자유주의자는 좌파가 단지 자비롭다고 **보이기를** 원하기 때문에 그들이 광범위한 복지 국가를 지지한다고도 의심한다. 결국, 내가 공공연하게 복지 국가를 내세운다면 사람들은 나를 자애롭고 친절한 사람으로 여길 것이다. 비록 내가 누군가를 돕기 위해 실제로 아무것도 하지 않았지만 나 자신이 기분은 좋을 수 있다. 사람들이 음식을 먹을 수 있게 하자고 내가 주장하는 것은 비용이 저렴하게 들면서도 쉬운 일이다. 나는 나 자신에게 어떤 비용도 부과하지 않고도 따스한 자비를 베풀었다는 만족감을 누리게 된다. 그 반면에, 내가 다른 사람을 돕기 위해 돈을 실제로 기부한다면 나는 실제적인 비용을 부담하는 것이다.

27 왜 몇몇 비판자는 자유주의자가 인간 본성에 지나치게 낙관적 시각을 갖고 있다고 믿는가?

자유주의자는 강제가 가장 적은 평화로운 사회를 내세운다. 그들은 인간의 창의성 및 속박에서 풀려난 사람이 그 자신의 문제를 해결할 수 있다고 낙관한다.

세상이 자유주의적인 것이 되기만 하면 모든 문제가 하룻밤에 해결될 것으로 생각하는 자유주의자는 거의 없다. 그러나 자유주의자는 좌파나 우파에 비해 자발적 협력을 훨씬 더 많이 신뢰하는 경향이 있다. 자유주의자는 모든 사람에게 광범위한 개인의 자유를 허용하는 것이 보수 혹은 좌파의 대안보다 더 효과적이라고 생각하는 경향이 있다.

보수주의자는 자유주의자가 인간 본성의 진정한 타락을 보지 못하는 것을 우려한다. 보수주의자는 사회가 무의식적이고도 충분히 이해되지 않는 규칙과 관습에 의존한다고 주장한다. 전통적인 생활 양식은 이러한 규칙과 관습을 유지하는 것을 도와준다. 우리는 종교적 헌신과 같은 어떤 전통이 사라져 버릴 때까지는 그것이 얼마나 가치 있는지 깨닫지 못하는 경우가 흔하다.

보수주의자는 자유주의가 근본적인 사회 질서를 훼손하는 것을 우려한다. 예컨대, 보수주의자는 전통적인 가족이 사회의 기반이라고 주장한다. 가정이 무너지면, 범죄, 빈곤, 그리고 경제 침체가 분명히 온다. 많은 보수주의자는 가족을 보존하기 위해 정부는 전통적인 결혼을 장려해야 한다고 믿는다. 또한 많은 보수주의자가 종교적 문화를 넘어 사람들의 도덕률이 무너질 것이라고도 믿는다.[12] 자유주의는 실험을 허용하고 또 거의 모든 것을 허용하므로, 그것은 사회가 의존하고 있는 전통을 파괴할 것이다.

좌파는 또한 자유주의자가 시장과 시민 사회가 얼마나 잘 작동할 수 있는지에 지나치게 낙관적이라고 본다. 예컨대, 자유주의자는 민간의 자선이 정부 복지 프로그램보다 더 잘 작동하는 경향이 있다고 생각한다. 좌파-리버럴 및 기타의 좌파 사람은 자유주의자가 이러한 프로그램에 기여하려는 사람들의 의지를 너무 낙관하며 또 이런 문제를 해결하는 민간 기관의 능력을 너무 낙관한다고 우려한다. 좌파-리버럴은 오직 정부만이 빈곤 문제를 해결할 수 있다고 믿는다.

12 보수주의자는, 예컨대 학교에서 주기도문 낭독을 금지하는 것은 단지 기독교 문화 포기를 넘어 미국 사회가 토대한 도덕률을 포기하는 것으로 본다.

28 자유주의자는 도덕적 허무주의자인가?

도덕적 허무주의moral nihilism는 도덕적 진리라는 것은 존재하지 않는다고 주장한다. 도덕 허무주의는 도덕에 관한 이야기는 귀신, 점성술, 또는 마녀에 관한 이야기와 같다고 말한다. "도둑질하는 것은 나쁘다"라고 말하는 것은 "내 신발 속에 요정이 있다"라고 말하는 것과 같다는 것이다.

자유주의자는 허무주의자가 아니다. 만약 어떤 사람이 도덕에 대한 열성이 없다면 그 사람은 자유주의자가 될 수 없을 것이다. 자유주의자는 관용을 내세우는데 이는 그들이 도덕적 진리가 없다고 생각하기 때문이 아니라, 우리가 관용적이어야 한다는 것이 도덕적 진리 중의 하나라고 그들이 생각하기 때문이다.

자유주의자는 법적 도덕주의를 거부하는데, 이것 때문에 그들이 허무주의자처럼 보일 수 있다.[13] **법적 도덕주의**legal moralism는 만약 무엇인가가 도덕적으로 잘못된 것이라면 법으로 이를 금지해야 한다고 주장한다. 자유주의자는 사람들이 많은 비도덕적 행위를 하는 것을 법이 허용해야 한다고 믿는다. 예컨대, 자유주의자는 인종 차별적 문학을 저술하는 것이 도덕적으로는 옳지 않지만, 사람들이 그렇게 하는 것을 국가는 허용해야 한다고 말한다. 혹은 다른 예를 든다면, 내가 저녁 식사를 하기 위해 당신을 만날 약속을 깨는 것은 잘못된 일이겠지만, 그것이 국가가 나에게 약속을 지키도록 강제해야 한다는 뜻은 아니다. 우리는 흔히 잘못을 저지를 권리가 있다.

13 자유주의자는 결코 허무주의자가 아니다. 그들은 단지 법적 도덕주의를 거부할 따름이다.

많은 경우, 비록 무엇인가를 행하는 것이 잘못된 일일지라도 다른 사람들이 우리가 그것을 못하도록 막는 것 또한 잘못된 일이다.

29 자유주의는 무신론적인 것인가?

자유주의는 무신론이나 유신론과 개념적 연관성이 없다. 자유주의는 신성에 대한 믿음과 부합할 수 있지만, 자유주의가 그런 믿음을 의존하거나, 요구하거나, 혹은 암시하지 않는다. 자유주의가 화학에 관해 말하는 것보다 종교에 관해 더 말하는 경우는 거의 없다.

그렇더라도, 자유주의자는 초자연적 믿음을 거부하는 경향이 있다는 증거가 있다. 자유주의의 작은 잡지인 **자유 매거진**_{Liberty Magazine}은 10년마다 그 독자들에게 여론 조사를 한다. 2008년 조사는 36.5%의 독자만이 신을 믿는다고 보여 주었다. 이와 대조적으로, 갤럽 여론 조사에서는 민주당 당원, 공화당 당원 및 무당파의 90%를 넘는 사람들이 신을 믿는 것으로 나타난다. 더 대중적인 자유주의 잡지인 **리즌**_{Reason}은 공공연하게 무신론적이다. 그 모토는 '자유로운 생각과 자유로운 시장' free minds and free markets이다.

비록 자유주의자가 유별나게 무신론적이라도, 그에 대한 분명한 이유는 없다. 한 가지 가능성은 자유주의자가 다른 사람보다 더 철학적인 경향이 있다는 것이다. 즉, 그들은 보수주의자나 좌파보다 철학에 더 관여하거나 철학자처럼 생각할 가능성이 더 크다. 나아가 철학자는 무신론자인 경향이 강하다. (최근 한 여론 조사는 학계의 철학자 20명 중 약 3명만이 신을 믿는다는 것을 보여 주었다.)

30 자유주의자는 개인주의자인가?

개인주의individualism의 한 의미에서는 그렇다. 자유주의자는 각 개인의 삶이 중요하다고 믿는다. 그들은 사회를, 그것을 구성하는 개인의 선과 구별되는 사회 자체의 선을 가진 유기체로 간주하지 않는다. 자유주의자는 개인이 사회 전체의 이익을 위해 희생해야 한다는 시각(파시즘, 특정한 버전의 보수주의, 그리고 급진적 사회주의와 관련된 시각)을 거부한다.

개인주의에 관한 다른 대중적인 정의가 있다. 이 두 번째 의미의 개인주의는 자기 삶의 계획을 선택하며, 열렬히 창조적이고, 대중 위로 부상하며, 그리고 권위에 저항하는 사람을 이상화한다. 개인주의자는 목표를 합리적으로 성찰하는 사람이고 사려 깊게 선택하는 사람이다. 개인주의는 다양한 삶의 방식을 실험한다. 개인주의자의 가치 규범은 자신의 문화에 대한 전통과 기대에 따라 결정되지 않으며 그에 얽매이지도 않는다. 많은 자유주의자 또한 이런 의미에서는 개인주의자이다. 그러나 그렇지 않은 사람도 많다. 자유주의는 좋은 삶이 무엇인지에 대해 어떠한 입장도 취하지 않는다.

많은 사람이 자유주의자를 개인주의자라고 부를 때 그들은 그 용어를 조롱하는 의도로 사용하고자 한다. 그들은 자유주의자가 공동체나 사회 유대에 관해 관심을 두지 않는다고 시사하려고 한다. 그들은 자유주의자가 개인의 자율성과 신중한 자기 발전을 찬양하는데, 이것은 사랑, 가족, 혹은 우정을 희생시키거나 클럽, 교회, 혹은 대의에 참여하는 것을 희생시키고 이루어진다고 믿는다. 보수주의자는 자유주의가 어떤 공동체와 전통을 무너뜨리는 경향이 있을 것으로 믿는다.

자유주의에 대한 보수주의자의 비판이 옳다고, 즉 자유주의적 정치하에서는 서로 긴밀하게 짜인 공동체가 원자론atomism에 자리를 내줄 것이라고[14] 가정해 보자. 연대가 사라질 것이라고 가정해 보자. 사회는 서로 소원한 낯선 사람들의 체제가 될 것이라고 가정해 보자.

많은 자유주의자는 이것이 개탄스러울 것이라는 보수주의자의 견해에 동의한다. 그러나 자유주의자는 이것이 전통적 가치를 지지하는 정부라는 고안물을 정당화할 것으로는 여전히 생각하지 않는다. 그들은 국가의 강제력을 공동체의 **대체물** 혹은 **대리인**으로 사용하는 것을 반대한다.

보수주의자와 좌파-리버럴 모두 이것을 자유주의자에게는 공동체 정신이 없다는 것을 보여 주는 데 사용한다. 자유주의자는 이를 황당하다고 여긴다. 그들은 '공동체에 관심을 갖는 것'에 왜 다른 사람들을 주변으로 몰아내거나 집단 의지에 복종시키는 것을 포함하려 하는가라고 묻는다. 보수주의자와 좌파-리버럴 모두 폭력을 사용하여 공동체를 장려해야 한다고 생각하는 경우가 흔한데, 아마도 그것은 특정 생활 방식을 불법화하거나 시민들이 공동체 서비스를 수행하거나 투표를 하도록 강제함으로써 이루어질 것이다. 자유주의자는 이렇게 대응한다: 만약 '공동체'가 체제의 폭력을 필요로 한다면 그것은 어떤 종류의 공동체이며, 또 어째서 **그런** 종류의 공동체가 바랄 만한 가치가 있는 것이 되겠는가? 자유주의자는 만약 어떤 공동체가 억압 분위기에서만 번창한다면, 그 공동체는 진정한 공동체가 아니라고 말한다. 사랑하는 가족같이 진정으로 사랑스러운 공동체는 그 공동체가 살아남는 데에 막후에서 가하는 위협이 필요하지 않다.

14 즉, 자유주의 때문에 보수주의가 강조하는 전통적 사회가 해체되고 개인만이 남을 것이라는 의미이다.

많은 자유주의자가 자유로운 사회가 작동하게 하는 데 공동체 정신이 필요하다고 실제로 생각한다. 그들은 자발적인 시민 사회가 복지 국가와 관련된 많은 기능을 수행하기를 바란다. 예컨대, 역사학자 데이비드 베이토 David Beito는 과거에는 상호 부조 조직들이 공동체의 건강 및 실업 보험을 제공하는 데 사용되었다고 주장한다. 노동자들은 함께 연합해 할인된 값으로 기관 의사lodge doctors를 고용하고는 했다.[15]

자유주의에 대한 몇몇 비판자는 사회 보험을 제공하기 위한 민간 메커니즘은 성공하지 못할 것이라고 믿는다. 민간 자선, 민간 보험, 그리고 상호 부조 단체들은 어느 정도 도움을 줄 수 있다. 그러나 정부가 제공하는 지원에 대한 대체물은 아니라는 것이다.

우리는 시민 사회가 어떤 일을 하는 것에 의존할 수 있지만, 그것이 충분할 것으로는 기대할 수 없다. 혹은 비록 민간의 퇴직 투자 계좌[16]가 사회보장social security보다 나을지라도, 대부분의 사람은 거기에 충분히 투자하기를 선택하지 않을 것이라고 흔히 생각한다.[17] 따라서 정부가 그들에게 사회보장을 제공해야 한다고 그들은 주장한다.

········

15 기관 의사(혹은, 조합 지부 의사)는 정부에 의한 복지가 본격화되기 이전에 노조 지부 등이 의사와 기관 단위의 진료 계약을 맺고 그 조직원을 진료하게 한 제도이다. (질문 83번 참조.)

16 퇴직 후 자금을 민간 투자 기관에 투자하여 운용하는 것.

17 민간 금융 기관의 수익률이 공공 기관이나 정부가 운용하는 수익률보다 다소 높더라도 사람들이 모든 퇴직 자금을 거기에만 투자하지는 않는다. 금융 관리 기관의 안정성 등을 고려해 후자에도 일정 부분을 투자한다. 정부가 제공하는 모든 보장을 완전히 시장으로 대체하기는 어렵다는 주장이다.

제4장

정부와 민주제

31 자유주의자는 '정부'를 어떻게 정의하는가?

정의에 따르면, 한 사회의 정부는 (1) 강제력 사용의 정당한 독점권이 있다고 주장하고, (2) 규칙을 만들고 이를 다른 사람들에게 부과할 권리가 있다고 주장하며, (3) 이런 주장을 실행에 옮길 유효한 강제 권력을 가진 사회의 한 부분이다. 이것이 정치 철학에서의 '정부'government의 표준적 정의이다.

정부는 폭력 혹은 폭력의 위협으로 자신의 규칙을 시행한다. 이 점을 설명하기 위해 철학자 마이클 휴머Michael Huemer는 당신이 100달러에 해당하는 과속 딱지를 받는다고 상상해 보자고 한다. 정부가 딱지를 당신에게 발급할 때, 정부는 그것으로 100달러를 내라고 명령하는 것이다. 만약 당신이 지불하지 않으면 어떻게 되나? 처음에는 정부는 **더 많은** 명령을 내릴 것이다. 벌과금을 올리고서 당신에게 더 많은 금액을 낼 것을 명령한다. 그것은 결국 당신의 면허를 취소할지 모른다. 면허를 취소하는 것은 운전을 하지 말라고 명령하는 것이다. 이제 당신이 이러한 모든 명령을 무시한다고 가정해 보자. 당신은 원하는 대로 운전을 계속하고 벌금을 내지 않는다. 결국 정부는 당신을 체포하고 투옥할 것이다. 경찰에 복종하라고 명령한다. 당신이 복종하라는 명령에 주의를 기울이지 않으면, 정부는 폭력을 사용하여 당신이 복종하도록 만든다. 만약 당신이 계속해서 그의 명령을 거부하면, 정부는 당신을 테이저총으로 공격하고, 구타하거나, 쏠 것이다.

이것이 자유주의자가 문제를 해결하거나 사람들의 행동을 바꾸는 데 정부를 이용하는 것을 싫어하는 이유의 하나이다. "X에 대처하는 법이 있어야 해!"라고 말하는 것은 "정부는 폭력으로 사람들을 위협해야 해!"라고 말하는 것과 같다. 이 문제는 피할 수 없다. 정부가 어떠한 좋은 일을 하든 악한 일을 하든, 그 정부는 언제나 그리고 어디서나 폭력의 제도이다.

32 왜 자유주의자는 제한된 정부를 선호하고 큰 정부를 싫어하는가?

'큰 정부'big government에는 최소한 두 가지 다른 의미가 있다. 자유주의자는 두 의미 모두에서 큰 정부를 싫어한다.

'큰 정부'는 많은 사람을 다스리는 정부를 의미할 수 있다. 자유주의자는 정부가 **규모의 불경제**diseconomies of scale를 겪고 있다고 믿는 경향이 있다. 500만 명보다 3억 명을 다스리는 것이 더 어렵다. 이것이 덴마크와 스위스가 미국보다 유능한 정부를 가진 한 이유일 수 있다.

물론, '큰 정부'의 다른 의미는 **개입주의적 정부**interventionist government이다. 큰 정부는 생활의 많은 영역에서 많은 일을 하는 정부이다. 자유주의자는 세 가지 주된 이유로 큰 정부를 불신한다.

첫째, 그들은 정부를 제도화된 폭력의 한 형태로 여긴다. 자유주의자는 폭력을 기피하며, 따라서 정부가 문제를 해결하는 것을 싫어한다.

둘째, 자유주의자는 정부 공무원이 흔히 나쁜 동기를 가지고 있다고 믿는다. 정치인은 공동선common good보다 그들 자신의 선善에 헌신하기를 원한다.

역사학자 액턴 경Lord Acton은 "권력은 부패하는 경향이 있으며, 절대적 권력은 절대적으로 부패하는 경향이 있다"고 말한다. 정부를 통해 선을 행하는 권력은 바로 악을 행하는 권력과 동일하다. 우리가 미국 중앙정보부

CIA나 미국 증권거래위원회SEC를 창설할 때, 우리에게는 고상한 목표가 있다. 그러나 우리가 만든 권력을 추구하는 사람들에게는 늘 고상한 의도가 있는 것은 아니다. 우리 아이들을 구하고자 우리가 창설한 권력이 흔히 아이들에게는 오히려 적대적으로 사용될 것이다.

좋은 사람과 나쁜 사람이 권력을 두고 경쟁할 때 나쁜 사람이 유리하다. 선한 사람은 선하기 때문에 도덕적 제약을 준수할 것이다. 악한 사람은 이기기 위해서는 필요한 무엇이든 할 것이다.

정치인이 좋은 의도를 가진 경우에도, 그들은 자기가 원하는 대로 하려면 법의 지배를 뒤엎어야 할지 모른다. 민주제는 의견 합치가 아니라 의견 불일치를 가져온다. 정치인은 선을 행하기를 원할지 모르지만, 그들은 그들 막후에서 연정coalition을 확보한 것에 의존할 수는 없다. 선이 이루어진 효과를 얻기 위해서는 그들은 규칙을 어겨야 하는 경우가 흔하다.[1]

시민의 자유에 관한 칼럼니스트 글렌 그린월드Glenn Greenwald는 오바마[2] Obama, 과거에 헌법학자였음가 당선되기 전에 "대통령에게는 국가에 대한 현존하거나 임박한 위협을 멈추게 하는 것과 관련되지 않은 상황에서 군사 공격을 단독으로 승인하는 헌법상 권리가 없다"라고 주장했다고 지적한다. 오바마가 후보자였을 때는 "법이 불편하게 여겨질 때 법을 무시하는 일은 더 이상 없을 것이다. 그것은 우리의 모습이 아니다. … 우리는 법이 완고한 통치자의 변덕에 좌우되지 않는다는 본보기를 세계 앞에 다시금 세울 것이다"라고 말했다. 그러나 그린월드가 깔끔하게 보여 주듯이 오바마 대통령은 리비

1 정치인은 선한 정책 결정에 필요한 과반수 연합을 얻은 것만으로는 불충분하다고 여기며, 그 정책을 효과적으로 수행하기 위해 법과 규칙을 깨는 상황까지 가는 경우가 많다.

2 버락 오바마는 시카고 대학교 로스쿨에서 1992년부터 2004년까지 헌법학을 가르쳤다.

아에서 불법적인 전쟁을 수행하기 위해 자신이 한 주장을 무시했다. 오바마는 할 수만 있다면 법의 지배를 무시했는데 이것은 그의 전임자들과 똑같다.

제한된 정부limited government의 어두운 면은 결국 정부가 제한을 받는다는 점이다. 제한된 정부가 할 수 없는 일을 정부가 해주기를 우리가 바라는 것이 있다.[3] 제한된 정부의 밝은 측면은 정부와의 인맥 관계가 우리보다 더 나은 다른 사람들도 권력을 추구한다는 것이다. 그들이 우리의 비용으로 자기들의 목표를 달성할 수 있는 가능성을 제한된 정부는 제한한다.[4]

셋째, 정부는 흔히 무능하다. 정부가 문제 해결을 원할 때조차 그것이 성공할 것이라는 보장은 없다. 자유주의자는 정부가 상황을 더 좋게 만드는 것이 아니라 더 나쁘게 만드는 경우가 흔하다고 우려한다.

정부 직원을 포함한 대부분의 사람은 자신의 계획이 얼마나 잘 진행될 것인지를 과대평가하는 경향이 있다. 그들은 일을 철저히 생각하지 않고 행동에 들어가는 편향이 있다. 그들은 그들 행동의 직접적인 효과에 초점을 두고, 간접적이거나, 보이지 않거나, 의도하지 않은 결과를 무시하는 편향이 있다.

정부는 흔히 의도하지 않은 결과를 설명하지 못한다. 예컨대, 많은 도시가 주거를 감당할 만한 수준으로 유지한다는 목적으로 임대료 통제를 가한다. 그러나 아파트 가격이 인위적으로 낮게 유지된다면, 수요가 공급을 초과하고 이는 주거 부족 사태를 일으킨다.[5]

....

3 큰 정부를 바라는 국민은 원하는 것을 다 해주는 강력한 정부를 더 선호하지만 제한된 정부는 이런 희망을 채우지 못한다. 이는 제한된 정부의 부정적 측면이다. 자유주의자는 이 약점을 오히려 선호한다. 즉, 할 수 있는 것이 적은 정부를 선호한다.

4 우리보다 정치 술수가 뛰어난 자들이 권력을 잡아 우리를 희생양으로 삼아 그들의 이익을 누리는 것을 막으려면 정부가 큰 힘을 갖지 못하도록 제한해 두어야 한다. 이는 제한된 정부의 긍정적 측면이다.

혹은 다른 예를 보면, 자유주의자는 마약과의 전쟁War on Drugs이 부분적으로는 폭력 범죄를 증가시킨다고 생각하기 때문에 그것을 반대한다. 자유주의자는 마약에 대한 전쟁이 가난한 도심의 아프리카계 미국인들을 빈곤과 폭력 속에서 자라도록 강요한다고 믿는다. 자유주의자는 우리가 술과의 전쟁[6]War on Alcohol에서 교훈을 얻지 못했다고 말한다. 주류 금지는 알코올의 암시장을 만들고, 마피아를 강화했으며, 그리고 격렬한 갱 폭력을 일으켰다.

마지막 예로, 자유주의자가 중앙 계획 경제에 반대하는 부분적인 이유는 중앙 계획가들이 효과적으로 계획을 세우는 데 필요한 정보를 얻을 수 없기 때문이다. 시장 경제에서는 가격이 수요와 공급에 대한 정보를 전달한다. 시장 가격은 기업, 근로자, 그리고 기타 사람들이 타인의 필요에 봉사하기 위해 무엇을 해야 하는지 알려 준다. 중앙 계획 경제에서는 시장 가격을 대신해 운용할 만한 대체물이 없다. 따라서 중앙 계획가는 추측을 해야 한다. 대개 그들의 추측은 틀리게 된다. 소련은 그 역사 내내 생활 수준이 낮았다.[7]

자유주의자는 이것이 혼합 경제에서의 정부 개입도 흔히 실패하는 이

••••••••

5 아파트 가격 통제에 관한 이러한 어리석음은 한국 좌파 정부가 세계에 생생히 예증해 주었다. 평당 분양가 제한으로 아파트값을 낮추겠다는 그들의 무지를 가르치기 위해 시장 경제는 오히려 아파트 폭등으로 대응했다.

6 미국 역사에서 1920~1933년간 주류의 제조, 판매 및 유통을 금지하여, 정부가 정한 도덕적 표준에 따라 개인의 사적 취향을 통제한 '거룩한 실험'(Noble Experiment)이라는 지적을 받은 정책이다.

7 가격이 존재하지 않는 사회주의 체제에서는 '가격 비슷한' 어떤 기준을 설정하고 이에 비추어 추측을 한다. 재화의 교환 가치를 알려 주는 시장 가격에 의거한 것이 아니므로 이 추측은 부정확한 것이 될 수밖에 없다. 본문의 '추측'이란 표현은 '분석'에 미달된 수준이란 의미이다. 이런 것에 토대한 소련의 경제 정책이 실패한 것은 당연하다.

유를 설명해 준다고 말한다. 정부는 필요한 정보를 갖고 있지 않으며 가질 수도 없다. 지식은 흔히 분산되고 국지적이다.[8] 중앙규제위원회에 그 지식을 전달할 방법이 없는 경우가 흔하다.

33 자유주의자는 무정부주의자인가?

많은 자유주의자가 그러하지만, 그러지 않은 경우도 많다.

무정부주의자anarchist는 우리가 정부 없이 지내야 한다고 믿는다. ('정부'에 대한 정의는 질문 31번 참조.) 무정부주의는 국가주의statism의 거부이다. 국가주의자statists는 어떤 종류의 정부가 있어야 한다고 주장한다. 그런 정의에 따른다면 오늘날 생존 중인 거의 모든 사람이 국가주의자이다.

이런 의미에서 '무정부주의자'는 혼돈이나 무질서를 옹호하지 않는다. 무정부주의적 자유주의자anarchist libertarians는 무정부가 혼돈의 재앙이 될 것으로 생각하지 않는다. 그 대신에, 그들은 사람은 인간 본성의 모든 결함에도 불구하고 정부가 있을 때보다는 정부가 없을 때 더 부유하고도 더 정의로운 방식으로 더불어 살 수 있다고 믿는다. 실제로, 대부분의 무정부주의적 자유주의자는 인간 본성의 결함 **때문에** 무정부주의가 국가주의보다 낫다고 믿는다. 통상적인 사람은 만약 인간이 천사이기만 하다면 국가주의보다 무정부주의가 더 나을 것이라고 믿는다. 무정부주의자들은 만약 인간이 천사

8 이 점을 가장 적확하게 지적한 논문이 하이에크의 「사회에서의 지식의 사용」(The Use of Knowledge in Society)이다. 본문의 구절도 거기에서 따온 것이다. 이 논문은 미국 경제학회보(*American Economic Review*)가 지난 100년간 게재한 논문 중 가장 탁월한 20개에 선정되었다.

이기만 하다면 무정부주의보다 국가주의가 더 나을 것이라고 믿는다. 자유주의적 무정부주의libertarian anarchism는 다른 모든 사람에게 공상적인 것으로 보일 수 있다. 그러나 자유주의적 무정부주의자들은 국가주의야말로 공상적인 것이라고 주장한다. 대부분의 국가는 역사를 통틀어 인간의 권리에 대해 재앙이었다. 지금까지 우리가 만들어 온 최선의 국가란 것들도 여전히 아주 나쁘다.

자유주의적 무정부주의자는 누군가에게 규칙을 제정하는 권위와 강제력의 독점권을 부여하는 것은 위험하다고 믿는다. 법 이론가인 존 해스너스John Hasnas가 말하듯이, "자유주의적 무정부주의자는 단지 독점에 반대한다는 생각을 진지하게 받아들이는 사람들일 따름이다." 즉, 만약 당신에게 월마트가 독점이 되어서는 안된다고 여기는 이유들이 있다면 그 이유들은 강제적 권력의 독점, 곧 '정부'를 반대하는 데는 더욱 타당한 이유가 될 것이다.[9]

몇몇 자유주의적 무정부주의자는 '다중심적 법'[10]polycentric law 체계를 선호한다. 다중심적 법에는 법 제공자들이 다수 존재하는데, 이들은 주어진 영역에서 고객을 두고 경쟁한다. 이들 공급자는 그들 나름의 법규들을 제공하며, 개인은 어느 체제를 받아들일지 선택할 수 있다. 서로 다른 법 센터 간에 갈등이 발생하면 센터들은 비용이 비싸게 드는 폭력적인 갈등을 피하고 그 대신 중재를 사용할 것이다. 다중심적 법은 중앙 계획을 피하고 그 대

9 기업이 시장을 독점하는 것보다 정부가 강제적 권력을 독점하는 것에 대해 더 강력하게 반대해야 한다. 일단의 자유주의자가 무정부주의를 주장하는 논리적 근거가 이것이다.

10 법 관할권 속에 법 제도 제공자가 유일하게 존재하는 것을 독점적 제정법 제도라고 한다. 이와는 달리, 여러 법 제도 제공자들이 관할권 안에서 경쟁하거나 겹치는 이론적인 법 제도가 '다중심법 제도'이다. 정부에게 법의 독점권이 있으면 개인을 무시하는 경향이 있으므로 이를 분산하고 다수의 법 서비스 제공자의 경쟁을 통해 개인에게 더 좋은 결과를 줄 수 있다고 본다. 법적 분쟁 당사자들은 자신들에게 더 나은 법 처리 결과를 제공하는 서비스 제공자를 선택할 것이다.

신 분산된 협상과 교섭에 의존한다.

좌파 측 많은 사람이 지금 '심의 민주제'숙의 민주제, deliberative democracy를 선호한다. 심의 민주주의자는 국가주의자이다. 그들은 모든 사람에게 하나의 법을 부과하려 한다. 그러나 그들은 선거와 같은 대립적 경쟁을 통해 법을 결정하는 것을 바라지 않는다. 그들은 사람들이 함께 숙의하고 정치에 관한 합의에 도달하기를 선호한다.

자유주의적 무정부주의자는 '우리가 독점주의적 법을 피할 경우에만 진정한 숙의와 합의를 가질 수 있다'고 말한다. 만약 다른 모든 사람을 자신의 의지에 굴복시킬 힘이 있는 사람이 아무도 없다면, 유일한 선택은 공통점을 찾는 것이다.

당신은 이 다중심적 법체계가 거의 작동하지 않을 것으로 생각할 수도 있다. 그와 반대로, 우리가 가진 최고의 법 중 몇몇은 실제로 다중심적 법체계 안에서 정말로 진화해 왔다. 미국, 영국, 캐나다, 그리고 호주와 같은 보통법common law 국가에서는 상법, 상인법, 재산법 및 불법 행위법이 실제로 다중심적 법률 시스템에서 발전했으며, 흔히 정부 밖에서 그리고 정부의 지원 없이 존재했었다. 이들 법은 수백 년 동안 상업 활동을 관장했으며 나중에 정부에 의해 채택되었을 따름이다. 예컨대, **상인법**商人法, lex mercatoria은 정부의 법원이 아니라 정부의 강행력이 없는 상인 법원merchant courts에서 발전되고 관리되었다.

오늘날 우리는 국민 국가nation-state에 사는 데 익숙하다. 그래서 우리는 효과적인 법은 정부가 그것을 만들고 집행할 때에만 존재할 수 있다고 가정하는 경향이 있다. 그러나 이 가정은 역사적으로 정확하지 않다. 사실 우리 법의 대부분은 원래 정부에서 나온 것이 아니며, 오랫동안 정부 지원 없이도 효과적으로 작동했다.

중세 영국에서는 왕, 영주, 그리고 교회는 나름대로 각자 서로 경쟁하는 법원들을 운용했다. 분쟁 당사자는 그들의 분쟁을 이들 법원에 제기할 수 있었다. 법원들은 최고의 판결을 내린다는 명성을 획득함으로써 돈을 벌었다. 분쟁의 양 당사자들 모두가 이기기를 원했지만, 그들은 또한 둘 다 함께 살 수 있는 판결에 이를 수 있는 법원을 찾는 데 공통의 이해관계를 가지고 있었다. 혹은 심지어 오늘날에도 우리 사회에는 다중심적 법 요소가 있다. 대학, 쇼핑센터, 주택 소유자 협회, 그리고 기타 기관들은 흔히 상충되는 규칙을 만들며 국가 법질서를 우회해 간다.

34 자유주의자는 법을 준수할 의무를 인정하는가?

자유주의자는 법은 법일 뿐이라고 생각한다. 좋은 법과 나쁜 법, 정의로운 법과 불의한 법이 있다. 단지 어떤 것이 법이라는 사실만으로는 우리가 그것을 준수해야 하는지 여부를 말해 주는 것은 **아무것도 없다**.

미국에서는 한때 피임에 관한 문헌을 우편으로 보내는 것이 불법이었다. 미국은 미국인들에게 탈출한 노예를 반환하라고 요구했다. 미국의 많은 지역은 흑인과 백인 간의 섹스를 범죄로 여겨 왔다. 나치 독일은 시민들에게 유대인을 학대하라고 요구했다. 영국은 수학자 앨런 튜링Alan Turing이 다른 남자와 성관계를 가졌다는 이유로 그를 화학적으로 거세했다. 자유주의자는 이들 법 그리고 많은 다른 법들이 천박하며, 누구도 그것을 준수할 필요가 없다고 말한다.

자유주의자는 자유의 추정presumption of liberty을 믿는다. (질문 21번 참조.) 따라서 그들은 모든 법은 그것이 달리 밝혀질 때까지는 **불의하고, 정당성이 없으며, 권위를 결여**하고 있다고 추정한다. 모든 법에 대해, 초기 가정은 내가 그것을 따를 필요가 없다는 것이다. 어떤 정부에게 정부 자신의 규칙을 강행할 권리가 있는지는 한마디로 말할 수 없는 문제이다. 누군가에게 법을 준수할 의무가 있는지도 늘 한마디로 말할 수 없는 문제이다.

우리가 법을 준수할 의무가 없다고 말하는 것이 우리가 원하는 것은 무엇이든 할 수 있다고 말하는 것과는 다르다는 것을 유의하라.

예컨대, 자유주의자는 우리가 서로 살인하지 말아야 한다는 데 동의한다. 하지만 내가 당신을 살해해서는 안되는 이유는 살인이 도덕적으로 잘못된 것이기 때문이다. 정부가 그렇게 말하기 때문에 그것이 잘못이라는 것이 아니다. 비록 정부가 살인을 합법화하더라도, 사람을 살해하는 것은 여전히 잘못된 것이 될 것이다. 따라서 자유주의자가 살인을 금지하는 법을 준수할 의무가 없다고 말할 때 그 사람은 사람들이 서로를 죽이는 것이 괜찮다고 말하는 것이 아니다.

혹은 미국에서는 왼쪽이 아니라 오른쪽으로 차를 운전한다는 것을 생각해 보자.[11] 자유주의자는 우리가 이러한 관습을 준수해야 한다는 데 동의한다. 우리는 다른 사람들을 위험에 빠뜨리고 해를 주는 것을 피하기 위해 필요한 특정한 사회적 관습을 준수해야 한다. 몇몇 사회적 관습이 법으로 명문화되어 있다는 사실은 부차적인 것이다. 미국에는 그런 법이 없었지만, 모두가 여전히 오른쪽으로 운전했다고 가정해 보자. 우리 또한 오른쪽으로

11 자동차 주행 도로 중앙선의 우측이란 의미이다.

운전해야 할 의무가 있다.

35 자유주의자는 정치인이 이기적이고 악하다고 생각하는가?

자유주의자는 정치에 낭만이란 없다고 본다. 사람은 사람이다. 죄인이 정부에 들어간다고 성자로 바뀌지 않는다.

이와 대조적으로, 대부분의 사람은 정부에 대해 낭만적 시각을 가지고 있다. 그들은 정부를 대규모 국민을 회원으로 둔 클럽의 리더십으로 간주한다. 그들은 정부에서 일하는 것을 시민 덕성과 공적 정신을 가진 것으로 연관 짓는다. 그들은 자기 편의 정치인이 적어도 유별나게 선한 사람이라고[12] 믿는 경향이 있다.

자유주의자는 많은 정치인이 선의를 갖고 있다는 점에 동의한다. 자유주의자는 많은 선의의, 공적 정신을 가진 사람이 세상을 더 좋게 만드는 방법에 대해 잘못된 믿음을 갖고 있다는 것이 문제라고 말한다. 예컨대, 경제학자 브라이언 캐플런Bryan Caplan, 법 이론가 일리아 소민Ilya Somin, 그리고 나 또한 전형적인 투표자가 의도는 선하지만 정치에 대해 대단히 비합리적이라고 주장한다. 투표자는 페니실린 대신 거머리를 사용해 폐렴을 치료하기를 원하는 돌팔이 의사와 같다. 그들은 자신보다 더 많이 아는 리더를 선택하는 데 아주 서투르다. 그 대신에, 투표자는 자신의 잘못된 믿음을 공유하는 정치인을 고른다. 선거에서 이기는 정치인은 중위 투표자에게 가장 매력

12 때로는 더 나아가 우상으로까지 생각한다.

을 주는 사람이다. 중위 투표자는 기초경제학ECON 101 수업에도 낙제할 것이다. 따라서 전형적인 국회의원은 반反생산적 정책을 옹호한다.

정치인은 정부 지출을 과다하게 하지만, 이것이 꼭 악의나 이기심을 나타낸 것이라고 생각할 필요는 없다. 의회에는 단지 지출 문화가 있을 수 있다. 의회에 로비하는 대부분의 사람은 더 적은 지출보다는 **더 많은** 지출을 요구한다.[13] 이것은 놀라운 일이 아니다. 지출의 혜택은 소수에게 집중되지만, 비용은 다수에게 분산된다. 만약 당신의 회사가 수백만 달러를 보조금으로 받을 수 있다면, 당신의 회사는 그 보조금을 받는 데 시간과 돈을 쓸 것이다. 보조금의 비용은 모든 납세자에게 분배된다. 따라서 통상적 납세자에게 평균적으로 몇 달러에 불과한 비용을 안긴다. 따라서 납세자는 보조금에 반대하거나 보조금에 대해 심지어 알아볼 인센티브조차 없다. 지출을 **받기 위한** 로비는 보상을 얻는다. 그러나 지출에 **반대하는** 로비는 절약을 하는 금액보다 더 많은 비용이 든다.[14]

이 모든 것에 비추어 보면서 당신이 의회 의원이라고 상상해 보자. 당신은 도와달라는 호소를 많이 듣는다. 도움을 구하는 이러한 외침은 지출을 요청하는 형태로만 온다. 아무도 당신에게 지출하지 말 것을 요구하지 않는다. 당신은 지출을 하는 것으로는 아무에게도 피해를 주지 않는다고 믿기 쉽다. 과다 지출로 피해를 보는 사람은 눈에 보이지 않는다.[15]

13 한국의 예산 심의 과정에 로비하는 자 중, 지출 삭감을 요구(심지어 그들이 싫어하는 부문의 예산 항목에 대해서조차)하는 경우는 거의 없고 대부분이 지출을 늘려달라고 요구한다.

14 어떤 투표자가 로비를 통해 100억의 보조금 지출 저지에 성공하면 그 보조금 재원을 위해 그가 지불할 뻔한 몇 달러의 세금이 절약된다. 그런데 그 보조금을 없애는 데 드는 비용은 몇 달러와는 비교할 수 없이 크다.

15 납세자로서는 자신의 세금 분담액이 적을 경우 이를 인식하기가 쉽지 않고, 저항도 적다. 이에 따라 정치인은 정부 지출에 대한 반대는 거의 없다고 인식하는 경향이 있다.

따라서 고정관념과는 달리 자유주의자는 모든 정치인이 이기적이라고는 믿지 않는다. 자유주의자는 흔히 정치인이 무능하며 반생산적인 선행자라고 생각한다.

그럼에도 불구하고, 정치인이 모두 이기적이라는 고정관념은 부분적으로는 옳다. 자유주의자는 정부가 나쁜 사람을 끌어들이는 경향이 있다고 정말로 믿고 있다.

자유주의자는 정치에서 최악의 인간이 최고의 자리에 오르는[16] 경우가 흔히 있다고 믿는다. 정치 권력은 좋거나 나쁘게 사용될 수 있다. 사람들이 이 권력을 두고 경쟁할 때, 선한 사람은 도덕적 제약을 준수하지만 악한 사람은 필요한 무엇이든 할 것이다.

자유주의자는 권력이 부패하는 경향이 있다고 믿는다. 즉, 그것은 권력을 쥐고 있는 사람과 그것에 종속된 사람 모두를 부패시킨다. 우리는 정치 권력을 장엄한 것으로 보는 편향이 있다. 우리는 정치 권력에 존경심을 부여한다. 우리는 그리하여 왕, 황제, 대통령, 상원 의원, 지방 검사, 경찰관, 그리고 심지어 투표자까지 불의를 저지르도록 허용하게 된다.

예컨대, 많은 미국인은 에이브러햄 링컨Abraham Lincoln을 가장 위대한 대통령으로 평가할 것이다. 그러나 링컨은 노예를 해방하기 위해서가 아니라 남부를 미국의 일부로 남기기 위해 내전을 벌였다. 전쟁 와중에 링컨은 인신 보호 영장 제도habeas corpus를 제한하고, 최초의 국가 징병제를 창설했으며, 언론의 자유를 억압했고, 자신의 전쟁 노력을 비판하는 신문의 편집자를 검열하고 처벌했으며, 적어도 무고한 남부 민간인에 대해 전면전을 일

16 하이에크의 『노예의 길』(*The Road to Serfdom*, 1944) 제10장의 제목 '최악의 인물이 최고의 자리에 오르는 이유'(Why The Worst Get On Top)에서 따온 구절이다.

으킨 공범자이다. 정상적인 도덕 표준에 따르면 그는 괴물이다. (만약 이런 일을 내가 한다면, 당신들은 나를 수치스럽고도 비열한 사람으로 여길 것이다.) 그러나 우리는 정치 지도자를 정상적인 도덕 표준으로 판단하는 경우가 거의 없다. 즉, 우리는 정상보다 훨씬 낮은 표준으로 정치 지도자를 판단한다. 역사가 액턴 경이 말했듯이 "위대한 사람이란 대부분 악인이다."

정치 권력은 자만을 부추긴다. "이 목표는 너무 중요해서 그에 필요한 어떤 일이든 하겠다"라는 말보다 더 부패한 생각은 거의 없다. 지도자는 흔히 자신들이 정상적인 도덕 규칙으로부터 면제되어 있다고 여긴다.

심각한 의견 불일치는 민주 정부에서는 정상이다. 우리 모두는 사실이나 가치에서 의견이 일치하지 않는다. 숙의와 토론이 우리의 모든 분쟁을 해결하지는 못한다.[17] 선을 행하는 사람이 선을 행하는 데 의견 합치를 얻는 경우는 드물다. 따라서 민주 정부에서 선을 행하려면, 선을 하는 사람은 흔히 민주적 절차와 법의 지배를 뒤엎어야 한다. 따라서 자유주의자는 대통령으로서 오바마가 조지 W. 부시George W. Bush가 한 그대로 권력을 남용하는 것을 보고 놀라지 않는다.

36 정부 실패란 무엇이며 시장 실패와는 어떤 관련이 있는가?

경제 이론에서 정부 실패는 시장 실패에 대한 정치의 대응물이다.

시장 실패는 시장이 재화와 서비스가 완벽하게 효율적 배분에 이르도

17 숙의 민주제는 좌파적 관념으로 간주된다. 토론을 강조하는 숙의 민주제로도 의견 불일치는 해소할 수 없다.

록 생산하지 못할 때마다 일어난다. 정부 실패는 정부가 재화와 서비스를 덜 효율적으로 배분할 때마다 일어난다. 현실 세계에서 정부도 시장도 완벽하게 효율적이지는 않기 때문에 모든 정부와 시장은 항상 '실패'한다. 물론 그렇게 정의된 대부분의 시장 혹은 정부의 '실패들'이 재앙은 아니다.

자유주의 비판자들은 자유주의자가 시장 실패를 무시한다고 비난한다. 그들은 자유주의자가 시장이 모든 것을 해결한다고 믿는다고 말한다. 일부의 자유주의자는 이런 식으로 생각하지만, 대부분의 자유주의자는 그렇게 생각하지 않는다. 대부분의 자유주의자는 시장에 열광하는 팬은 아니다.

그 대신에, 자유주의자는 시장과 정부 모두 심하게 실패한다고 생각한다. 자유주의자는 일단 시장 실패 **그리고** 정부 실패를 모두 고려한다면, 시장이 정부보다 훨씬 낫다고 생각한다. 노벨상 수상자인 자유주의 경제학자 게리 베커Gary Becker는 "… 전반적으로, 정부 실패는 시장 실패보다 훨씬 더 만연하고, 더 해를 끼치며, 자기 교정 능력이 더 낮다"고 말했다. 그리하여 그는 시장 실패가 심각하고 그것이 지속적인 경우에만 정부 개입을 할 것을 권고한다. 일반적으로 시장이 더 낫다고 추정해야 한다는 것이다.

현실의 시장에서는 사람들은 잘못된 선택들을 한다. 그들은 흔히 무지하고, 잘못된 정보를 가지고 있으며, 그리고 비합리적이다. 그러나 시장은 잘못된 선택을 한 사람을 징벌하는 경향이 있으며, 실수를 통해 학습하는 경향이 있다. 예컨대, 당신이 청구서 대금을 지불하지 않으면, 신용 평정은 떨어지고 대출을 받기는 더 어려워진다. 자세히 살펴보지도 않고 신뢰할 수 없는 차를 구입한다면, 당신은 수리비로 고생하게 된다.

이와는 대조적으로, 정부에 있는 사람들이 잘못된 선택을 할 때, 정치 과정은 그들을 거의 처벌하지 않는다. 연구에 따르면 투표자는 회고적 투표[18]

retrospective voting에 아주 서투르기 때문에(즉, 그들은 정부의 과거 잘못에 대해 누구를 탓해야 하는지 모른다), 정치인은 잘못된 선택을 한 데 대한 처벌을 받지 않는다. 혹은 한 개인의 표가 선거 결과에 영향을 미칠 확률이 극히 낮다는 점을 고려하라. 한 투표자가 선거 결과를 바꾸는 것보다 파워볼Powerball 복권에 몇 번 연속으로 당첨될 가능성이 더 크다.[19] 따라서 개개의 투표자는 자신의 잘못된 선택에 대해 처벌을 받거나, 좋은 선택에 대해 보상을 받지 않는다. 정치인이 자신의 실수를 통해 교훈을 얻는 경우는 거의 없다. 정부 실패는 시장 실패보다 자기 교정self-correcting 능력이 부족하다.

전형적인 학부 미시 경제학 교과서는 시장이 효율적인 결과를 낳지 못하는 사례들을 서술한다. 이들 교과서는 원칙적으로는 정부 개입이 시장 실패를 해결할 수 있을 것으로 흔히 주장한다.

그러나 이들 교과서는 또한 정부가, (1) 문제의 해결 방법에 대한 완전한 정보를 갖고 있으며, (2) 그 권력을 문제를 해결하는 데 사용하는 선의를 가지고 있다고 가정한다. 그것은 마치 모든 것을 아는 천사들이 시장 실패를 해결하기 위해 개입할 수 있다고 교과서가 말하는 것과 같다. 따라서 대학의 학부 교과서가 정부 개입을 권고할 때는, 그것들은 꼭 **현실의** 정부가 아니라 **이상화된** 정부의 개입을 의미한다. 현실 세계에서 자유주의자는 때때로 심각한 시장 실패에 대한 최선의 대응이 그저 그것을 받아들이고 그것과 더불어 사는 것이라고 믿는다.

따라서 정교한 반反자유주의자와 정교한 자유주의자가 경험적 논쟁을

········

18 과거 행동에 대한 평가를 중심으로 표를 던지는 경우가 회고적 투표이며, 그 반대로 미래의 행동에 대한 기대로 표를 던지는 경우가 전망적 투표(prospective voting)이다.

19 한 투표자(A)가 후보(X)의 당락을 결정하는 경우는 A를 제외한 나머지 모든 투표자들의 X에 대한 찬성표와 반대표가 똑같은 경우뿐이다.

하는 중이라고 볼 수 있다. 자유주의자는 시장 성공 대비 정부 성공, 시장 실패 대비 정부 실패 간의 균형을 생각하며, 정부 개입보다 자유 시장을 더 선호한다. 반자유주의자는 균형이 다른 식으로 나온다고 생각한다. 원칙적으로, 이 분쟁은 경험적 자료로 해결될 수 있다.

37 정부 실패에는 어떤 형태가 있는가?

(1) 정부는 과잉 규제로 실패한다. 몇몇 규제는 실질적인 편익이 없다. 즉, 그것은 돈만 낭비하고 혁신을 더 어렵게 만든다. 생명을 구하는 규제도 있으나 너무 높은 비용으로 시행된다.

태미 텡스Tammy Tengs와 그녀의 동료들(둘 다 자유주의자가 아니다)은 유명한 연구에서 587개 규제의 비용-효과를 측정했다. 그들은 변이가 아주 크다는 것을 발견했다. 연방항공국The Federal Aviation Administration의 규제는 한 사람의 수명을 1년 연장하는 데 평균적으로 23,000달러의 비용이 들었다. 환경보호국The Environmental Protection Agency의 규제는 수명의 1년 연장에 평균 760만 달러의 비용이 들었다.

과잉 규제의 비용은 흔히 눈에 보이지 않는다. 약품이 시장에 나오도록 허용하려면 먼저 그것이 안전하고도 효과적인 것임을 완벽하게 증명해야 한다고 우리가 주장한다고 가정해 보자. 약품 규제는 **약품 시차**와 **약품 손실**을 야기한다. '약품 시차'는 약품 승인을 받는 데 필요한 시간을 의미한다. 미국에서는 평균적인 약품 시차가 12년을 넘는다. 그 기간에, 사람들은 약품을 통해 치료할 수 있었던 모든 것 때문에 고통받거나 사망한다. '약품 손실'은 유용한 약품이 개발되거나 시장에 출시되는 것을 규제가 얼마나 가로막는지를 의미한다. 미국에서 약품을 시장에 내놓는 데 드는 비용은 평균적으로 10억 달러를 넘는다. 이는 제약 회사가 수익성이 적고 좁은 매력을 가진 약보다는 수익성이 높고 광범위한 매력을 가진 약품(예: 발기부전약)만을 개발하기를 추구할 것임을 의미한다. 그것은 제약 회사가 가난한 사람들에게만 도움이 되는 약은 만들지 않을 것이란 뜻이기도 하다.

미국 식품의약처FDA의 치밀한 옹호자들은 이러한 비용을 인정한다. 그들은 그저 FDA 약품 규제의 이점은 이러한 비용을 초과한다고 주장한다.

(2) 정부는 **잘못** 규제하기 때문에 실패한다. 정부는 때때로 단지 잘못된 선택을 한다. 예컨대, 연방준비제도[20]연준, Federal Reserve System는 통화 공급을 통제하여 경제와 은행 체제를 안정시키게 되어 있다. 그것은 또한 최후의 수단으로 대부자lender가 되어 은행의 지급 불능을 방지하게 되어 있다. 몇몇 고전파 및 신고전파 자유주의자는 연방준비제도가 화폐 수요와 공급을 균형 상태로 유지하는 데 필요하다고 믿는다. 다른 사람들은 연준이 상황을 더 악화한다고 믿는다. 예컨대, 경제학자 조지 셀긴George Selgin은 연준이 창설된 후 미국 은행업은 불안정성이 줄어들기는커녕 더 심해졌다고 주장한다. 또한 연준은 독립적이어야 한다고 되어 있으나 정치인은 흔히 연준을 흔들어 자신의 지시를 따르게 했다. 예컨대, 닉슨 대통령은 1972년 선거 직전에 경기를 부양하도록 연준을 압박했다. 이것은 장기적으로는 불황을 야기했지만 단기적으로는 활황을 가져왔는데, 그것이 닉슨의 재선에 도움을

20 연방준비제도는 미국의 중앙은행이며, 대통령이 임명하고 상원이 승인한 이사 7명으로 이루어진 연방준비제도 이사회(FRB)가 이를 운영한다.

주었다.

많은 자유주의 비판자들은 자유 시장적 은행이 불황과 대대적인 은행 실패를 초래한다고 믿는다. 그들은 그 증거로 19세기 후반 미국의 수많은 은행 실패와 파산의 예를 든다. 그러나 자유주의 경제학자들은 1800년대 후반 미국의 은행업에서 규제받지 않는 자유 시장은 없었다고 주장한다. 은행은 오히려 과도한 위험을 감수하도록 강요받는 방식으로 규제를 받고 있었고 그것이 은행업을 더 불안정하게 만들었다. 예컨대, 정부는 은행이 다른 시장에 파생 사업을 형성함을 허용하지 않았는데, 파생 사업을 허용했더라면 은행이 한 시장을 이용하여 다른 시장을 보장함으로써 위험을 분산할 수 있게 했을 것이다. 은행은 지방 정부 및 주 정부의 부실한 부채를 보증자로서 떠안아야 했다. 대공황 동안 미국은 중앙은행이 있음에도 불구하고 수천 건의 은행 파산이 있었다. 캐나다에는 중앙은행이 없었는데도 은행 파산은 한 건도 없었다. 캐나다의 은행업 체제는 미국의 은행업 체제보다 항상 자유로웠고, 또한 항상 더 안정적이었다.

(3) 정부는 **지대 추구**rent seeking가 일어날 수 있게 함으로써 실패한다. '지대 추구'는 정실주의cronyism와 포크 배럴pork barrel 정치를 가리키는 기막힌 단어이다. 개인, 회사, 그리고 노동조합은 법률 또는 규정을 변경하려고 할 때, 또는 법 및 규제가 관리되는 방식을 변경하려고 할 때 자신에게 돌아올 특별한 혜택을 확보하기 위해 지대 추구에 참가한다. 지대 추구자들은 정부가 시장을 자신에게 유리하게 운용하도록 만들려고 한다.

대기업은 돈을 벌고 싶지만, 자유 시장에서 돈을 버는 것은 어렵다. 당신은 경쟁자보다 뛰어나야 한다. 규칙을 조작함으로써 돈을 버는 것이 더 쉽다. 당신은 단지 정부와 더 나은 연줄 관계를 가지는 것이 필요하다. 선의를 가진 투표자와 정치인이 기업을 통제하고 제한하기 위해 정부 권력을 창설할 때, 기업은 흔히 바로 이 권력을 포획한다. 우리가 정부를 통해 기업의 권력을 통제하려고 할 때, 그 결과는 흔히 기업에 훨씬 더 많은 권력을 **주는 것**으로 끝이 난다.[21]

기업은 때때로 자신의 업계에 특정 규제나 세금을 부과해 달라고 정부에 로비를 하는데, 왜냐하면 그들은 이런 규제나 세금이 그 기업의 경쟁자들에게 더 큰 피해를 줄 것으로 기대하기 때문이다. (예컨대, 아마존(Amazon)은 이베이(eBay)에게 피해를 주기 위해 인터넷 판매세를 원한다.) 또는 어떤 회사가 보조금, 관세, 또는 무역 장벽을 요구하는 로비를 할 수 있다. 보조금은 기업의 비용을 낮추는 반면에, 관세와 무역 장벽은 경쟁을 줄인다. 또는 어떤 회사가 자신의 위험을 사회화하려고 노력할 수도 있는데, 은행이 부실 대출을 정부가 구제해 주도록 유도하는 때가 그런 경우이다. 또는 어떤 회사가 어떤 경쟁자도 전혀 없도록 정부가 자신에게 독점적 지위를 부여하도록 유도할 수 있다.

지대 추구는 비용을 수반하며 파괴적이다. 몇몇 경제학자는 지대 추구가 미국 총생산$_{GNP}$의 3%를 파괴한다고 추정한다. 다른 사람들은 그것이 미국 GNP의 50%만큼을 파괴한다고 생각한다. 대부분의 사람이 총손실은 그 사이의 어디쯤일 것으로 추정한다. 만약 그들이 옳다면, 지대 추구는 수조 달러를 파괴하고 있는 것이다.

지대 추구가 파괴적인 부분적 이유는 그것이 혁신을 질식시키기 때문

21 이것이 조지 스티글러의 포획 이론(capture theory)이다. 정부 규제는 기업을 억제하고 소비자 보호라는 공익이 아니라 결국 규제받는 기업의 이익을 보호해 주는 제도로 바뀌게 된다.

이다. 지대 추구 사회에서 기업은 정부의 호의에 의존한다. 그들은 혁신보다는 호의를 구하는 데 돈과 시간을 쓴다. 시장에 진입하는 비용이 너무 높아지게 되어, 대규모로 특혜받은 기업만 남는다.

(4) 정부는 또 왜곡된 인센티브를 만들어 내기 때문에 실패할 수도 있다. 예컨대, 생태학자 리처드 스트룹Richard Stroup은 벤 콘Ben Cone의 이야기를 들려준다. 벤 콘은 1982년에 7,200에이커의 숲을 상속받았다. 그는 야생 동물 보존지로 그 숲을 사용했으며, 장생 목재용으로[22] 한 번에 조금씩 벌목을 했다. 그의 환경친화적 관리 기술로 인해 멸종 위기에 처한 딱따구리 종이 그의 몇몇 나무들에 둥지를 틀게 되었다. 멸종위기종 관리법The Endangered Species Act에 따르면 그는 딱따구리 둥지를 둘러싼 넓은 땅을 차단해야 했다. 콘이 이 규제를 알게 되었을 때, 그는 남은 숲을 밀어 버리기 시작했다. (그는 새들이 그의 땅의 나머지 지역으로 퍼지도록 내버려 둘 여유가 없었다.) 멸종위기종 관리법이 환경친화적인 행동에 징벌을 가했던 것이다.[23]

혹은 다른 예를 들자면, 많은 정부가 은행업 관련 법 및 규제에 대한 국제 표준인 바젤 협정Basel Accords을 따르고 있다. 바젤 협정은 지급준비율을 설정하고 대출 위험을 관리함으로써 은행업의 붕괴를 막으려고 한다. 바젤 협정은 민간 은행에게 정부 부채를 위험이 없는 것으로 취급하라고 말한다. 그러나 정부 부채는 위험이 없는 것이 아니다. 바젤 협정을 따랐던 유럽 은

....

22 장생 목재는 좋은 자연환경에서 대개 100년 이상 자란 나무에서 얻는 고품질 목재이다.

23 그로서는 환경친화적인 관리로 야생 동물의 보존에 기여했지만 정부는 야생 동물 보존에 기여한 사람이 오히려 불이익을 입는 인센티브를 만들어 놓고 있었다. 딱따구리가 많이 서식할수록 임야의 재산권은 더 큰 제약을 받기 때문에 그는 딱따구리가 서식하지 못하도록 남은 임야를 밀어 버렸다.

행들은 이제 그리스, 포르투갈, 그리고 이탈리아의 악성 부채에 너무 많이 노출되어 있다. (내가 이 글을 쓰는 동안에 이것이 대규모 유럽 경기 침체를 일으키지 않을 것이라고 장담할 수 없다.)

(5) 정부는 또한 규모의 불경제diseconomies of scale 때문에 실패할 수도 있다. 400만 명(1789년 미국의 대략적 인구)을 통치하도록 설계된 정치 체제가 3억 1,000만 명(현재 미국의 대략적 인구)을 통치하는 데는 실패할 수 있다. 덴마크와 스위스는 미국보다 더 좋고도 더 유능한 정부를 가질 수 있는데, 그 부분적인 이유는 그들이 더 적은 수의 사람을 통치하기 때문이다.

38 자유주의자는 민주제를 선호하는가?

대부분의 자유주의자는 민주제가 다른 형태의 정부보다 우월하다고 믿는다.

그러나 자유주의자는 민주제에 큰 가치를 부여하지 않는다. 그들은 민주제 그 자체를 목적으로 여기지 않는다. 그들은 민주적 참여와 숙의를 최고의 삶의 형태로 여기지 않는다. 그들은 모든 형태의 정부와 마찬가지로 민주제도 본질적으로 혐오스러운 것으로 믿는 경향이 있다. 민주제 국가에서는 사람들이 글자 그대로 자신을 다스리는 것이 아니다. 오히려, 민주제에서는 소수의 사람이 다른 사람에게 명령을 내리고 그들이 하고 싶지 않은 일을 다른 사람에게 강요할 권리가 자신들에게 있다고 자처한다.

서구 민주제에서는 우리가 민주제를 찬양할 때 우리가 찬양하는 것은

입헌적constitutional 민주제이다. 입헌적이라는 부분이 민주제라는 부분보다 더 중요하다. 민주제가 수호할 가치가 있는 것이 되려면 그것은 제한되어야 한다. 우리 이웃들이 비록 과반수를 확보하더라도 그들에게는 해서는 안되는 일이 있다. 고전주의자이자 철학자인 폴 우드러프Paul Woodruff가 말하듯이, "과반수의 폭정은 다른 형태의 폭정과 마찬가지로 자유를 죽여 버린다. 만약 당신이 자유롭다고 느끼기 위해서 당신이 과반수에 합류해야 한다면 그것은 자유가 아니다."

많은 비자유주의자는 민주제를 거의 종교적으로 존경한다. 그들은 민주제를 너무나 사랑하여 삶의 모든 국면에서 민주제를 보기를 원한다. 그들은 민주제가 삶의 방식이 되기를 원한다. 그들은 모든 것이 민주적 숙의와 민주적 의사 결정에 열려 있기를 원한다.

자유주의자는 그렇게 하기보다 사람들을 정치적 통제로부터 떼어 놓기를 원한다. 그들은 모든 결정이 토론에 종속되기를 원하지 않는다. 그들은 모든 자유 중에 가장 큰 자유의 하나는 다른 사람에게 자신을 정당화할 필요가 없다는 것이라고 믿는다. 만약 당신의 전체 삶이 위원회 회의를 닮아 있다면 당신은 자유롭지 않은 것이다.

자유주의자는 모든 사람에게 광범위한 범주의 시민적, 경제적 자유를 주는 것을 선호한다. (질문 22, 45, 62번 참조.) 그러나 자유주의자는 일반적으로 정치적 자유, 즉 공직에 출마하고, 권력의 지위를 잡거나, 혹은 투표하는 권리가 시민적 및 경제적 자유와 같은 종류의 것이라고 믿지 않는다. 내가 표현의 자유를 가질 때, 그것은 내게 나 자신을 다스리는 힘을 준다. 그러나 만약 내가 투표권을 가진다면 그것은 다른 사람을 다스리는 힘을 내게 준다. 투표권은 다른 사람을 지배하는 권리의 일부분이다.

자유주의자는 도구적 이유 때문에 민주제를 선호하는 경향이 있다.[24] 민주제는 다른 형태의 정부에 비해 더 나은 과거 실적을 가지고 있다. 민주제는 시민의 자유를 더 존중하는 경향이 있다. 민주제는 전쟁 도발 및 제국주의로 가는 경향이 평균적으로 덜하다.

그럼에도 많은 자유주의자는 민주제가 과거에 보여 준 기록은 초라하다고 말한다. 미국을 생각해 보라. 제2차 세계 대전이 시작되기 직전에 자유주의 수필가 앨퍼드 제이 녹Alford Jay Nock은 다음과 같이 말했다:

> 자신은 의롭다고 자처하는 미국의 큰 죄를 잠잠케 하려면, 모든 공적 발표에 미국 국가 기록에 대응되는 치명적인 사실들을 끄집어내야 한다. 독일은 미국이 1776년 독립한 이후에 해 온 그대로 소수자를 핍박하고 있다. 이탈리아는 미국이 멕시코를 침공한 그대로 에티오피아를 침공한다. 일본은 미국이 인디언 부족을 죽인 대로 만주족을 대대적으로 죽인다. 영국은 1864년 이후의 미국이 행한 그대로 대대적인 카펫배거리carpetbaggery를 자행한다.[25] 제국주의 프랑스는 미국이 태평양 등에서 그들의 제국주의 정책을 추구했던 그대로 토착 민간인을 그들 땅에서 학살한다.

역사를 통틀어 볼 때 그리고 바로 지금도 서구의 민주제는 일상적으로 그 시민을 학대하고, 비시민권자의 권리를 짓밟고, 불의한 전쟁을 벌인다. 미국과 영국은 19세기와 20세기 초반에 걸쳐 제국주의 정책을 가지고 있었다. (어떤 사람들은 미국이 오늘날에도 제국주의 정책을 계속 갖고 있다고 말할 것이

24 자유주의자가 민주제를 선호한다면 그 이유는 자유라는 목표에 대해 민주제가 다른 통치 제도들에 비해 상대적으로 더 나은 수단이기 때문이다. 민주제 자체를 목표로 간주하지 않는다.

25 미국 남북 전쟁에서 남부가 패한 후, 남부 지역에 북부 사람이 나타나 정치적, 경제적 이득을 수탈해 간 행위를 양탄자 재질의 자루에 부당 이득을 쓸어 담아 간 것으로 비유하는 말이다.

다.) 미국 외교관들이 나치의 유대인 처우를 비난했을 때, 나치는 미국이 흑인을 대했던 방식을 지적하고서 "사돈 남 말 하나?"라고 물었다.

따라서 자유주의자에게는 민주제에 대해 애호심은 약할 따름이다. 일부 반자유주의자는 이것을 자유주의가 어떤 면에서 비사회적이라는 증거로 받아들인다. 그들은 최선의 사회는 모든 사람이 평등하게 함께 모여 최선의 삶의 방식을 집단적으로 결정하는 사회라고 생각한다.[26]

39 왜 일부 자유주의자는 민주제가 바보 같은 선택을 한다고 말하는가?

당신의 친구 밥Bob이 체중을 줄이기를 원하지만 그 방법에 대해 이상한 믿음을 가지고 있다고 상상해 보자. 밥은 체중을 줄이기 위해서는 운동을 피하고 매일 100개의 오레오 쿠키를 먹어야 한다고 믿고 있다. 밥은 좋은 의도를 가지고 있을지 모르지만 그는 자신이 무엇을 하고 있는지 모른다.

많은 자유주의자(그리고 많은 비자유주의자 역시도)가 정치에 관해 미국 투표자의 중위 투표자가 밥과 아주 비슷하다고 생각한다. 투표자는 좋은 의도를 가지고 있지만 정치에 대해 나쁘게 알고 있고, 잘못 알고 있으며, 심지어는 비합리적인 경향이 있다.

1950년대에 미시간 대학의 연구자들은 미국인의 정치 지력을 측정하기 시작했다. 그들은 대부분의 미국인이 기본 공민학civics에 무지함을 발견했다. 그들은 자신의 하원 의원이 누군지 알지도 못한다. 그들은 정부에 어떤

26 이런 가치를 가진 그들은 민주제를 애호하는 정도가 약한 자유주의자를 '사회적' 국면이 취약한 사람들로 간주한다.

부府가 있는지 모른다. 그들은 어느 정당이 더 보수적인지도 알지 못한다.

아주 최근에 경제학자, 심리학자, 그리고 정치학자들이 정치적 **합리성**을 연구하기 시작했다. 그들은 대부분의 사람이 인지적 편향을 겪고 있음을 발견했다. 인지적 편향은 합리적인 사고로부터 체계적으로 일탈하는 것이다. 편향은 두뇌 속의 소프트웨어 버그와 같다. 그것들은 우리가 가진 정보가 주어질 때 우리가 마땅히 믿고, 생각하고, 행해야 할 일을 우리가 믿거나, 생각하거나, 행하지 못하도록 방해한다. 예컨대, 정치적 사고에서 우리는 우리의 계획에 대해 지나치게 낙관적이다. 그래서 우리는 현재의 믿음을 약화시킬 증거를 떨쳐 버리며 그것을 무시한다. 우리는 아무것도 하지 않는 것보다는 무엇인가를 하는 편향이 있다. 그중에서도 경제학자 브라이언 캐플런과 법 이론가 일리아 소민은 투표자가 기본적인 교과서의 경제학과 정치학에 대해 체계적으로 잘못된 믿음을 갖고 있다고 주장한다. 투표자들은 단지 아무것도 모르는 것이 아니다. 그들은 아무것도 모르는 것보다 아는 것이 **더 적다**.[27]

비자유주의자 심리학자들인 데이비드 더닝David Dunning과 존 크루거John Kruger는 "무능한 사람은 본질적으로 다른 사람의 능력이나 다른 사람의 생각의 질을 판단할 수 없다"라고 주장했다. 만약 투표자가 체계적인 잘못된 믿음(즉, 대외 무역에 대한 체계적 불신과 같은)을 가지고 있다면 우리는 그 결과 나쁜 정부를 갖게 된다. 투표자는 기본적인 경제학에 대해 체계적으로 오해

········

27 지식 없이 내리는 결정보다 더 나쁜 것은 잘못된 편향(bias)에 잡혀 결정을 내리는 것이라는 의미이다. 전자는 정확한 정보만 주어지면 바른 결정을 내릴 가능성이 있으나, 후자는 바른 정보를 얻더라도 편향 때문에 엉뚱하게 결정을 내린다. 무식한 자보다 더 무식하지 못한 자는 계통적 편향에 잡힌 자이다. 본서 곳곳에서 이 추론이 자주 언급되는데, 이를 체계적으로 이론화한 것이 브라이언 캐플런의 『합리적 투표자의 무지』이며 국내에도 번역되어 있다.

할 뿐만 아니라, 어떤 후보자가 투표자보다 더 많이 알고 있는지도 알아낼 수 없다. 따라서 투표자는, 예컨대 자유 무역이 경제에 미치는 효과를 잘 평가하지 못할 뿐 아니라, 그러한 평가를 내리는 것에 어느 후보자가 더 나은지도 잘 결정하지 못한다. 그러므로 민주제에서는 잘못된 믿음을 가진 무능한 지도자가 승리한다. 자유주의자는 이렇게 말한다: 만약 후보자들이 멍청해 보인다면, 이는 민주 체제가 작동 중이기 때문이다.[28]

정치에는 많은 것이 걸려 있다. 잘못된 지도자를 선택하면 전쟁 혹은 경제 불황을 일으킬 수 있다. 그러나 개개의 투표자가 정보를 잘 구비하거나 합리적으로 행동하도록 만드는 인센티브는 거의 없다. 한 개인의 표는 그것이 선거 결과를 바꿀 경우에만 영향력이 있다. (한 개인의 표가 '민의를 바꿀' 수도 있다고 주장하는 사람이 있을지 모르나, 정치학자들은 정치적 효과를 증가시키는 한 개인의 의사 같은 것은 없다는 것을 보여 왔다.)[29] 그러나 개인의 표가 주요 선거의 결과를 바꿀 가능성은 거의 없다. 따라서 심지어 아주 많은 것들이 걸려 있는 선거에서도, 그리고 심지어 당신이 다른 모든 사람의 복지에 관심이 있을지라도, 정보를 더 잘 갖추기 위해 혹은 더 철저히 합리적으로 되기 위해 당신은 비용을 들일 필요가 없다.

이것이 자유주의자가 민주적 권력을 제한하기를 원하는 이유 중의 하나이다. 만약 투표자가 정보를 잘 알고 매우 합리적이라면, 우리는 민주제가 광범위한 권력을 갖기를 원할 수 있다. 그러나 투표자가 무지하고 비합

28 체계적 편향을 가진 투표자가 주권자가 되어 있는 소위 민주제에서는 으레 이런 무지한 정치 후보자들이 나오고 그중 누군가는 당선된다는 냉소이다.

29 정치 후보자들은 투표를 통해 주권자의 민의(mandate)를 확인한다. 투표자 한 명의 의사로 민의가 좌우되는 경우는 그 투표자 앞의 두 후보(혹은 정책 대안)가 가부 동수로 놓인 표결 상황뿐이다. 어느 한 투표자의 표가 투표 결과를 거의 좌우하지 못하므로 그 혼자만은 합리적으로 최선의 후보에 표를 던지더라도 그것으로 집단적 의사 결정이 더 좋아질 확률도 거의 없다.

리적이라면 우리는 그들에게 훨씬 적은 권력을 맡기기를 원할 것이다.

40 자유주의자는 미국 헌법을 어떻게 생각하는가?

자유주의자는 권력이 엄격하게 분리된 입헌 정부를 원한다. 우리 지도자들이 천사와는 거리가 멀수록, 우리는 우리 지도자들이 재량권을 더 적게 가지기를 원할 것이다.

성문 헌법에는 법적 보장들이 들어 있지만, 법적 보장들은 아무것도 보장하지 않는다. 헌정 체제를 유지하기 위해서는, 시민이 헌정 체제 유지에 강하게 몰두해야 한다. 일부 형태의 정부는 그런 몰두를 훼손하거나 무시하는 것이 더 쉽게 일어나게 만든다. 그러나 성문 헌법은 헌법을 스스로 집행하는 능력이 없다.[30]

최악의 독재주의 정권 및 전체주의 정권이 자유주의적인 서구 민주제 국가의 헌법과 구별할 수 없는 자유주의적인 성문 헌법을 가지고 있었던 경우가 흔하다. 예컨대, 소련 헌법은 인권을 보장했으나 스탈린 휘하의 소련은 인간적 재앙humanitarian disaster이었다.[31] 즉, 대부분의 학자가 스탈린 정부가 2,000만 명이 넘는 사람(전쟁에 의하지 않고도 살해된 숫자이다)을 살해했다고 추정한다.

••••••••

30 성문 헌법에서 국가 권력 제한을 명시해 놓으면 개인의 자유 보호에 더 유리하다고 생각할지 모른다. 그러나 헌법에서 개인의 자유와 권리를 보장한 것만으로는 무의미하다. 이를 실현하기 위한 강행적, 실천적 하위 법규 및 재정 및 관료제의 집행 행위가 수반되어야 한다.

31 인간적 재앙은 자연적 재앙이 아니라 내전, 학살과 같은 인간 활동 때문에 인간의 생존, 건강 및 복지를 위협하는 재해이다.

자유주의자는 미국 헌법이 정부의 권력을 법적으로 제한한 것을 반가워한다. 그들은 그것이 정부 권력들을 분립시키고 그리하여 입법 과정을 그만큼 늦추는 경향이 있다는 것을 반가워한다. 그들은 권리장전Bill of Rights에 광범위한 자유가 나열된 것을 반가워한다.

그러나 미국 헌법은 종이에 불과하다. 자유주의자는 이렇게 말할지 모른다. "당신은 권력 분립이란 생각을 좋아하는가? 그것이 사라지는 것을 보라: 의회는 대통령에게 언제 어떻게 전쟁을 시작할지 결정하는 권한을 부여했다. 1차 수정 헌법이 보장하는 언론의 자유와 출판의 자유를 좋아하는가? 대부분의 미국 역사에서 미국 대법원은 검열을 금지하지 않았다. 정부가 인신 보호habeas corpus를 존중하는 것이 중요하다고 생각하는가? (인신 보호는 정부가 재판이나 증거 없이 사람들을 투옥하거나 구금해서는 안된다는 원칙이다.) 링컨은 남북 전쟁 중 이 원칙을 중단했다. 대법원은 그가 인신 보호를 존중할 것을 요구했다. 링컨은 대법원을 무시하고도 아무런 처벌도 받지 않았다.

미국 헌법에 오묘한 마력 같은 것은 없다. 내가 이 글을 쓰는 동안, 의회와 대통령은 미군이 누구든지 특정 테러 단체를 '실질적으로 지원'하는 경우 기소나 재판 없이 그런 사람을 어디서든 무한정 구금할 수 있는 권한을 부여했다. 내가 이 글을 쓰는 동안, 오바마는 재판 없이 미국 시민을 암살할 권리를 역설하고 있다.

미국 헌법[32]the Constitution이 자신을 스스로 집행하지 못한다는 증거를 보려면 대통령이 대법원에서 봉사할 대법관을 지명하는 인준 청문회를 보라. 연방 대법원의 대법관[33]Justice은 미국 헌법을 객관적으로, 혹은 전혀 사심 없

········

32 일반적 의미의 헌법은 'constitution'으로, 특정 국가의 구체적 헌법은 '(the) Constitution'으로 대문자로 표기한다. 본문에서는 미국 헌법을 의미한다.

이 해석하는 것이 아니라, 그 헌법이 그들이 선호하는 정치적 결과를 만들어 내도록 '해석'한다. 보수적인 대법관은 미국 헌법이 보수주의를 요구하고 있다고 '해석'하고, 진보적인 대법관은 미국 헌법이 진보주의를 요구한다고 '해석'한다. 물론 상원 의원들은 이 모든 사실을 알고 있다. 따라서 진보적 상원 의원은 보수적 대법관을 저지하려는 반면에, 보수적 대법관은 진보적 대법관을 저지하려 한다. 대법원 인준 청문회는 정치적인 싸움이다. 즉, 후보자의 진정한 가치를 평가하기보다는 미래의 법이 어떻게 될 것인지에 대한 싸움이다. 만약 연방 대법원이 객관적이라면, 당신은 대법관이 사건을 어떻게 판결할지를 대법관의 정치 선호를 판단하는 것만으로는 예측할 수 없을 것이다.

연합 규약[34] The Articles of Confederation은 주州들의 연합 합중국, United States 정부[35] 최초 문서였다. 연합 규약을 헌법으로 대체하는 실질적인 효과, 즉 그것이 진정 의도한 효과는 자유를 보호하거나 사회 정의를 증진하는 것이 아니라 중앙 정부를 강화 strengthen하는 것이었다. 헌법은 중앙 정부에 세금을 부과하고, 군대를 모집하고 유지하며, 상업을 규제할 수 있는 권력을 부여했다.

1786년 셰이스의 반란 Shays' Rebellion은 많은 지도자가 연합 규약을 교체하고 더 강력한 중앙 정부를 선호하도록 재촉했다. 대니얼 셰이스 Daniel Shays는

33 미국 연방 대법관은 공식 명칭 자체가 바로 '정의'이지만, 객관적인 판결을 하지 않는다.

34 연합 규약(The Articles of Confederation and Perpetual Union)은 미국 독립 전쟁 시 13개 식민지의 주 정부와 중앙 정부 관계에 관한 미국 헌법 이전 최초의 헌장으로 2차 대륙 회의에서 만들어졌다. 이에 따르면, 13개 주가 강력한 자치권을 가지며, 연합 회의에게 외교, 군사 등의 권한을 부여했으나 이는 과거 영국의 왕과 의회가 식민지에 관해 가진 권한 정도에 머물렀다. 그 후 '셰이스의 반란' 이후에 강력한 중앙 정부 필요성이 커지자 이를 포함한 미국 헌법이 1787년에 제정되고 1790년까지 13개 주 모두 비준함으로써 이 연합 규약의 효력은 소멸하였다.

35 오늘날 미국이라 부르는 체제는 연합된(united) 여러 주(states)라는 것을 규정한 이 협약에서 발전한 것이다.

미국의 혁명 전쟁 동안에 존경과 훈장을 받은 군인이었다. 많은 혁명군처럼 셰이스는 그의 근무에 대한 보수를 받지 못했다. 그는 많은 농장 부채를 안고 군 복무를 마치고 돌아왔는데, 그 부채는 그가 군 근무에 대해 급여를 받지 못했으니 갚을 수 없는 것이었다.

유럽의 채권자들은 금과 은으로 빚을 갚기를 원했지만, 이것들은 공급이 부족했다. 셰이스 및 다른 홀대받은 제대 군인들은 재산이 몰수되고 채무자 감옥debtors' prisons에 투옥될 것을 우려했다.[36] 그들은 매사추세츠주 정부에게 문제를 해결해 줄 것을 탄원했다. 보스턴은 그들의 탄원을 무시했다. 결국, 자포자기한 셰이스 및 다른 농부들은 반란을 일으켰다. 그들은 지방법원이 그들의 재산을 몰수하는 것을 막기 위해 민병대를 조직했다. 연합규약 아래에서는, 미국 중앙 정부가 매사추세츠주가 반란을 진압하는 것을 돕는 것이 어려웠다.

미국 공립 학교 역사책은 미국 헌법이 필요했다는 것을 보여 주기 위해 셰이스의 반란 이야기를 들려준다. 몇몇 자유주의자는 다르게 해석한다: 정부는 셰이스와 그의 동료 농부들을 극히 불의한 방식으로 처우했다. 셰이스의 반란이 미국 헌법을 정당화하는 것이라면, 정당화라는 것이 무엇이길래 미국 헌법은 정부가 가난한 사람들을 억압하는 것이 더 쉬이 일어나도록 만드는가? 어쨌든, 미국 헌법의 주요 목적은 자유를 보호하는 것이 아니라 연방 정부에 권력을 부여하는 것이었다.

36 채무자 감옥은 빚을 못 갚는 채무자를 투옥하고 그의 노역으로 채무 및 수감 비용에 충당하게 한 노역 시설로 19세기 중엽까지 널리 운용되었다.

41 자유주의자는 국가주의자인가?

국가주의자nationalists는 우리가 어떤 국민 국가nation-states의 시민이라는 사실이 도덕적으로 중요하다고 믿는다. 그들은 우리가 타인보다는 같은 나라 국민에게 더 많은 덕을 입고 있다고 생각한다.

대부분의 사람은 일상생활에서 우리가 자녀, 친구, 또는 가족에게 몇 가지 특별한 선호를 보일 수 있다고 생각하는 경향이 있다. 예컨대, 상식적인 도덕에 따르면 우리가 멀리 떨어져 있는 낯선 사람의 아이들이 굶어 죽는 것을 구하는 데 돈을 쓰기보다 그 돈으로 내 아이들에게 생일 선물을 줄 것이다.

요컨대, 국가주의nationalism는 우리 국민 국가의 모든 구성원을 확장된 가족의 일부로 취급해야 한다는 시각이다. 만약 국가주의가 사실이라면, 예컨대 스웨덴이 상당히 부유한 '하위' 계급[37]의 복지를 증진하는 데 큰돈을 지출하면서 세계의 가장 비참한 가난한 사람들의 실제적 고통을 어느 정도 무시할 수 있는 이유를 이것으로 설명할 것이다. 또는 더 극단적 형태의 국가주의가 사실이라면, 정부가 자국 시민에게 돌아오는 이익을 훨씬 초과하는 비용을 외국 시민에게 들이면서도 자국 시민들에게 이익을 주기 위해 다른 국가의 무고한 민간인을 죽이고, 착취하고, 혹은 빈곤하게 만들 수도 있다는 이유를 이것으로 설명할 것이다.

자유주의자는 국가주의에 반대한다. 자유주의자는 국민 국가의 구성원

37 스웨덴 내부의 '하위 계층'은 세계 최빈국의 가난한 사람들보다 훨씬 부유하다.

이라는 지위는 어떤 의미에서 도덕적으로는 자의적이라고 믿는다. 자국의 정부는 다른 나라의 시민을 마치 그들의 생명 가치는 적은 것처럼 다루어서는 안된다. 이것은 자유주의자가 전쟁을 반대하고 개방적인 이민을 선호하는 이유를 부분적으로 설명한다.

자유주의자는 우리가 친구 및 가족과 특별한 결속력을 가지고 있는 식으로 우리가 같은 나라의 다른 국민들과도 특별한 결속력을 맺고 있다는 것을 부정한다. 그들은 **남**이다. 나는 온타리오주가 아닌 캘리포니아주 사람들과는 특별한 관계가 없다.

국가주의를 찬성하는 공통된 논증의 하나는 우리 각자가 사회에 빚을 지고 있다는 것이다. 시민 사회가 아닌 자연 상태에서 삶은 고독하고 추하고 가난하고 야만적이며 짧을 것이다.[38] 하지만 내가 시민 사회에 살고 있기 때문에, 나의 삶은 즐겁고, 풍요하고, 문명화되어 있고, 그리고 장수한다. 나는 뉴햄프셔주 학교에서 교육을 받았다. 나는 이제 버지니아주와 워싱턴 DC가 제공하는 도로를 운행한다. 나는 미국 화폐로 구매를 한다. 나는 다른 미국인들의 과거 행동으로부터 혜택을 얻기 때문에 지금의 나 수준의 부자가 되어 있다. 그런 논증은 계속 이어져, 따라서 나는 뉴햄프셔, 버지니아, 또는 미국에 빚을 지고 있다는 식이 된다.

자유주의자는 '사회에 대한 부채' debt to society 주장이 국가주의를 정당화하지 못한다고 생각한다. 만약 내가 사회에 빚을 지고 있더라도, 특별히 **미국**에 빚을 졌다고 생각할 이유는 없다. 나는 공교육의 혜택을 입었으나 그것이 뉴햄프셔주의 허드슨이 아니라 미국에 빚을 졌다고 생각할 이유가 무

38 토머스 홉스의 『리바이어던』(*Leviathan*) 안에 있는 구절이다.

엇인가? 나는 광범위한 무역 체제에 의해 만들어진 긍정적(+) 외부성으로부터 혜택을 입고 있지만, 그러나 전 세계가 아닌 미국에 빚을 지고 있다고 생각할 이유가 무엇인가?

42 자유주의자는 돈을 정치에서 배제하기 위해 어떤 제안을 하는가?

자유주의자는 정치가 돈이 궁한 상태에 있도록 만드는 방법이 더 중요한 문제라고 농담을 한다.

자유주의자는 정치가 돈에 궁한 상태로 있도록 만드는 가장 좋은 방법은 정치를 매수할 가치가 별로 없는 것으로 만드는 것이라고 말한다. 정부가 경제를 조작하고, 승자와 패자를 만들고, 피터에게서 빼앗아 폴에게 주는 권력을 가질 때, 사람들은 그 권력을 장악하고자 경쟁할 것이다. 개입주의적 정부는 편애favors를 파는 슈퍼마켓과 같다. 부패를 줄이려면, 우리는 국가가 편애를 나누어 주는 능력을 줄여야 한다.[39]

어떤 사람들은 만약 정부가 선거운동비 지출을 규제하면 파렴치한 기업과 노동조합이 정치인을 매수하는 것을 막을 수 있다고 말한다. 자유주의자는 이 전략은 역효과를 낼 것이라고 말한다. 돈이 정치에 영향을 주는 것을 규제하려는 시도는 오히려 돈이 정치에 주는 영향을 증가시킬 수 있다.[40] 결국, 선거 운동 비용 지출을 규제할 수 있는 어떤 권력은 그 자체로

39 정치가 특정 고객에게만 더 싼값, 혹은 더 많은 양을 주는 슈퍼마켓처럼 특혜를 배분하는 힘을 갖지 못하게 만들면 굳이 정치를 매수하느라 돈을 들이지 않을 것이다.

40 돈으로 정치를 매수하지 못하도록 제한하면, 돈의 영향력은 더 커진다. 예컨대, 금전적 기부를 모두 불법화하면 돈으로 매수하려는 시도는 줄어든다. 그런데 정치판에서 돈이 희소해 진 이런

기관 포획의 주된 표적이다.[41] 어떤 기업은 식품의약처$_{FDA}$를 완전히 장악하기를 원한다. 그러나 연방 선거관리위원회$_{FEC}$를 장악할 수 있다면 훨씬 더 좋겠다고 여길 것이다.

대부분의 미국인은 돈이 선거를 매수한다고 믿는다. 그들은 기부자가 정치인에게 기부를 할 때 기부자는 그것으로 자신에게 유리한 정치적 정책을 매수하는 것이라고 믿는다. 정치인이 무엇을 하는지를 결정하는 것은 기부자라는 것이다.

평범한 사람들에게는 이 모두가 분명 사실인 것처럼 보이지만 이 이슈를 연구하는 정치학자들(내 소견으로는 이들뿐 아니라 좌파 성향이고, 자유주의를 거부하며, 민주당 정치인을 지지하는 성향을 가진 사람들도 그러하다)은 일반적으로 이것이 모두 거짓이라고 믿는다. 수십 년 동안 정치학자들이 선거 운동 비용 지출이 선거 결과 및 법을 결정한다는 것을 보여 주려고 노력해 왔지만 실패했다. 돈이 선거를 매수한다는 믿음은 대중의 미신에 불과하다. 그런 믿음을 뒷받침하는 증거는 없다.

정치학자들은 그것이 아니라 선거 운동 비용 지출이 소비재$_{consumption\ good}$라고 믿는다.[42] 기부자는 승자의 일부가 되고 싶은 것이다. 선거 운동 비용 지출이 승자를 **만들지** 않는다. 오히려 선거 운동 비용 지출이 승자를 **쫓**

········

상황에서 돈의 영향력이 더욱 커진다. 그리고 적발될 경우의 위험 비용까지 추가되어 주고받는 금액은 더 커진다.

41 연방 선관위(Federal Election Committee: FEC)는 선거 자금 관련 법규를 집행하는 독립 규제 위원회이다. 선거 자금 통제 법규를 통해 기업이 돈으로 정부를 매수하는 것을 어렵게 만들면, 이제는 어떤 돈은 합법적이고 어떤 돈은 불법인지를 판단하는 정부 기관인 선관위부터 먼저 매수하므로 매수의 범위가 더 커진다.

42 선거에 기부금을 내는 행위는 어떤 대가(예컨대, 특혜)를 얻으려는 투자 행위가 아니라 승자 편에 서 있다는 자족감을 얻으려고 돈을 쓰는 소비 행위라는 설명이다.

아가는 것이다. 그들이 돈을 더 많이 모으기 때문에 승자가 승리하는 것이 아니다. 그들이 이기고 있는 중이기 때문에 더 많은 돈을 모으는 것이다.

시민 연합 대 연방 선관위 소송[43](Citizens United v. Federal Election Commission, 2010) 사건에서 미 연방 대법원은 기업과 개인은 정치 광고와 정치 커뮤니케이션에 원하는 대로 돈을 쓸 수 있다고 판결했다. 미국 좌파의 많은 사람은 이것이 부유한 기업이 광고로 선거 결과를 매수하게 해줄 것으로 생각하여 분개했다. 그러나 이러한 속설적 믿음은 돈과 선거를 깊이 연구해 온 좌파 성향이고, 진보적이며, 민주당 정치인에 표를 던지는 그들 동료 정치학자들의 일치된 견해와 모순된다.[44]

실제로는 정치판에 있는 돈은 아주 적다. 2008년 미국 연방 선거에서 대통령 후보들은 거의 20억 달러를 모금하여 10억 달러 넘게 지출했다. 의원 선거 운동에는 거기에 1/3만큼 더 지출되었다.[45] 요약해 보자: 후보자와 정치활동위원회$_{PACs}$가 모든 대통령 선거 기간에 총 25억 달러를 지출한다고 가정해 보자. 큰 금액처럼 보일지 모르지만 그렇지 않다. 연방 정부의 2008년 세출이 약 2조 9,000억 달러였음을 감안하라. 선거 운동 비용 지출은 연방 예산 1퍼센트의 1/10에도 미치지 못한다.[46] 백분율로 볼 때, 그렇게 많은

········

43 우파 성향의 시민 단체인 시민 연합(Citizens United)이 민주당 대통령 후보 지명자로 출마한 힐러리 클린턴에게 불리한 영상을 케이블 회사에 판매하였는데 그것이 영리를 추구한 것이며 따라서 영리 단체가 정치 광고를 할 수 없도록 한 매케인-파인골드 법을 어겼다는 1심 판결이 나왔다. 하지만 항소에서 표현의 자유 문제로 번지자 이것을 금한 선거법의 위헌성 여부가 문제가 되었다. 연방대법원은 수정 헌법 제1조에 근거하여, 기업 및 노동조합의 정치적 지출을 금지하는 법은 위헌이라고 판결했는데, 이는 언론 자유와 선거 자금 지출에 관한 획기적 판례이다.

44 그런 좌파 성향 학자들 스스로 밝혔듯이, 돈으로 정책이 만들어진다는 것은 미신이다.

45 요약하면, 대통령 선거에 10억 달러, 또 같은 기간에 있는 연방 의원 선거에 13.3억 달러, 총합하면 두 선거에 대략 25억 달러 정도가 지출된 셈이다.

46 한해 연방 세출은 2조 9,000억 달러이고, 그 1%는 290억 달러이며, 또 그것의 1/10은 29억 달러이다. 그 해의 선거 비용 지출은 그보다도 적은 25억 달러이다.

권력과 그토록 막대한 예산을 장악하는 데 **자그마한** 금액을 쓴 것이다. (예산이 이보다 훨씬 더 클 수 있다는 점도 유의하라. 후보자들 및 그들의 기업 후원자들은 현재의 연방 예산뿐 아니라 **잠재적** 예산도 관장하고자 경쟁 중이다.) 비교를 해보라: 2008년 나이키의 운영 예산이 약 70억 달러이고 글로벌 수입은 약 150억 달러이다. 그러나 나이키는 광고와 마케팅에 25억~30억 달러를 썼다. 바꾸어 말해, 미국의 역대 가장 치열한 선거 시즌 중 하나에서 선거 운동의 총지출액은 나이키의 마케팅 예산과 대략 같았다. 만약 선거 비용 지출이 정말로 법과 규제를 매수하는 것이라면 우리는 지출이 최소한 이보다 더 많을 것으로 예상할 것이다.[47]

43 자유주의자는 외교 정책에 관해 비둘기파인가, 아니면 매파인가?

대부분의 자유주의자는 비둘기파이다. 그들은 평화를 옹호하며 그것을 바란다. 미국의 자유주의자는 미국이 '세계의 경찰' 행세를 하는 것을 거부한다.

애덤 스미스Adam Smith의 『국부론』*Wealth of Nations*은 대체로 제국주의의 비판이었다. 우리는 흔히 제국주의의 반대를 마르크스주의 및 좌파와 연관 짓지만, 스미스는 마르크스보다 더 오래전 제국주의에 대한 거리낌 없는 비판자였다. 스미스는 "대영 제국의 통치자들은 … 그 국민들이 대서양 서편에 대제국을 소유하고 있다는 상상으로 그들의 기분을 띄워 주었다"라고 말했

47 이렇게 미미한 돈을 지출해서 법과 규제를 매수한다는 추측은 타당성이 없을 것이다.

다. 사실, 스미스는 대부분의 영국 국민에게 이 제국이 순전히 경제적 손실임을 보여 주었다. 대영 제국은 일부의 상인, 일부의 정부 관리, 일부 무기 제작자를 부유하게 만들었으나 그 밖에 아무도 부유하게 만들지 못했다. 스미스는 제국이란 생각이 도덕적으로 혐오스럽다는 것을 알았으나 그는 자신의 주장을 경제학적 용어로 전개했다. 사용할 수 있는 최상의 자료를 사용하여 그는 제국의 비용이 이익을 훨씬 넘는다는 것을 보여 주었다. 정부는 제국을 소유함으로써 얻은 원자재의 가치보다 더 많은 돈을 제국을 유지하는 데 썼다.

경제학자 브라이언 캐플런은 상식적인 도덕 관념은 평화주의pacificism에 가까운 것을 가져온다고 주장한다. 즉, 현실 세계에서 우리는 전쟁 및 우리 군대로 문제를 해결하려는 시도에 대부분 반대해야 한다.

첫째, 캐플런은 전쟁이 당장 초래하는 비용이 높다고 말한다. 전쟁은 큰 파괴를 초래한다. 모든 주요 전쟁에서 군인들은 민간인을 살해하고 강간한다. 민간인들은 집, 농장, 그리고 사업체가 파괴되는 것을 목도한다. 이기는 쪽조차 즉각적인 비용에 직면한다. 정부가 폭탄에 5,000억 달러를 지출하면 납세자는 5,000억 달러의 실질적 부를 상실한다. 보습을 칼로 바꾼 정도만큼, 우리는 먹는 것을 희생한다.[48]

캐플런은 만약 전쟁의 장기적 이익이 즉각적인 비용을 **크게** 초과한다면 이 모든 것이 정당화될 수 있을 것이라고 말한다. 그러나 그는 전쟁의 장기적 결과는 아무리 잘 봐줘도 아주 불확실하다고 말한다. 우리는 전쟁이 얼마나 잘 전개될지 예측할 수 없다. 우리가 일이 잘 진행될 것으로 생각할

48 우리가 후생 증진에 투입할 수 있었던 자원이 전쟁으로 날아간다.

때 우리는 대부분 틀리게 된다. 우리는 우리의 전망을 과신하는 경향이 있다. 즉, 사람들은 체계적으로 전쟁의 이익을 과대평가하며 그 비용을 과소평가한다. 캐플런은 돌이켜 보면 모든 나라가 싸운 거의 모든 전쟁이 실수였다고 주장한다. 우리가 새로운 전쟁을 일으키는 것을 고려할 때, 우리는 이 전쟁은 그 규칙의 예외라고 믿고 싶은 유혹을 받는다. 그러나 이 믿음 자체도 예외가 아니다.[49]

자유주의자가 개입주의적 외교 정책에 반대하는 또 다른 이유가 있다. 경제사학자 로버트 힉스Robert Higgs는 전쟁이 국가의 건강health이라고 주장한다.[50] 전쟁은 힉스가 말하는 '톱니 효과'ratchet effect를 통해 정부가 권력을 장악하도록 도와준다.[51] 국가가 전쟁 상태에 들어가면, 그 정부는 비상사태를 선언하고 엄청난 새 권력들을 차지한다. (예컨대, 미국 남북 전쟁 동안 링컨은 인신 보호 영장 제도(habeas corpus)를 보류하고 검열을 했으며, 전쟁 반대자들을 투옥하고, 징병제를 실시하고, 전 국민 소득세(national income tax)를 실시했다.)[52] 전쟁이 끝나면 정부는 새로 얻었던 권력 일부는 되돌려주지만 모든 권력을 돌려주는 것은 아니다. 전쟁이 계속 이어짐에 따라, 정부는 조금씩 조금씩 그 권력의 톱니바퀴를 조여 간다.

....

49 이 전쟁만은 실수가 아니며 정당성이 있는 전쟁이라고 믿고 싶어 하나 그 전쟁과 그런 믿음도 대개 예외 없는 실수이다.

50 이 구절은 전쟁이 곧 정의이며 만물이 이로부터 존재하게 된다는 에페수스의 철학자 헤라클레이토스를 연상하기 쉽다. 그러나 본문의 로버트 힉스의 요지는 전쟁을 통해 국가가 건강해진다는 의미가 아니라 전쟁을 빙자하여 국가가 확대하는 경향을 꼬집는 것이다.

51 여기서 톱니(ratchet)란 순방향과 역방향으로 다 돌아가는 통상적 톱니가 아니라 한 방향으로만 돌기 때문에 뒤로 돌아가지 않는 구조를 가진 톱니이다. 제임스 듀젠베리(James S. Duesenberry)는 이 구조를 비유로, 고소득을 누리던 소비자가 소득이 줄더라도 소비를 당장 줄이지 못하는 현상을 설명했다. 일단 전쟁에 들어가면 국가는 개인을 억압하는 권력을 키우며, 전쟁이 끝난 후에도 과거로 돌아가 개인에게 자유와 권리를 양도하지 않는 경향이 있다.

52 전 국민 소득세는 기존의 세금 부담은 유지하면서 모든 소득에 정률의 세금을 더 부과한다.

제5장

시민적 권리

44 시민적 자유에 대한 자유주의적 시각은 무엇인가?

자유주의자는 이런 농담을 한다: 대부분의 사람이 자신과 동등하다고 여기는 사람들에게는 자유주의적이며, 자신이 돌보기는 하지만 자신보다 지위가 낮다고 여기는 사람들에게는 가부장주의적家父長主義的이고, 그들이 멸시하는 사람들에게는 권위주의적이다. 이와는 대조적으로, 자유주의자는 모든 사람에게 자유주의적이라고 말이다.

역사를 통틀어 거의 모든 사람은 국가가 시민들 사이에서 덕을 실행하기를 원했다. 거의 모든 곳의 모든 사람이 국가가 안정과 공동체를 위해 단일의 문화와 종교를 강요해 주기를 원했다. 대부분의 사람은 국가가 사람들이 신중하지 못한 선택을 하는 것을 막아 주기를 원한다.

어떤 사람들은 우리는 모두 죄에 벌을 내리고 신앙에 상을 주는 경건한 공동체에서 살아야 한다고 믿는다. 다른 사람들은 우리가 약자 및 사회 주변부로 밀려난 사람들에게 해害를 주는 사람이 아무도 없는 사회에 살아야 한다고 믿는다. 또 다른 사람들은 우리는 가장 건강한 음식만 먹어야 하며 사람을 바보로 만드는 텔레비전을 보지 말아야 한다고 믿는다. 다른 사람들은 우리가 술을 마시거나, 기분 전환용 약물[1]을 사용하거나, 성을 구매하거나, 노름을 허용해서는 안된다고 생각한다. 대부분의 사람은 이러한 몇몇 목표들은 너무 고상한 것이라고 생각하여 그들은 그것을 성취하는 데 기꺼

1 질병 치료보다는 사용자의 지각, 감각 및 감정 전환으로 나타나는 의식 변화로 쾌락, 소일 등을 얻고자 주입하는 향정신성 약물류로서, 안정제(이완과 평온의 느낌을 유도하는 약물), 각성제(활력과 각성을 유도하는 약물), 환각제(지각 왜곡을 유발하는 약물) 등이 포함된다.

이 폭력을 사용하고자 한다.

자유주의는 관용을 주장한다. 따라서 이것은 요구하는 게 많은 교의이다. 그것은 사람들에게 통상적인 인간 본성을 넘어서라고 요구한다. 우리는 대개 남이 살아가는 방식을 통제하기를 원하는 도덕적 참견주의자들moral busybodies이다. 자유주의자는 "당신이 원하는 대로 살며 남도 제 원하는 대로 살게 하라"Live and let live고 말한다.

자유주의자는 모든 사람이 자신에 대한 주권자sovereign라고 믿는다. 우리가 타인의 권리를 존중하는 한, 우리 자신의 삶을 어떻게 영위하느냐는 우리 자신에게 달려 있다. 우리는 어리석고, 신중하지 못하고, 심지어 비도덕적 결정도 내릴 자유가 있다. 우리는 새로운 삶의 방식을 자유롭게 실험할 수 있다. 우리는 자유롭게 종교 공동체에 가입하거나 종교를 조롱하고 비웃을 수 있다. 우리는 자유롭게 애국적 노래를 짓거나 국기를 불태울 수도 있다. 우리는 자유롭게 도덕적 미덕의 삶 혹은 악덕의 삶을 살 수 있다. 우리는 자유롭게 요조숙녀가 되거나 다른 사람들이 변태적이라고 여기는 성행위를 행할 수 있다.

자유주의자는 정부를 통해 신중함, 덕성, 또는 공동체를 실행하려는 시도는 실패하는 경향이 있다고 생각한다. 예컨대, 어떤 신앙 공동체가 의견 불일치를 금지하는 것에 의해서만 존속한다면 그 공동체는 가짜이다.

자유 사회에서는 모든 사람은 다른 사람에게 해를 끼칠 권리가 있다.[2] 다른 사람에게 해를 끼칠 권리가 있는 사람이 아무도 없는 사회는 그 자체로 남에게 해를 주는 것이다. 자유주의자는 이렇게 덧붙인다: 모든 사람에

2 다만, 그러한 해에 대해서는 책임을 져야 한다.

게 절대 해를 입지 않을 권리를 부여하는 것이 좋은 공동체와 동료 의식을 만들어 내는 처방처럼 보일지 모른다. 그렇지 않다. 그것은 한 사람 한 사람의 분노감이 무기가 되게 만든다.

45 자유주의자는 우리가 어떤 시민적 권리를 가지고 있다고 생각하는가?

시민적 자유 또는 시민적 권리는 우리가 다른 사람과 어떻게 생활하는지 혹은 어떻게 관계를 맺는지를 간섭함에 반대하는 권리이다. 시민적 자유에는 언론의 자유, 집회의 자유, 결사의 권리, 양심의 자유, 신체적 무결성의 권리[3] right of bodily integrity 및 학대와 폭행으로부터의 자유, 생활 방식 선택의 자유, 항의할 권리, 퇴장의 권리(즉, 국가를 떠나 시민 자격을 포기할 권리), 그리고 성性에 관한 선택의 자유[4]가 포함된다.

자유주의자는 또한 형사 사법 제도 criminal justice system의 자유주의적 절차적 권리를 주장하는데, 거기에는 부당한 수색 및 압수에 반대할 권리, 공정한 재판을 받을 권리, 유죄가 입증될 때까지 무죄로 추정될 권리, 신속한 재판을 받을 권리, 자신의 재판을 들을 권리,[5] 인신 보호 영장 habeas corpus에 대한 권리가 포함된다. 자유주의자는 일반적으로 사형과 가혹한 형사 사법 조치에 반대한다.

••••••••

3 신체의 무결성의 권리는 육체의 불가침성, 자신의 신체에 대한 인간의 개인적 자율성, 자기 소유 및 자기 결정의 중요성을 내용으로 한다.

4 자신의 성적 정체성으로 이성애 및 그 밖의 다양한 유형을 선택하는 자유.

5 범죄 혐의로 기소된 사람이 형사 소송에서 자신에 대한 증인과 대면할 권리로, 여기에는 재판에 출석할 권리가 포함된다.

자유주의자는 동성애자에 대한 평등한 보호를 옹호하고, 따라서 동성 결혼을 지지하며 과거에 미군이 동성애를 제한한 것에 반대한다.

자유주의자는 여성의 생식의 자유를 옹호하는데, 여기에는 낙태, 피임, 그리고 동의를 한 다른 성인과 성관계를 가질 권리가 포함된다.

자유주의자는 검열에 반대하는데, 여기에는 인터넷 검열, 포르노그래피에 대한 제한(포르노그래피 모델이 동의 능력이 있는 성년인 경우), 그리고 국기를 태우는 것이나 반정부 선동을 하는 것에 대한 제한이 포함된다.

자유주의자는, 대부분의 보수주의자나 심지어 대부분의 리버럴과도 달리, 사람들이 마약을 사용하는 권리와 자기 파괴적self-destructive 선택을 할 권리가 있다고 믿는다. 자유주의자는 국가를 위한 강제적 근무와 징병제에 반대한다. 자유주의자는 애국자법[6]the Patriot Act과 정부가 미국인을 감시하는 것에 반대한다.

자유주의자는 또한 자유 이민을 지지한다. 그들은 사람들이 적절하다고 생각하는 대로 국경을 넘을 권리가 있다고 믿는다. 그들은 멕시코인이 미국에서 태어난 미국인과 같은 권리를 가지고 있다고 주장한다. 그들은 모든 사람이 시민권에 관계없이 다른 국가에서 취업할 권리가 있다고 믿는다. 그들은 특별한 상황을 제외하고는 정부는 시민이 나라를 떠나는 것을 금지할 수 없으며, 또 외국인이 입국하는 것도 금지할 수 없다고 주장한다.

몇몇 반자유주의자는 자유주의자가 시민적 자유에 대해 너무 개방적인 관점을 가지고 있다고 생각한다. 다른 사람들은 우리가 어떤 시민적 자유를

6 9.11 테러 후 부시 당시 미국 대통령이 주도한 법으로 정식 명칭은 반(反)테러법(Anti-terrorism legislation)이다. 전화, 이메일 등 사회의 모든 분야에서 사법 집행 기관의 감시 권한을 강화하는 바람에 개인의 자유와 권리의 침해 논란을 야기했다.

가지고 있느냐 하는 문제는 정치적으로 결정되어야 한다고 말한다. 예컨대, 법률 이론가인 제레미 월드론Jeremy Waldron은 시민적 자유의 범위는 논쟁의 여지가 있는 이슈라고 주장한다. 그는 우리 각자에게는 모든 사람의 권리가 무엇인지 결정할 기본적 권리가 있다고 생각한다. 시민적 자유에 대한 자유주의적 시각은 많은 시각 중 하나일 뿐이며, 만약 대다수 다른 사람이 덜 개방적인 견해를 선호한다면 자유주의자가 시민적 자유에 대한 그들의 개방적 견해를 다른 사람들에게 강요해야 할 이유가 없다.

46 언론의 자유와 양심의 자유에 대한 자유주의적 시각은 무엇인가?

자유주의자는 언론의 자유와 양심의 자유라는 강력한 권리를 지지한다. 누구든지 어떤 신념 체계에 강요되거나 대중의 입장과는 다른 신념을 가지고 있다고 처벌되어서는 안된다. 모든 사람은 다른 사람이 가지고 있는 다른 믿음이나 의견에 대해, 비록 그 다른 사람이 그 믿음을 신성하게 여기더라도, 이의를 제기하거나 그것을 거부할 권리가 있다.

자유주의자는 인터넷, 인쇄 매체, 그리고 광고에 대한 정부의 검열에 반대한다. 그들은 시민들이 포르노그래피를 보고 소비할 권리가 있다고 믿는다. (아동 음란물은 제외되는데, 아동은 성행위에 동의할 수 없기 때문이다.) 그들은 사람들이 폭력을 시뮬레이션하는 영화나 비디오 게임을 소비하도록 허용되어야 한다고 믿는다. 그들은 소중한 문화적 규범을 조롱하는 잡지를 우리가 용인해야 한다고 믿는다. 그들은 선동이나 테러를 옹호하는 글을 우리가 용인해야 한다고 믿는다. 예컨대, 빈 라덴에게는 9.11 테러에서 사람들을 죽일 권리는 없었지만, 그에게는 사람들을 죽일 권리가 있다고 말할 권리는 있었다.

이것은 자유주의자가 사람은 언제 어디서나 자신이 원하는 것을 말할 권리가 있다고 믿는다는 것을 의미하지는 않는다. 언론의 자유에는 새벽 3시에 초대받지 않은 채 다른 사람의 집에서 저질스러운 말을 외칠 권리는 포함되어 있지 않다. 사기를 칠 권리는 포함되지 않는다. 폭동을 선동할 권리는 포함되지 않는다. 다른 사람의 인터넷 비밀번호나 은행 계좌 정보를 공개할 수 있는 권리는 포함되지 않는다. 자유로운 언론의 정확한 범주를 결정하는 것은 철학적으로 복잡하다. 그러나 여기서 중요한 점은 자유주의자는 자유로운 언론이 넓은 범위와 엄중한 무게를 지닌 것으로 해석한다는 점이다.

미국 헌법은 자유로운 언론에 대해 상당히 자유주의적인 시각을 가지고 있다. (보수적인) 로버츠Roberts 대법원장은 **미국 정부 대 스티븐슨**(United States v. Stevens, 2010) 재판에서 "수정 헌법 제1조의 자유로운 언론의 보장은 사회적 비용과 이익을 서로 비교하는 개별적 균형을 통과한 범주의 언론에만 연장되어 있지 않다.[7] 우리 헌법은 단지 어떤 발언은 가치가 없다는 이유로 그 판단을 수정하려는 모든 시도를 금지한다." 다른 말로 하면, 당신이 무엇인가를 말할 권리가 있는지는 당신이 그것을 말하는 것으로 사회가 이익을 얻는지 여부에 달린 것이 아니다.

그럼에도 많은 자유주의자는 자유로운 언론에 대해 광범위한 권리를 부여함을 정당화하는 근거의 일부는 그러한 권리를 존중하는 사회가 좋은

7 무엇을 말하는 것의 이익과 그 비용을 대비해 전자가 후자보다 큰 경우에만 언론 자유가 보장되는 것이 결코 아니다.

결과를 낳는 것이라고 믿는다. 예컨대, 존 스튜어트 밀John Stuart Mill은 만약 당신이 과학의 진보, 예술의 발전, 문화의 진보, 평화, 그리고 상호 존중감과 같은 좋은 결과를 원한다면, 결과에 **관계없이** 언론의 자유를 허용해야 한다고 주장한다. 이것은 역설적으로 들릴 수 있다.[8] 그러나 밀은 "유익한 언론만을 허용하는 정책이 유익해진 역사가 없다"고 말한다. 언론이 사회의 최선의 이익에 부합한다고 사회가 판단할 때만 언론을 허용하는 정책이 사회의 최선의 이익에 부합한 역사가 없다.

47 자유주의자는 사형에 찬성하는가, 반대하는가?

자유주의자는 일반적으로 사형死刑에 반대한다.

자유주의자는 비록 몇몇 사람은 죽어 마땅하다 할지라도 이것이 우리가 그들을 죽일 수 있는 권한을 국가에게 부여해야 한다는 의미는 아니라고 말한다. 국가가 범죄인을 죽일 수 있는 권리를 가지려면 그것은 공정하고, 자격을 구비하고, 그리고 신뢰할 수 있는 방식으로 유죄 판결을 내려야 하며 또 상소 절차를 거쳐야 한다. 국가는 무고한 사람들 혹은 유죄가 합리적으로 의심스러운 사람을 확실히 석방하는 규칙이 있어야 한다.

자유주의자는 미국 형사 사법 체제가 이러한 기준을 충족하지 못하는 경우가 흔하다고 생각한다. 아마도 현명한 천사들의 정부에는 특정한 범죄

8 '좋은 결과를 원한다면 좋은 결과를 가져오는지에 상관없이 선택을 하라'는 것이 일단 모순적인 어법으로 들릴 수 있다. 그러나 언론의 자유 허용이 좋은 결과를 낳을지를 염두에 두지 말고 언론의 자유를 허용하는 것이 결국 좋은 결과를 가져온다는 것이 밀의 주장이다.

자들을 죽일 수 있는 권리가 부여되어야 할 것이다. 그러나 현실의 어떤 정부도 이런 면허를 받기에 족할 만큼 신뢰성이 있음을 보여 주지 못했다.

왜 그런 신뢰성을 보여 주지 못했나? 철학자 마이클 촐비Michael Cholbi(그 자신은 자유주의자는 아니다)는 미국에서 아프리카계 미국인이 불균형적으로 사형을 받고 있다고 주장한다. 통계적으로 말하자면, 범죄 기록이 동일한 백인과 흑인이 동일한 살인을 저지른다면 흑인이 백인보다 사형을 받을 가능성이 더 높다. 체제가 인종 차별적이다. 따라서 촐비는 우리는 사형을 중단해야 한다고 주장한다.

이렇게 반론을 제기할지 모른다: 제도에 인종 차별적 요소가 있다는 점이 사형에 반대하는 이유라면, 그것이 징역형에 반대하는 근거가 되지 않을 이유는 무엇인가?[9] 형사 사법 체제 전체가 인종 차별적이다. 자유주의자에게는 두 가지 반응이 있다. 한 가지 반응은 그것을 전혀 반론으로 간주하지 않는 것이다. 그들은 마약과의 전쟁과 마약을 범죄화하는 것에 반대하는데, 그 부분적 이유는 그것들이 매우 인종 차별적인 방식으로 집행되기 때문이다.[10] (질문 50번 참조.) 자유주의자의 두 번째 반응은 만약 새로운 증거가 밝혀진다면 죄수를 석방할 수 있다는 것이다.[11] 우리는 그의 잃어버린 세월을 되돌릴 수는 없지만, 그에게 부분적으로나마 배상을 하고 잘못을 바로잡고자 노력할 수 있다. 죽은 자들에게는 배상할 길이 없다.

9 사형이 미국 형사 사법 제도 현실에서 인종 차별적으로 집행되고 있다면, 사형뿐 아니라 그 외에 징역형 등에도 차별이 있다고 보아야 할 것인데 그렇다면 왜 형사 사법 체제가 차별적이란 이유로 사형제 외에 징역형도 폐지해야 한다는 주장은 안하는가라는 반론이다.

10 자유주의자는 사형 문제에 국한하지 않고 형사 정책 전반에 대해 모든 차별적인 것을 반대한다. 그러므로 인종 차별적 징역도 이미 당연히 반대하고 있다.

11 징역 또한 차별적이라면 그것은 나중에라도 증거가 드러나면 바로 잡을 수 있다. 완벽한 보상에는 이르지 못할지라도 말이다. 따라서 징역형조차 굳이 반대할 필요는 없다고 본다. 다만, 잘못 집행된 사형은 나중에 되돌리지 못하니 사형제만은 처음부터 반대한다.

48 자유주의자는 범죄에 대해 엄격하지 못한가?

만약 미국의 보수주의자가 자유주의자를 범죄에 대해 엄격하지 못한 것으로 간주한다면, 자유주의자는 '좋다, 우리는 범죄에 엄격하지 못하다, 그리고 마땅히 그러해야 한다'고 말한다.

미국 성인 100명 중 1명을 넘는 사람이 감옥에 수감되어 있다. 아프리카계 미국인 및 노동 계급 백인의 경우 그 숫자는 대략 10분의 1이다. 법학 교수인 미셸 알렉산더Michelle Alexander는 1850년 노예 상태였던 때보다 더 많은 아프리카계 미국인이 지금 감옥에 수감 중이라고 한다. 중국 인구가 미국 인구의 4배이지만 중국보다 미국이 더 많은 사람을 투옥 중이다. 자유주의자는 소위 자유로운 사람의 땅이 그토록 많은 사람을 감옥에 가두는 것은 역설적이라고 생각한다.

자유주의자는 마약 판매, 도박, 그리고 매춘과 같은 모든 '피해자 없는' 범죄를 즉시 종식하고자 한다.[12] 내가 콜라를 들이켜고 싶다면 나는 그렇게 할 수 있어야 한다. 나는 은유적 의미에서 나 자신만을 희생시킨다. 혹은 만약 두 명의 성인이 돈을 내고 성관계를 교환하는 데 진심으로 동의한다면, 그 행위가 부도덕하거나 자기 파괴적일지라도 그들이 그렇게 하도록 허용해야 한다. 자유주의자는 만약 우리가 이러한 활동을 허용한다면, 이 때문에 몇몇의 삶이 파멸될 것이라는 데 동의한다.[13] 그러나 그들은 그 행위를 근절하려는 것은 성인을 아이 취급하는 것일 뿐 아니라 훨씬 더 많은 생명

12 나의 행위로 피해를 보는 사람이 없는 행위에 대해 국가가 처벌하는 범죄를 말한다.
13 예컨대, 합법화된 마약의 남용으로 인생을 망치는 경우가 나올 것이다.

을 파괴한다고 말한다.

자유주의자는 판사가 더 가벼운 선고를 할 재량권을 갖기를 원한다. 그들은 법정형[14]mandatory sentences을 없애기를 원한다. 그들은 지방 검사 지망자가 '범죄에 강경하다'는 것으로 선거에서 승리하지 못하도록 선거 제도를 바꾸기를 원한다. 그들은 덴마크나 스웨덴과 같은 유럽의 어떤 국가들에서 발견되는 더 잘 작동하는 형사 사법 체제를 모방하는 것을 선호한다. 지금 이 국가들은 인구 통계와 빈곤율에서 미국과는 다르다. 단지 덴마크에서 작동한다고 미국에서도 작동할 것이라는 것은 아니다. 그런데도 대부분의 다른 국가가 훨씬 덜 징벌적인 형사 사법 체제를 가지고 있는데도 범죄는 더 적다.

49 자유주의자는 중범죄 문제를 어떻게 해결하고자 하나?

자유주의자는 형사사법의 필요성을 최소화하기를 원한다. 대부분의 폭력은 좌절, 나쁜 환경, 그리고 불우한 양육에서 비롯된다. 그들은 이것과 싸우는 데 더 많은 감옥이 우리에게 필요하지 않다고 말한다. 기껏, 그것은 물총으로 불을 끄려는 것이거나, 아니면 아마도 휘발유로 불을 끄려는 짓일 것이다.[15] 아이들이 그들 이웃 대부분이 감옥에 가는 것을 보면서 성장할 때, 그들은 범죄 행위를 정상인 것으로 여긴다.

14 법이 최고형, 최저형을 지정해 두었기 때문에 판사가 그 한도에서 재량 없이 선고해야 하는 양형 제도를 말한다.

15 중범죄를 다루는 미국의 현존 형사 사법 제도는 범죄 억제 효과가 전무하거나 오히려 더 악화하는 것에 불과하다는 것이다.

가난한 사람은 폭력 범죄를 저지를 가능성이 더 크다. 범죄에 대한 보수적인 대응은 가난한 사람을 감옥에 넣는 것이다. 그것이 어떠한 좋은 결과를 가져오든 그렇지 않든 간에, 그것은 또한 빈곤과 감옥의 악순환도 계속되게 한다. 그에 대한 자유주의적 해결책은 가난한 사람을 부자로 만드는 것이다. 자유주의자는 우리가 평화와 번영의 사회를 조성해야 한다고 믿는다. 우리는 마약과의 전쟁을 끝낼 필요가 있다. 마약과의 전쟁은 그 자체로 더 많은 폭력적 범죄를 일으키며 도심을 빈민가로 만드는 경향이 있다. (질문 50번 참조.) 우리는 가난한 사람이 그들 자신의 사업을 시작하는 것을 막는 사업 허가와 규제를 없앨 필요가 있다.

몇몇 반자유주의자는 빈곤을 종식하는 것이 중범죄를 종식하는 방법이라는 데 동의한다. 그러나 그들은 빈곤을 종식하기 위한 자유주의적 전략은 성공하지 못할 것이라고 주장한다. 오히려 그들은 우리에게 정부의 적극적인 부의 재분배와 빈곤 퇴치 프로그램이 필요하다고 주장한다. 자유 시장은 자체 힘만으로는 빈곤을 해결할 수 없다는 것이다.

50 자유주의자는 왜 마약과의 전쟁에 반대하는가?

악한 마귀가 아프리카계 미국인과 전쟁을 벌이려 한다고 상상해 보자. 그들은 흑인 동네를 빈민가로 만들고, 가족을 파괴하고, 폭력 범죄를 증가시키고, 그리고 자녀를 빈곤하게 만들기를 원한다고 상상해 보자. 또한 경찰이 사람들과 적대적인 관계가 되도록 만들어 사람들이 가택 습격에 대한 두려움 속에 살게 만들고자 한다고 상상해 보자. 마귀는 흉악하므로 이 모든 일이 긍휼과 사랑 때문에 가하는 징벌tough love이란[16] 이름으로 일어나기를 원했다고 상상해 보자.[17] 마귀는 어떻게 이 모든 일을 할 수 있을까? 자유주의자는 이렇게 말한다: 한 가지 좋은 방법은 미국식 마약과의 전쟁American War on Drugs을 고안하는 것이다.

자유주의자는 만약 마약이 합법적인 것이 되면 많은 생명이 파괴될 것임을 인정한다. 그러나 그들은 우리가 마약을 불법적인 것으로 만들기 때문에 **더 많은** 생명이 파괴되고 있다고 말한다.

일반적으로, 마약을 불법적인 것으로 만든다고 해서 마약이 사라지는 것은 아니다. 당신이 사람들이 원하는 것을 합법적 시장에서 없애 버릴 때, 그 때문에 당신은 그것을 암시장에 내놓게 된다. 1919년부터 1933년까지 미국은 술을 불법적인 것으로 만들었다. 그러나 사람들은 여전히 술을 마셨다. 사람들은 안전하고도 평온한 동네 슈퍼마켓에서 술을 살 수 없었기 때문에 그들은 폭력 제국을 만들고 유지하려는 밀수업자와 폭력적인 범죄자들에게서 술을 샀다. 금주법Prohibition은 미국 마피아를 전설적인 존재로 만들었다. 술 금지가 없었다면 알 카포네Al Capone는 그저 포주에 불과했을 것이다.

술과 관련한 타당한 이야기는 다른 약물에도 그대로 적용된다. 현재 술이 판매되는 방식으로 불법적인 마약이 판매될 수 있을 것임을 상상해 보자. 마약 카르텔과 마약 거래자들과 관련된 폭력은 사라질 것이다. (우리는 쿠어스(Coors) 맥주와 앤하이저-부시(Anheuser-Busch) 맥주가 총격전을 벌이는 것을 본 적이 없다.) 노상 범죄는 줄어들 것이다. 마약 판매에 의존하는 갱단은 와해

16 tough love는 자녀를 위한 '사랑의 매'처럼, 사랑하기 때문에 가하는 징벌을 말한다.

17 흉악한 마귀는 인간을 파괴할 때 마귀라는 본명을 직접 드러내기보다 자비와 사랑을 빙자한다. 너희를 나쁜 마약으로부터 지켜 주기 위해 범죄로 처벌하는 것이라는 명분을 내세운다.

될 것이다.

마약을 불법적인 것으로 만드는 것은, 마약을 제조하고 판매하는 것을 더 수익성이 있게 만드는 경우가 흔하다. 마약에 대한 수요는 **비탄력적**inelastic이다. 즉, 마약 가격이 상승함에 따라 마약 수요량은 그렇게 급격히 감소하지 않는다. 마약을 불법화하고 그에 따라 공급자의 수를 줄임으로써 정부는 그것이 더 높은 가격을 설정하게 할 수 있고 마약으로부터 더 많은 이윤을 얻을 수 있게 해 준다.

노벨상 수상자인 경제학자 밀턴 프리드먼은 한 인터뷰에서 "정부의 역할이란 마약 카르텔을 보호하는 것"이라고 농담을 했다. 정부가 마약 카르텔을 보호하려고 **의도하지는** 않지만 그럼에도 불구하고 그들을 보호해 주는 것이다. 정상적인 시장에는 수천의 수입업체가 있다고 프리드먼은 말한다. 그러나 암시장에서 마약을 밀수하는 것은 비용이 많이 들고 엄청난 규모의 조정을 필요로 한다. 마약이 불법적일 때는 거물급 카르텔만이 마약 밀수를 감당할 수 있다. 따라서 국가가 마약 카르텔을 보호하는 것이다.

마약과의 전쟁은 마약 공급업체 사이의 시장 경쟁을 감소시킨다. 살아남는 소수 마약 공급업체는 독점 가격을 부과할 수 있다. 다시 말하거니와, 코카인이 비싼 것은 그것이 불법이기 **때문**이다. 또 마약은 비싸기 때문에, 마약 중독자는 중독을 충족하기 위해 더 많은 돈을 써야(또 훔쳐야) 한다.

마약을 불법적인 것으로 만들면 이용할 수 있는 마약의 종류도 바뀐다. 당신이 미국 세관을 통해 코카인을 기반으로 만든 마약을 밀수하려고 한다고 상상해 보자. 혹은 당신이 코카인에 기반해 만든 마약을 수중에 지니고 운반하는 길거리 마약상이라고 상상해 보자. 이제, 당신은 세 가지 상이한 코카인 기반 마약 중에서 선택할 수 있다고 가정해 보자:[18]

(1) 코카coca 잎: 큼, 부피 큼, 약한 효력, 약간 높음, 약한 중독성

(2) 코카인cocain 분말: 부피가 덜 큼, 중간 효력, 다소 높음, 중간 정도의 중독성

(3) 크랙 코카인crack cocain: 부피가 작음, 가장 강한 효력, 최고 높음, 아주 높은 중독성

모든 조건이 동일하다면, 통상적 마약 사용자는 크랙을 피우는 것보다 코카 잎을 씹는 것을 선호할 수 있다. 하지만 마약 거래상은 적발되는 것을 우려한다. 따라서 그들은 가장 작고, 가장 강력하고, 가장 중독성이 강한 형태의 마약을 휴대하여 팔기를 원한다. 자유주의자는 마약과의 전쟁 자체가 코크coke보다 크랙crack을, 아편opium보다 헤로인heroin을 선택하게 만드는 것이라고 결론지었다. 마약 사용자들이란 그저 가장 강한 마약을 원한다는 점을 들면서 당신은 이에 이의를 제기할지도 모른다.[19] 그렇지 않다. 사람들은 독한 증류주보다 맥주와 와인을 더 많이 마시며, 에버클리어[20]Everclear, 극히 독한 증류주를 마시는 사람은 거의 없다.

시민적 자유에 관하여 칼럼니스트 글렌 그린월드Glenn Greenwald는 "마약과의 전쟁을 지지하는 사람들이 돕고자 하는 사람들의 삶을 정부가 파괴한다. 우리가 도우려는 사람들에게 우리가 하는 짓이 무엇인가? 우리는 그들

18 코카는 남아메리카 서부가 원산지인 에리스로실라세아 계열의 향정신성 알칼로이드 성분이 있는 식물이다. 그 잎에서 채취한 마약 성분이 코카인이고, 코카인을 정제한 것이 크랙 코카인이다.

19 마약과의 전쟁은 결국 마약 시장에서 가장 센 종류인 크랙이나 헤로인만 주로 거래되게 만든다. 마약 사용자들이야 다 센 마약만을 원할 것이니 그것은 당연하다고 여길지 모르나 실제 모든 마약 사용자가 다 센 것만 찾는 것은 아니라고 한다. 결국, 마약과의 전쟁은 마약 중독자를 더 강한 중독자로 만드는 부작용을 가져온다.

20 미국 Luxco사에서 만드는 알코올 도수가 60이 넘는 독주.

을 잡아서 범죄로 기소한다. 우리는 그들을 중죄인으로 만든다. … 그들이 고용될 수 없는 사람이 되도록 만든다. 우리는 그들을 여러 해 동안 철창에 가두고 그들의 자녀와 가족들로부터 멀리 격리한다"라고 말한다. 그린월드는 우리는 이 일을 평등하게 수행하지 않는다고 덧붙인다. 백인 아이들은 흑인 아이들보다 마약을 사용하고 판매할 가능성이 더 높지만, 흑인 아이들이 감옥에 갈 확률이 더 높다.

유엔은 최근 마약 거래의 수익성을 떨어뜨리기 위해서는 정부가 수입되는 모든 마약의 4분의 3을 중간에 차단해야 한다고 추정했다. 현재 경찰력 수준에서 헤로인의 약 13%만이 그리고 다른 모든 중요 마약의 약 25%만이 압수된다. 마약과의 전쟁에서 승리하려면 경찰국가가 필요할 것이다.

문제는 우리가 마약과의 전쟁에서 '패배'할지라도 경찰국가를 얻을 수 있다는 점이다.[21] 미국은 서유럽이 **모든** 범죄에 대해 수감하는 것보다 더 많은 사람을 **마약** 범죄로 수감하고 있다. 1925년에서 1968년 사이에 미국 수감자 수는 10만~20만 명으로 어느 정도 안정적이었다. 닉슨 대통령이 마약과의 전쟁을 선포한 후 교도소 인구는 기하급수적으로 증가해 오늘날 수감자는 160만 명을 넘는다. 정부는 매년 마리화나 소지로 거의 100만 명의 미국인을 체포한다. 미국에서는 경찰의 준準군사적인 주택 급습이 매년 5만 건이다. (인터넷에서 당신은 이 급습 영상들을 볼 수 있는데, 거기에는 경찰이 엉뚱한 집에 침입해 무고한 사람들을 죽이는 영상도 들어 있다.)

21 마약과의 전쟁에서 이기기 위해 애쓰다 결국 경찰국가가 되는 것도 문제이지만 그 전쟁에서 이기지도 못한 채 경찰국가가 되어 간 오늘의 상황은 더 큰 문제라는 것이다.

51 자유주의자는 왜 매춘을 합법화하려고 하는가?

자유주의자는 당신이 섹스를 무료로 제공하면서도 그것을 팔 수는 없다는 것이 괴이하다고 여긴다. 자유주의자는 매춘에 대해 그들이 다른 거의 모든 것에 대해 취하는 시각을 적용한다. 두 명의 성인이 거래에 동의하고, 이 거래가 그들과 무관한 타인들에게 실질적인 외부 효과를 끼치지 않는다면 그 거래는 허용되어야 한다. 다른 사람들이 그것을 좋아하지 않는다는 사실은 중요하지 않다.

그 점에 더해, 자유주의자는 매춘을 범죄화하는 것은 마약과의 전쟁이 마약 판매에 미치는 것과 유사한 효과를 섹스 거래에 대해서도 나타낸다고 생각한다. (질문 50번 참조.) 매춘은 모든 곳에 있다. 우리가 그것을 범죄화할 때, 우리는 매춘부들이 암시장에서 일할 수밖에 없게 만든다. 그들은 경찰의 보호를 상실하며, 설상가상으로 경찰의 희생자가 된다. 성 노동자들은 암시장에서 일하기 때문에 위험한 환경에서 일한다. 그리고 마약과의 전쟁에서처럼 매춘과의 전쟁War on Prostitution은 부유한 백인보다 가난한 소수자에게 더 많은 피해를 준다. 대학 교육을 받은 중상류층 백인 여성은 '고급 콜걸'이 되어 상대적으로 안전한 환경에서 일할 수 있다. 가난한 흑인 여성은 거리를 헤매야 할 가능성이 더 크다. 끝으로, 매춘이 불법일 때는 조직화된 범죄가 흔히 그것을 공급한다. 매춘을 범죄화하는 것은 마피아에게 권력을 부여하는 것이다.

몇몇 반자유주의자는 이러한 경험적 주장에 반론을 가한다. 그들은 만약 매춘이 합법화된다면 **더 많은** 여성이 착취당할 것이라고 주장한다. 다른 이들은 경험적 주장을 받아들이되 자유주의자의 도덕적 전제에는 동의하지 않는다. 그들은 매춘이 사람의 존엄성을 너무 깊이 침해하므로 그것이 허용되어서는 안된다고 말한다. 사람이 자신을 노예로 팔 수 없는 것처럼, 성을 파는 것도 허용되어서는 안된다는 것이다.

52 자유주의자는 왜 장기 판매를 허용하기를 원하는가?

바로 지금, 약 7만 명의 미국인이 신장 이식 대기자 명단에 올라와 있다. 대부분은 신장을 얻지 못할 것이다.

신장 판매는 불법이다. 신장의 법적 가격은 0달러인데, 이는 판매가 합법적인 경우의 시장 가격보다 훨씬 낮다. 정부가 재화의 가격을 시장 가격보다 훨씬 낮게 설정하면 재화 부족이 발생한다. 수요가 공급을 초과한다. 정부가 휘발유의 법적 가격을 0달러로 정하고 휘발유의 모든 이전은 기부이어야 한다고 말한다면 어떤 일이 일어날지 상상해 보라.

자유주의자와 많은 비자유주의적 생명 윤리학자들도 장기 판매 합법화가 신장 부족을 줄일 수 있다고 주장한다. 장기 판매는 엄청난 수의 생명을 구할 것이다. 자신의 신장을 낯선 사람에게 기꺼이 기증하는 사람은 드물다.

예컨대, 이스라엘은 생존 중의 장기 기증자를 위한 부분적인 보상 프로그램을 최근에 만들었다. 기증자가 장기를 공공연하게 판매할 수는 없지만, 이제 의료 및 근무 시간 손실에 대한 보상을 받을 수 있다.[22] 이 새로운 법은

22 이스라엘은 2008년 새 법을 통해, 장기를 직접 거래하거나 이를 중개하는 것은 금지하면서도 장기 제공에 따른 직접적인 금전적 피해(예컨대, 기증 때문에 근무를 못한 손실)를 보상하게 하

생존 중의 장기 기증을 한 해에 약 64% 증가시켰다. (많은 보수적인 유태인들이 모든 장기 기증에 반대하기 때문에, 이와 비슷한 프로그램은 미국에서 아마 훨씬 더 효과적일 것임을 주목하라.)

장기 판매 합법화에 반대하는 사람을 포함하여 거의 모든 사람이 합법화된 장기 판매가 생명을 구할 것이라는 데 동의한다. 그러나 그에 반대하는 사람은 신장 판매 합법화가 단지 부자가 가난한 사람을 착취하도록 허용할 것이라고 우려하고 있다. 가난한 사람은 오직 그들이 어쩔 수 없는 상황에 있기 때문에 신장을 팔 것이라고 말이다.[23]

그럼에도 몇몇 사람은 가난한 사람이 부자보다 더 많은 장기를 팔 것이라고 불평한다. 이 반대에 대한 자유주의자의 반응 중 하나는 "장기 판매가 생명을 구하고 **거기에 더해** 가난한 사람을 더 부유하게도 만든다고? 만세!"라고 말하는 것이다.[24] 자유주의자는 만약 우리가 가난한 사람에게 마음을 쓴다면, 우리는 그들이 자기 나름으로 삶을 개선하기 위한 최선의 선택이라고 여기는 일을 못하도록 막아서는 안된다고 말한다.

가난한 사람이 충분히 교육을 받지 못하여 자신이 무슨 일을 하는지 알지 못할 것을 걱정하는 사람도 있다. 자유주의자는 이것이 장기 판매가 불법이어야 한다는 의미가 될 수 없다고 말한다. 그 대신에, 우리는 공급자가 장기 제공의 비용과 혜택을 이해하고 있음을 증명하도록 요구할 수 있다. 우리는 잠재적인 공급자에게 그들이 필요로 하는 정보를 제공하고 그들이

는 법을 제정했다. 이는 장기 제공은 거래가 아니라 이타적 기증으로 이루어져야 한다는 원칙을 지키면서도 일부나마 가격 요소를 도입한 의미가 있다.

23 장기를 팔아야 할 어려운 상황에 놓여서 파는 것이지 부자가 장기를 팔 상황을 만든 것이 아니다.

24 그야말로 양측 모두에 도움이 될 것이다.

확실히 이해하도록 할 수 있다. 우리는 운전자에게 면허증을 주는 식으로 장기 공급업자에게 면허를 부여할 수 있다.

대부분의 사람은 장기 판매라는 생각을 혐오스럽게 생각한다. 그들은 사람이 신장을 판다는 생각으로 역겨움을 느낀다. 몇몇 생명 윤리학자는 그러한 혐오감에 지혜가 있다고 주장한다. 그들은 우리가 우리의 감정에 귀를 기울여야 한다고 말한다.[25]

자유주의자는 다음과 같이 대답한다: 신부전으로 죽어 가는 어린아이에 대한 당신의 반대를 설명해 보아라: "당신의 부모는 기꺼이 신장 비용을 지불할 마음이 있다. 누군가는 그 돈을 받고 신장을 제공할 마음이 있다. 그러나 나는 모든 것이 역겹다고 생각한다. 그래서 나는 정부가 그 판매 중단을 위해 개입하도록 만드는 중이다. 내가 역겨움을 느끼기보다는 당신이 죽는 것이 더 낫다."

장기 판매 반대자의 많은 사람이 '상품화'를 우려한다. 무엇인가를 상품화한다는 것은 그것을 시장에서 사고팔 수 있는 유형의 물건으로 만드는 것이다. 반대자들은 우리가 무엇인가를 상품화할 때, 우리는 그 품격을 떨어뜨린다고 말한다. 우리는 적절한 존중심을 보이지 못한다는 것이다.

자유주의자는 물건을 상품화하는 것이 어떤 식으로든 그 품격을 떨어뜨린다고 하더라도, 장기를 상품화하는 것에 관해 **특별한** 것은 없다고 대답한다. 상품화의 우려는 **어느 것을** 상품화하는 것에 대한 우려이지 굳이 장기만에 대한 것은 아니다. 우리는 사람들이 자신의 시간을 상품화하도록

....

25 생명 윤리학자 중에도 일부는 장기 판매를 지지한다. 그러나 생명 윤리학자의 다른 일부는 이처럼 장기 판매가 주는 감정적 거부감을 이유로 이에 반대한다. 우리가 거부감을 느낀다는 것은 이 행위가 충분히 비도덕적이기 때문일 것이라고 본다.

허용한다. 전형적인 사람은 그 일생 동안 고용주에게 8만 시간을 판매한다. 과학자와 의사는 전문성을 상품화한다. 많은 사람이 소방관, 경찰 또는 성직자를 신성한 소명으로 여기지만 우리는 그들에게 돈을 지불하여 그 일을 수행하게 한다. 우리는 사람들이 훌륭한 미술과 음악의 위대한 작품을 판매할 수 있도록 허용한다. 자유주의자는 만약 당신이 상품화가 혐오스러운 것이라고 믿는다면, '좋다, 당신은 그것을 거부하면 그만이다'라고 말한다. 그러나 그것이 한 해에 5만 명을 죽이는 변명이 될 수는 없다.

53 자유주의자는 페미니스트인가?

그렇다. 자유주의자는 자유주의적 페미니스트이다.[26] 그들은 모든 사람이 성 혹은 젠더 정체성에 관계없이 동일한 근본적인 도덕적 지위 및 권리를 갖는다고 믿는다. 모든 사람은 동일한 법적 지위 및 법적 특권을 얻을 자격이 있다.

....

26 '자유주의적' 페미니즘은 이처럼 여성의 부당한 문화적, 사회적 조건을 자유주의적 관점에서 비판하고 개선하는 것을 본의로 한다. 자유주의는 성(性)에 따른 부당한 차별을 당연히 반대하기 때문이다. 그러나 특정 국가의 특정 정치 현실에서 표방되는 정치 캠페인으로서의 '페미니즘'이 진정한 자유주의 페미니즘과 일치하는지는 별개의 문제이다. 오히려 현실의 좌파 정치의 한 부분으로, 문화적 좌파주의, 비판적 인종 이론, 각성주의(Wokeism) 및 정치적 올바름(PC)과 연합해 국가 권력을 통해 개인의 자유 곳곳에 통제를 가하는 좌파 정치 전술의 일부로서의 페미니즘 캠페인에 대해 자유주의는 동의하지 않는다. 한국에서도 여성 인권 옹호 부처가 여성 착취 가해자의 소속 정파에 따라 차별적으로 대처하는 또 다른 차별 주체가 되거나, 일부 자칭 여권 단체들이 과거의 성 피해자를 도와준다는 구실로 실은 자신의 부당한 이익 챙기기에 악용한 사례는 페미니즘이란 용어의 오용이다. 자유주의는 그런 의미의 왜곡된 페미니즘에는 정면으로 반대한다. 그것은 반(反)자유 사회를 지향하는 좌파 정치의 하나의 정체성 정치 전술에 불과하다. 좌파 정치의 전술로 악용되는 페미니즘을 자유주의가 비판하는 예는 미제스 연구소(Mises Institute)의 많은 글을 참조하라. 이 책에서 저자는 원론적 의미의 여성 보호를 다룰 뿐이다.

많은 자유주의자는 대부분의 국가가 여성에게 억압적인 문화적, 사회적 조건을 계속 가지고 있다는 데 동의한다. 대부분의 미국인은 명시적으로야 여성의 평등을 인정한다. 그들에게 명시적 편향explicit bias은 없다. 명시적 편향은 명백하고 의식적인 성차별주의sexism 또는 인종주의racism이다. 명시적 편향은 KKK단이 가진 편향이다. 그러나 대부분의 미국인은 심리학자들이 '암묵적 편향'implicit bias이라고 부르는 것으로 고통받는다. 암묵적 편향은 어떤 사람이 무의식적 성차별주의자 혹은 무의식적 인종 차별주의자의 태도를 가질 때 나타난다.

예컨대, 1999년의 한 연구에서 몇몇 심리학자가 **다른** 심리학자들의 암묵적인 편향을 연구했다. 그들은 228명의 남녀 심리학 교수들에게 가상의 구직자에 대한 가짜 교육 서류를 평가하도록 요청했다. 서류 내용은 절반이 남성용이고 절반이 여성용이라는 점만 제외하면 내용은 동일했다. 여성의 서류는 매우 낮은 평가를 받았다.[27] 혹은 대학 과정이 끝날 때 학생들이 교수의 가르치는 능력에 대한 평가를 작성한다고 생각해 보라. 이러한 평가는 직급, 정년 보장, 승진, 그리고 급여 인상을 결정하는 데 사용된다. 모든 학생은 교수의 외모로 교수를 판단한다. 즉, 매력적인 교수는 매력적이지 않은 교수보다 더 좋은 점수를 받는다.[28] 그러나 이 효과는 여성에게 훨씬 더 강력하다. 남자 교수는 체중 몇 파운드를 더 늘리고도 자신에 대한 평가에 큰 지장을 주지 않을 수 있지만, 약간 과체중인 여성 교수는 그녀에 대한 평가가 급격히 하락하는 경향이 있다.[29]

27 여성 구직자를 낮게 평가하는 편향을 나타낸다.
28 교수의 외모를 가르치는 능력과 관련시키는 편향을 나타낸다.
29 여성 교수의 체중을 가르치는 능력과 더 밀접히 관련시키는 편향을 나타낸다.

자유주의자는 이러한 문제를 해결하느라 정부가 할 수 있는 일은 거의 없다고 생각한다. 정부가 모든 사람에 대해 평등한 법적 지위와 평등한 권리를 유지하는 것을 도울 수는 있다. 하지만 문화를 고칠 수는 없다. 이것은 시민 사회가 해결해야 할 문제이다.

자유주의는 남성이 지배하는 철학이라는 평판을 받고 있다. 아마 그럴 수도 있을 것이다. 그러나 가장 영향력 있는 자유주의자 중 많은 사람이 여성이었다. '강성 자유주의'hard libertarianism (질문 5번 참조)는 아인 랜드Ayn Rand, 이저벨 패터슨Isabel Patterson, 그리고 로즈 와일더 레인Rose Wilder Lane[30] 세 여성에서 시작되었다.

54 자유주의자는 왜 동성 결혼을 지지하는가?

우리 중 몇몇은 이성異性의 사람을 사랑하도록 묶여져 있다. 우리 중 몇몇은 동성同性의 사람을 사랑하도록 묶여져 있다. 우리 중 몇몇은 이와 다른 유형의 사랑을 찾도록 묶여져 있다.[31] 자유주의자는 국가가 한 종류의 사랑

30 아인 랜드는 러시아 출신의 미국 작가이자 철학자로 『아틀라스가 어깨를 움찔했다』(*Atlas Shrugged*, 1957)로 유명하며 인간의 이기심의 미덕을 강조하는 '객관주의'를 표방했다. 이저벨 패터슨은 캐나다 출신의 미국 저널리스트이며 작가 및 철학자로 그녀의 대표작 『기계의 신』(*The God of the Machine*, 1943)은 성경이 기독교에, 또 마르크스의 『자본론』이 공산주의자에게 준 영향만큼을 자유주의 철학에 주었다고 평가된다. 로즈 와일더 레인은 미국 개척 시대 개척민의 자립의 삶을 그린 『초원의 집』(*Little House on the Prairie*, 1935)의 주인공인 로라 잉걸스의 딸이며, 미국 자유주의 철학의 큰 기초를 놓았다.

31 본서 저자는 이 부분에서 이성애 혹은 동성애라는 성적 성향이 타고나는 것임을 암묵적으로 가정한다. 그러나 일단의 학자들은 그것은 후천적으로 학습된 것이라고 본다. 이 쟁점은 동성애자 보호 정책 관련 논쟁의 출발점이 된다.

이 다른 종류보다 존중과 보호를 더 받을 가치가 있다고 판단할 자격이 없다고 생각한다.

몇몇 자유주의자는 국가는 결혼에서 손을 완전히 떼야 한다고 믿는다. 다른 사람들은 국가는 서로 동의한 성인 사이의 모든 결혼 또는 결혼과 유사한 계약들을 존중해야 한다고 생각한다.[32]

모든 자유주의자는 국가가 시민을 평등한 사람들로 처우해야 한다는 데 동의한다. 만약 국가가 이성 사이의 결혼을 인정한다면, 그것은 다른 형태의 결혼도 인정해야 한다.

55 자유주의자는 동성애자가 자녀를 입양하는 권리를 지지하는가?

그렇다. 자유주의자는 동성애가 자녀 입양을 허용받는 데 대한 결격사유라고 믿지 않는다. 그들은 동성애자 부부는 동성애자가 아닌 다른 부부처럼 자녀를 입양할 권리가 있다고 생각한다.

32 저자는 여기에서 이성 결혼자, 동성 결혼자를 국가가 차별해서는 안된다는 원론만을 짧게 제시한다. 그러나 동성 결혼의 지지 여부 논의에는 여기에서 더 나아가 어느 집단이 다른 집단에게 비용을 끼치지 않아야 한다는 점이 더 고려되어야 한다. 만약 부정적 외부 효과를 다른 집단에게 야기한다면 이는 자유주의의 근본 전제인 '타인의 자유를 침해하지 않는 범위에서만' 개인에게 자유가 주어진다는 원칙을 위배한다. 군에 입대하는 자녀를 둔 부모들이나 당사자가 동성애자들에게 성적 피해를 받을 우려를 이유로 동성애를 반대하는 것은 이 때문이다. 동성애의 반대 이유의 압도적 부분은 그들을 이성애자로 '교화'하려는 추상적 동기보다 이러한 실질적 피해 가능성을 간과하고 형식적인 평등 논리에 치중함에 대한 반발이다. 흡연자와 비흡연자를 법적으로 차별해서는 안되지만 단지 이들이 한 실내에서 각자의 방식대로 흡연-비흡연을 하도록 허용하는 것은 실제로는 비흡연자를 차별하는 것이며 자유주의에 부합하지 않는다. 요컨대, 동성애가 타인에게 혹은 그 반대 측에게 서로 영향을 주는 외부 효과의 가능성, 범주, 크기, 그리고 이에 대한 교정 조치 등에 대한 추가적 고려가 수반되어야만 자유주의에 진정 부합한다. 한국 현실은 이런 국면까지 충분히 고려되지 못하고 원론적 구호에 머물러 있다고 판단된다.

일부 보수주의자는 두 명의 엄마나 두 명의 아빠에 의해 양육되는 것이 아이에게 해를 준다고 주장한다. 그러나 보수주의자는 이 주장에 대한 증거를 가지고 있지 않다. 그 반면에, 이 이슈를 연구해 온 어떤 사회학자, 심리학자, 또는 건강 전문가도 동성애자 부모에 의해 양육되는 것이 어린이에게 해를 준다는 증거를 아직까지는 발견하지 못했다.

56 자유주의자는 왜 징병제에 반대하는가?

자유주의자는 군 징집이 일종의 노예제와 같다고 생각한다. 군 징집하에서는 자유로운 인간은 일정 기간 국가의 재산과 아주 비슷하다. 물론 국가는 징집된 사람을 사거나 팔 수 없다. 징집된 사람은 그들 권리의 많은 부분을 보유한다. (로마와 그리스 노예에게도 많은 권리가 있었다는 점을 유의하라.) 그러나 국가는 징집된 군인을 다른 사람들이 그들을 죽이려고 하는 곳으로 보낸다. 국가는 그들이 싫어하는 대의를 위해 싸우도록 강요한다. 국가는 그들이 무고한 사람을 죽일 것을 강요한다.

많은 자유주의자는 징집이 정당화될 수 있는 상황을 적어도 상상할 수는 있다고 말한다. 예컨대, 우리가 긴박한 실존적 비상사태[33] existential emergency에 직면하고 징병이 유일한 해결책이라면 아마도 징병은 허용될 것이다.

그렇긴 하지만, 비록 우리가 징집이 허용될 수 있는 경우를 상상할 수 있을지라도 자유주의자는 정부가 시민을 징집하는 것을 금지해야 한다고

33 '실존적 비상사태'는 본래 개인이 삶에 의미가 없다는 여기고 스트레스, 절망에 빠진 내적 갈등 상태를 뜻하는 심리학 용어인데, 여기서는 국가가 이런 위기 상태에 든 경우를 말한다.

말한다. 만약 정부가 "정부는 만약 긴박한 실존적 비상사태를 중지하는 것이 필요하다면 시민을 징집해도 된다"라는 말을 듣는다면, 정부는 긴박한 실존적 비상사태를 모든 곳에서 찾아낼 것이다.[34]

자유주의자는 또한 자원군volunteer armies이 노예군slave armies보다 일을 더 잘한다고 주장한다. 징집병은 흔히 그들의 대의를 지지하지 않는다.[35] 그들은 훈련을 더 강하게 받아야 한다. 그들은 숙련도가 낮고 효과적으로 싸우지 못한다. 그 부분적인 이유는 징집병은 흔히 더 낮은 사회경제적 배경 출신이기 때문이다. 그 부분적인 이유는 징집병을 사용할 수 있는 정부가 군대를 보호하고 훈련하는 데 투자를 적게 하기 때문이다. 병력이 죽더라도 정부로서는 징집을 더 할 수만 있으면 그만이다. 그러나 만약 군이 자원봉사자를 사용해야 한다면, 그것은 그들을 잘 대우하고 잘 훈련하겠다고 약속해야 한다. 정부는 그들에게 더 좋은 무기를 제공해야 한다. 따라서 자유주의자는 오늘날의 자원병이 베트남에 징집되었던 군인보다 더 숙련되고 더 나은 장비를 갖추고 더 효과적이라는 것은 놀랄 일이 아니라고 생각한다.

닉슨 대통령은 자유주의 경제학자인 밀턴 프리드먼Milton Friedman을 모두가 자원병으로 이루어진 군대를 연구하는 위원회를 이끄는 자리에 임명했다. 한 위원회 회의에서 프리드먼은 징집을 찬성하는 장군과 논쟁을 벌였다. 장군은 '돈 벌러 오는 군'army of mercenaries, 즉 돈을 위해 싸우는 사람을 원하지 않기 때문에 징집군을 선호한다고 말했다. 그는 프리드먼이 징집군을 '노예군'이라 부르는 것에 반대했다. 프리드먼이 장군에게 물었다. "당신은 정말로 자원병을 돈 벌러 오는 군이라 부르고 싶은가? 만약 그렇다면, 당신

34 긴급한 비상사태라는 변명을 모든 상황에 동원할 것이다.
35 애초부터 그 전쟁의 대의는 그들이 선택한 것이 아니기 때문이다.

은 돈 벌러 오는 장군이다. 나는 돈 벌러 오는 교수이다. 돈 벌러 오는 변호사 및 의사가 우리를 위해 봉사한다."

프리드먼은 닉슨에게 징병제를 폐지하도록 설득했다. 미국 남자는 아직도 선별적 복무 체제[36] Selective Service System에 등록해야 한다. 그러나 미국은 1972년 이후 한 사람도 징집하지 않았다.

일부 좌파적인 반자유주의자는 징집제로 돌아가기를 원한다. 그들은 다른 기회가 없는 가난한 사람들이 비례에 맞지 않게[37] 군 복무에 자원할 것을 우려한다. (미군은 이를 부인한다. 병력 충원은 "미국 인구 분포를 반영하고 있으며 그것은 확고하게 중간적인 계층"[38]이라고 주장한다.) 좌파의 일부 사람은 징병제로 돌아가면 미국의 무력 중심주의 militarism를 줄일 것이라고 믿는다. 모두가 자원병인 체제에서는 대부분의 미국인은 군에 복무하려고 하지 않을 것이다. 그러므로 그들은 징병제의 경우보다 더 개입주의적이거나 더 매파적인 군을 선호한다. 그들은 전투를 하는 희생을 자원입대자들이 담당하게 할 수 있다. 그러나 징병제하에서는 참전으로 그들 자신 또는 그 자녀들이 위태롭게 된다면 그들은 미국의 매파적 대외 정책에 반대할 것이다.[39]

....

36 '선별적 복무 체제'는 국가 비상사태 시 징집을 대비해 미국 남성 시민 및 이민자가 18세가 되면 정부에 등록하게 한 제도인데 징병제가 없어진 현재는 큰 구속적 의미가 없다.

37 다른 취업 기회가 적은 빈곤 계층이 군인으로 더 많이 자원할 것이라는 우려이다. 실제로 현재 미국 인구의 13% 정도인 흑인이 미군의 22% 정도를 차지한다.

38 하위 빈민 계층(그리고 상위 계층에도)에 쏠리지 않게 충원한다는 의미이다.

39 자원병 제도하에서 보통 미국인은 대개 군에 입대하지 않을 것이므로 징병제에서보다 개입주의적이고 매파적인 사람이 주로 입대한다. 이 때문에 모두가 입대하는 징병제로 돌아가면 매파적 군사 정책에 반대할 가능성이 더 커진다.

57 자유주의자는 왜 의무적인 국가 봉사를 반대하는가?

몇몇 보수적인 사람 및 심지어 진보적인 정치 전문가라는 많은 사람조차 강제적인 국가 봉사 프로그램을 옹호한다. 이런 프로그램하에서는 청년들은 공공 봉사 프로젝트에 2~3년을 보내야 할 것이다. 그것을 옹호하는 사람들은 의무적 봉사 프로그램이 공동체, 평등, 그리고 공동선에 대한 헌신의 감각을 더 많이 육성한다고 믿는다. 다른 사람들은 이러한 프로그램이 젊은이들이 감사하는 마음을 확실히 키우는 데 필요하다고 말한다. 다른 사람들은 청년들이 '사회에 대한 빚'debt to society을 갚을 수 있도록 하기 위해 의무적 봉사가 필요하다고 말한다.

자유주의자는 군 징집에 반대했던 많은 같은 이유로 이 프로그램에 반대한다. (질문 56번 참조.)

자유주의자는 또한 사회는 우리 부모가 우리에게 하는 식으로 우리에게 호의를 베푸는 것이 아니라고 말한다. 부모로서, 나는 진심 어린 사랑과 의무감으로 내 아이들의 복지에 직접 돈을 들인다. 그와는 대조적으로, 나와 한 나라에 사는 동료 국민들은 내 부모님처럼 내게 돈을 들이지 않는다. 내가 사회로부터 혜택을 입는 방식은 내가 부모로부터 혜택을 입는 방식보다는 내가 태양으로부터 혜택을 입는 방식과 더 비슷하다. 철학자 데이비드 슈미츠David Schmidtz가 말하듯이, 나는 태양 없이는 살 수 없을 것이지만, 태양이 나에게 어떤 호의를 베풀고 있는 것은 아니다. 나는 어떤 비유적 의미에서 태양이 존재하는 것에 감사하지만, 내가 태양에게 빚을 지고 있는 것은 아니다.

더구나, 자유주의자는 내가 비록 사회에 빚을 지고 있다 하더라도, 왜 내가 전 세계나 나의 지역 타운이나 동네가 아니라 유독 나의 국민 국가[40] nation-state에 빚을 지고 있는지 명확하지 않다고 말한다. 미국이 나를 교육한 것이 아니다. 뉴햄프셔주의 허드슨Hudson과 매사추세츠주의 튜크스베리Tewksbury가 그렇게 한 것이다. 전 세계에 확장된 무역 체제의 혜택을 받았기 때문에 나는 지금 이만큼의 부자가 되었다. 내가 빚지고 있는 '사회'가 뉴햄프셔주의 허드슨, 혹은 전 세계가 아니라 하필이면 미국[41]이라고 생각하는 이유는 무엇인가?

자유주의자는 '요즘 애들'이 감사할 줄 모른다고 할지라도 그것이 우리가 그들의 머리에 총을 겨누어야 한다는 것을 의미하는 것은 아니라고 말한다. 우리는 우리 아이들 없이 세상이 나아지기보다는 그들로 인해 세상이 더 나아지기를 바란다. 그러나 그것이 우리가 그들에게 봉사하라고 강요해야 한다는 뜻은 아니다. 나는 내 아이들이 나이가 들면 감사하는 마음을 보여 주기를 희망한다. 그러나 그들이 둥지를 떠나고 다시는 돌아보지 않을지라도, 나는 감히 자객들을 고용해 아이들이 사회에 진 '그들이 진 빚을 갚도록'pay their debt 강요하지 않을 것이다. 내가 내 아이들에게 빚을 갚도록 강요하는 것이 잘못된 것과 똑같이, 사회가 젊은이들에게 빚을 갚도록 강요하는 것은 잘못된 일일 것이다.

자유주의자는 이렇게 덧붙인다: '봉사의 삶'lives of service이 아닌 삶이 다

40 국민 국가는 공통의 정체성을 가지는 국민(nation)을 구성원으로 하여, 통치 기구가 일정한 영토를 통제하고 방어하며 물질적 복리를 제공하는 국가(state)를 말한다. 우리가 통상 근대적 의미로 '국가'라 부르는 정치 단위인 한국, 미국, 일본 … 등이다. 국가 내 여러 수준의 '자치단체'와 다르며, 국가들 사이의 느슨한 결합 단위 관계인 '세계'와도 구별된다.

41 즉, '국민 국가' 단위인 '미국'.

른 사람들에게 봉사한다. 기업가, 예술가, 사업가, 농부, 그리고 기타 사람들이 기업가, 예술가, 사업가, 농부, 그리고 기타의 사람이라는 것으로 인하여 사회에 봉사한다. 모든 버젓한 제빵사는 쓰레기를 줍는 것보다 빵을 구움으로써 사회에 더 많이 봉사한다. 사람들의 정상적인 매일의 사적 삶에서, 그들은 시장 경제 속에서 일하면서 단지 **받기만** 하는 것이 아니다. 그들은 이미 되돌려 주는 중이다. 아마도 대부분의 사람은 이미 사회에 대해 진 빚을 갚는 중일 것이다. 단지 '국가 봉사'national service를 통해 그들의 빚을 갚고 있지 않을 뿐이다.

58 자유주의자는 총기 규제에 대해 어떻게 생각하는가?

대부분의 자유주의자는 우리가 총을 소유할 권리가 있다고 믿는다.

철학자 마이클 휴머Michael Huemer는 우리는 애초의 기본 상태로by default 사람들에게 총을 소유할 권리가 있다고 가정해야 한다고 말한다. 입증 책임은 총기를 허용하려는 자가 아니라 제한하려는 자에게 있다.

휴머는 총기를 허용하는 것에 대한 긍정적인 논거가 있다고 주장한다. 첫째, 총을 쏘는 것은 오락적 가치가 있다. 많은 사람이 사격을 즐긴다. 둘째, 사람에게는 자기방어self-defense라는 지극히 막중한 권리가 있다. 국가는 강도, 가택 침입, 그리고 강간의 수를 줄일 수 있다. 그러나 일단 당신이 공격받는 중이라면, 국가가 슈퍼맨처럼 구출하러 단숨에 나타날 수 없다. 그 시점에서는 당신은 혼자이다.

게리 클렉Gary Kleck과 마크 거츠Marc Gertz의 연구에 따르면, 미국인들은 매년 거의 250만 번 정도 자기방어를 위해 총을 사용한다고 한다. 같은 연구에 따르면, 거의 40만 명의 미국인이 총기 소유로 자신의 생명을 구했다고 믿는다. 물론 이 미국인들이 틀릴 수도 있다. 즉, 그들이 직면했던 위험을 과장하고 있을지도 모르며, 그들의 생명을 구하는 데 총이 필요했다고 잘못 믿고 있을 수도 있다. 그러나 이 미국인 10명 중 1명만이 옳았다고 가정해 보자. 그 가정하에 매년 개인의 총기 소유로 구해진 생명의 수는 그것으로 사망한 생명의 수를 초과한다.

몇몇 비판자들은 개인이 자기방어 와중에 침입자 1명이 죽을 때마다, 총기 관련 살인 또는 자살 또는 총기 관련 사고로 43명이 사망한다는 점을 들어 이에 반대한다. 그러나 휴머는 이 통계가 오해를 주는 것이라고 말한다. 첫째, 그 사망자 43명 중 37명이 자살이다. 둘째, 이러한 반대는 만약 총이 자기방어에 성공적으로 사용된다면 그것이 공격자를 반드시 죽인다고 가정한다. 그러나 그렇지 않다. 총은 침입자에게 겁을 주어 쫓아버리게 만들거나, 더 좋기로는 애초부터 잠재적 강도가 아예 침입하지 못하게 만들 수도 있다.

보수주의적 정치경제학자 존 롯John Lott은 논란의 여지가 있는 책 **『총이 많을수록 범죄는 적어진다』***More Guns, Less Crime*에서 성인이 겉으로 보이지 않는 무기를 휴대하도록 허용하는 것은 범죄율을 낮춘다고 주장한다. 모든 조건이 같다면, 총기 은닉 휴대법[42]concealed-carry laws이 있는 주는 그런 법이 없는 주보다 범죄율이 낮다. 잠재적인 강간범, 침입자, 그리고 강도는 잠재적 피해자가 무장하고 있을지 모른다고 우려한다. 많은 전문가가 롯에 동의하지

42 총기 은닉 휴대법은 총을 타인에게 보이지 않는 상태로 휴대할 수 있게 한 법이다. 그 반대는 총기의 공개 휴대(open carry)이다.

않는다. 그러나 롯에 대한 가장 강력한 비판자들조차 적어도 은닉된 무기를 허용하는 것이 범죄를 **증가시키지는** 않는다는 데는 동의하는 경향이 있다. 그들은 단지 그것이 범죄를 감소시킨다는 점에 대해 문제를 삼을 뿐이다.

몇몇 자유주의자는 무장한 시민이 독재 정부에 대한 최후의 견제 수단으로 기여하기를 원하기 때문에 총기 규제에 반대한다. 이러한 관점은 자유주의자에게 독특한 것은 아니다. 예컨대, 블랙 팬서스[43] Black Panthers는 총기 규제는 국가가 흑인을 더 쉽게 억압할 수 있도록 흑인을 무장 해제하기 위한 것이라고 믿었다. 그들은 자신을 무장하는 것이 폭정을 막는 데 도움이 된다고 믿었다.

59 자유주의자는 우리가 현재 및 과거의 인종적 불의에 대해 무엇을 해야 한다고 생각하는가?

인종적 불의에 어떻게 대응해야 하느냐는 이 질문에 답하기는 쉽지 않다. 자유주의자 사이에서도 의견이 일치하지 않는다. 무엇을 해야 할지 확신하지 못하는 사람이 많다.

자유주의자는 모두가 법 아래 평등해야 한다는 데 동의한다. 국가는 다른 권리 및 특권을 가진 사람들의 계급을 만들 수 없다.

과거에는 법이 몇몇 소수 인종 집단 구성원이 다른 인종 집단보다 더 낮은 지위에 있도록 만들었다. 예컨대, 짐 크로 법[44] Jim Crow laws은 고용주, 소

43 흑인 민족주의, 마르크스 레닌주의, 사회주의를 표방하며, 특히 흑인에 대한 경찰의 폭력을 맞선다는 명분으로 조직된 흑인 무장 조직이다.

44 짐 크로(Jim Crow)는 흑인을 비하해 부르는 명칭이다. 미국 남부를 중심으로 1877~1960년대까지 존속한 흑인 차별 입법들을 짐 크로 법이라고 통칭한다. 예컨대, 나중에 Brown v. Board

매업체, 그리고 서비스 제공 업체가 흑인을 차별하도록 요구했다.

과거의 인종적 불의의 결과는 오늘날에도 우리에게 남아 있다. 몇몇 사람은 이 불의를 교정하려면 부를 재분배할 필요가 있다고 주장한다. 이것이 문제를 야기한다는 데 모두가 동의한다. 우리 대부분은 상처받은 과거를 상속받은 무고한 사람들이다.[45] 만약 우리가 상대적으로 불이익을 당한 아프리카계 미국인을 돕기 위해 부유한 백인의 부를 재분배한다면, 우리는 직접적인 희생자가 아닌 누군가를 돕기 위해 무고한 사람을 해치는 것이 될 것이다.

그러나 재분배가 무고한 사람들에게 피해를 준다는 사실만으로는 재분배가 잘못된 것임을 보여 주는 데 충분하지 않다. 당신의 아버지가 롤렉스 시계를 가지고 있었는데, 당신은 그것을 물려받을 것으로 기대했다. 그러나 내 아버지가 당신 아버지의 롤렉스를 훔쳤다고 가정해 보자. 내 아버지가 사망하고 내가 롤렉스를 물려받는다고 가정해 보자. 나는 그것이 훔친 것임을 몰랐다고 가정해 보자. 나중에, 당신은 내가 그 시계를 가지고 있다는 것을 알고 그것을 돌려달라고 요구한다. 이 경우 나는 무고하며 당신은 직접적인 희생자가 아니다. 그럼에도 이 경우에 정의는 그 롤렉스를 돌려주라고 요구한다. 이런 종류의 상황에서는 과거의 교정은 간단하다.

과거의 인종 차별을 바로잡으려 하는 것은 훨씬 더 복잡하다. 우리가 정확히 무엇을 해야 하는지는 도덕적 관점에서 명확하지 않다. 몇몇 자유주

of Education에서 위헌으로 판결된 학교 선택의 차별, 마틴 루터 킹 목사의 캠페인으로 나타난 버스 안의 흑백 차별 등이 이에 속한다. 짐 크로 법은 민권법(Civil Rights Act, 1964), 투표권법(Voting Rights Act, 1965)의 제정으로 거의 사라진다.

45 현재의 우리 의지와는 무관하게 일어난 선대의 훼손된 역사를 우리가 물려받아 있을 뿐이다(innocent inheritors of a marred past).

의자는 만약 어떤 집단이 과거의 불의 때문에 체제적으로 불이익을 받았다면,[46] 어떤 재분배가 진정으로 필요할 수 있다고 말한다.

한 가지 잘못된 생각은, 자유주의자는 모든 재분배를 반대한다는 것이다. 결국, 자유주의자는 정의가 부의 평등한 분배를 요구한다고는 믿지 않는다. (질문 78번 참조.) 따라서 만약 백인이 부유하고 흑인은 가난하다면, 자유주의적 관점에서는 그것은 문제가 되지 않는다는 것이다. 그러나 이는 잘못된 생각이다.

철학자 맷 즈월린스키Matt Zwolinski가 말하듯이, '그렇다, 자유주의자는 불평등한 부가 정당화될 수 있다'고 생각한다. 그러나 우리는 평화롭고도 자유주의자가 인정할 만한 자발적인 교환 과정을 통해 오늘날의 부의 큰 불평등에 이른 것이 아니다. 그 대신, 대부분의 땅이 폭력으로 빼앗겼다고 그는 말한다. 우리가 지금 소유하고 있는 대부분의 부는 상처받은 과거를 갖고 있다. 가난한 사람들이 가난한 것은 흔히 그들의 부모가 과거에 피해를 받았기 때문이다. 심지어 오늘날에도, 정부는 강자를 옹호하고 약하고 소외된 사람에 대적하기 위해 계속해서 개입하고 있다. 이 과거 및 현재의 불의에 비추어 볼 때, 우리는 자유주의적 관점에서 현재의 부의 보유 상태를 신성불가침한 것으로 취급해서는 안된다.

이것은 자유주의자가 우리가 모든 부를 몰수하고, 모든 사람에게 평등한 몫을 주고, 그리고 다시 시작해야 한다고 생각한다는 것을 의미하지는 않는다. 그라운드 제로에서 새로 출발하고자 한 사회는 일반적으로 그 바닥에서 벗어나지 못한다.

46 그 불의가 개인 차원이 아니라 백인 중심 법 제도가 흑인 모두에게 피해를 준 것처럼 사회 체제 전체 차원에서 일어났다면.

그 대신에 우리는 모든 사람이 과거의 불의를 넘고, 평화로운 평등의 공동체로 함께 일할 수 있도록 과거 억압의 간접적인 희생자를 어떻게 도울 수 있느냐를 물어볼 필요가 있다. 많은 자유주의자가 이 질문의 중요성을 깨닫고 있지만, 내가 알기로는 그것에 답하려는 사람은 거의 없었다.[47]

60 자유주의자는 왜 시장이 차별을 처벌한다고 말하는가?

노벨상 수상자인 경제학자 게리 베커Gary Becker는 시장이 차별을 없애는 경향이 있다고 주장한다. 사람에게 '차별을 좋아하는 취향'이 있다고 가정해 보자. 즉, 그들은 같은 자격을 갖춘 흑인 대신에 백인의 고용을 더 선호한다. 이것은 흑인의 임금을 낮추는 경향이 있을 것이다.[48] 그러나 이는 흑인을 고용하려는 기업에게 이점을 준다. 흑인 노동은 거래가 이루어진다. 기업은 더 낮은 임금으로 흑인을 고용하며, 그들의 제품을 더 낮은 비용으로 판매하며(그들의 노동 비용이 더 낮기 때문이다), 더 많은 이윤을 얻을 것이다.

시장은 취향 때문에 행하는 차별을 **처벌**하는데, 왜냐하면 취향에 따른 차별이 사람의 다른 이기적인 이익을 희생시키기 때문이다.[49] 우리는 사람

········

47 이 부분에서 저자의 주장은 신고전적 자유주의자('피 흘리는 심정의 자유주의자')로서 고통받은 이웃(여기서는 미국의 과거 고통받은 계층)에 대한 열렬한 마음을 보여 준다. 그러나 이런 원칙론 외에 과연 누가, 누구에게, 얼마나 재분배를, 어떻게 할 것인지를 제시하지는 않는다. 만약 현재의 미국이 인디언에게 배상을 해야 한다면 그 인디언은 그들이 불의하게 정복한 더 과거의 어느 부족에게 배상을 해야 하는가? 이 끝은 어디인가? 일부 좌파-리버럴이 주장하는 것을 일부 신고전적 자유주의자가 동조하는 상황이다. 양자 간에는 선명한 차이와 모호한 일치가 자주 교차한다.

48 취업이 안된 흑인이 많아지므로 그들의 임금은 하락한다.

들이 어떤 상황에서도, 심지어 돈을 절약하거나 큰 이윤을 보는 상황에서도, 흑인을 고용 안하거나 흑인의 제품을 구매하지 않는 짓을 기꺼이 하려는 사회를 상상할 수 있다. 그러나 실제로 그렇게 하는 사람은 거의 없다.

베커의 주장은 단순한 억측이 아니다. 경제학자 린다 고먼Linda Gorman은 남아프리카가 좋은 실험 사례를 제공한다고 말한다. 1900년대 초엽, 폭력 및 법적 제재라는 위협에도 불구하고, 백인인 광산 소유주는 낮은 임금을 받는 흑인들을 고용하기 위해 높은 임금을 받는 백인 노동자들을 해고했다. 남아프리카공화국 정부는 흑인 고용을 막기 위해 아파르트헤이트 법들[50] apartheid laws을 만들었다.[51]

혹은 짐 크로 법을 보자. 경제학자 제니퍼 로백Jennifer Roback의 말에 따르면, 전차street car 사업의 경제성을 위해서는 전차를 칸막이로 구분하는 것은 아주 불리했다.[52] 전차 회사는 짐 크로 제도하에서 돈과 이윤을 잃었다. 그들이 인종 차별에 적극적으로 저항하며 흑백 분리에 반대하는 캠페인을 벌인 역사가 있다.[53] 남부인들은 인종 차별에 **반대하는** 정치인들이 전차 회사의 앞잡이라고 흔히 비난했다.

로백은 남부 주에는 흑인들이 일자리를 얻고자 경쟁하는 것을 막으려

••••••••

49 흑인 혐오라는 취향 때문에 흑인을 고용하지 않은 기업가는 감정상의 자기 이익을 충족하겠지만, 그 때문에 그 흑인을 고용해 더 경쟁력을 가지게 될 다른 기업가보다 시장에서 불리해진다. 다른 기업가가 이 기업가를 처벌한 셈이다. 감정이라는 자기 이익 때문에 이윤이라는 또 다른 자기 이익이 희생된다.

50 흑인이 다수인 남아프리카 공화국에서 소수의 백인 정부가 지속한 흑백 차별 정책이다.

51 당시 백인이 지배하던 정부는 백인 고용을 원했지만, 이윤을 생각하는 백인 기업가는 오히려 흑인 고용을 원했다. 시장은 나쁜 차별을 바로잡는 능력이 있다.

52 짐 크로 법 제도에서는 전차 안에 칸막이를 설치하여 백인용, 흑인용으로 구분한다. 그런 칸막이가 없을 경우보다 좌석 이용이 비효율적이고 전차 회사의 수입은 당연히 떨어진다.

53 시장 경제가 흑백 차별이란 편견에 맞서는 역할을 했다.

고 고안된 온갖 법이 있었다고 덧붙인다. 유인법Enticement laws은 백인 농장 소유주가 파종 시기 혹은 수확 시즌 동안 다른 농장주의 흑인 농장 노동자를 빼내어 고용하려는 것을 금지했다. 높은 임금을 주는 일자리를 얻고자 제 직장을 그만두려던 흑인 농장 노동자들은 감옥에 갇힐 수 있었다. 방랑법Vagrancy laws은 흑인은 늘 고용되어 있을 것을 요구했다. 고용되어 있지 못한 흑인은 누구라도 부랑자로 간주되어 쇠사슬 갱단[54]chain gang에 배치될 수 있었다. 따라서 흑인은 더 나은 고용을 찾을 수 없었다. 그들은 어떤 직업을 가지고 있든 그것을 계속해야 했다. 고용자 역외 유출 금지법Emigrant-agent laws은 백인 고용 대리인이 노동자가 현재의 도시나 주를 떠나 다른 곳에서 일자리를 가지도록 유인하는 것을 금지했다. 이러한 그리고 기타의 법 및 규정이 시장이 흑인을 돕는 것을 막기 위해 만들어졌다.[55]

짐 크로 제도는 비싼 값을 치렀다. 열차 회사는 추가 차량을 운용해야 했기 때문에 돈을 치렀다. 런치 카운터lunch counters[56]는 화장실을 두 배로 제공해야 했기 때문에 돈을 치렀다.[57]

남부 주들은 민간 기업이 흑인을 가혹하게 대하도록 **요구했다**. 그 법들이 나온 이유는 많은 기업이 흑인을 차별하는 것이 강제화될 때까지는 차별하지 않았기 때문이다. 만약 당신이 짐 크로 제도하의 남부 주의 오래된 신문 사설을 읽는다면, 당신은 탐욕스러운 사업가들이 단지 돈만 좇을 뿐이며 도덕적 이상인 흑백 분리의 도덕적 이상을 기꺼이 뒷받침하지 않는다고

54 쇠사슬로 함께 묶여 도로 보수 등의 강제 노역을 하는 죄수 집단.
55 저자는 여기서 당시의 이런 제도들의 본질은 게리 베커가 말한 '시장이 흑인 차별을 처벌하기 때문에 결국 평등에 기여한다'는 기제가 작동되는 것을 막는 고안문이었다고 해석한다.
56 가운데 큰 바(bar)가 있는 간이 레스토랑.
57 객차, 화장실이 흑인용 및 백인용으로 구분 설치하는 것이 의무화되었다.

불평하는 편집자를 자주 발견할 것이다.[58]

61 자유주의자는 사기업의 차별을 허용할 것인가?

자유주의자는 기업을 가진 사람들이라면 그들이 원하는 이유가 무엇이든 그들이 원하는 사람이면 누구든 고용할 수 있는 적어도 **잠정적** 권리는 있다고 생각한다. 만약 한국 식료품 상인이 다른 한국인을 고용하고 싶다면, 자유롭게 그렇게 할 수 있어야 한다.

정부는 당신이 사적 생활에서 사람들을 차별하는 것을 금지하지 않는다. 백인 여성이, 비록 더 좋은 자격을 갖춘 흑인 남성이 있을지라도, 백인 남성과만 데이트하는 것이 불법이어야 한다고 생각하는 사람은 아무도 없다. 만약 당신이 원한다면, 당신은 당신의 인종 집단 구성원과만 친구가 되기로 작정할 수 있다. 그러한 차별은 어리석고 비도덕적이지만, 그것이 정부가 당신이 그러지 못하도록 막아야 한다는 뜻은 아니다.

자유주의자는 적어도 애초의 기본 상태로, 기업에게 이런 종류의 어리석고 부도덕한 차별이 허용되어야 한다고 생각한다. 자유주의자는 자유 시장은 진정으로 차별을 **처벌하며**(질문 60번 참조), 따라서 시장은 시간이 지나면 문제를 교정하는 경향을 보일 것이라고 생각한다.

그러나 소수 집단의 구직자 혹은 고객을 차별할 권리에 대해서는 원칙적으로는 한계가 있다고 말하는 자유주의자가 많다.[59] 우리가 여러 곳에서

58 당시 언론은 흑백 분리는 도덕적으로 정당한데도 기업가들이 이를 지키지 않고 제 이익만 추구하느라 흑인 차별에 동참하지 않는다고 개탄하는 수준이었다.

때때로 차별을 직면하는 경우가 있다. 그러나 차별이 아주 만연해 있다고 가정해 보자. 많은 자유주의자는 재산권 – 우리가 우리의 사업을 우리가 적합하다고 여기는 대로 운영할 수 있는 권리를 포함한다 – 이 정당화될 수 있는 것은, 그 권리가 그런 권리를 존중하도록 요구받는 모든 사람에게 체제적으로 혜택을 주는 경우에 한정된다고 믿는다. 만약 재산권이 결국 일부 사람이 체제적으로 낙오하도록 만든다면, 그 낙오된 사람에게 그러한 재산권을 존중할 것을 요구하는 것은 합당하지 않을 것이다.[60] 몇몇 자유주의자는 이 경우 재산권 체제 전반의 정당성을 보존하기 위해, 우리는 사적 기업이 차별하는 것을 금지해야 할지 모른다고 주장한다.

59 예컨대, 사기업가는 시장이 주는 불이익을 감수한다면, 불법이 아닌 범위에서 내가 원하는 지역, 인종, 종교 등의 사람만 고용할 수 있다. 그러나 본서 저자는 이 사적 영역의 경우에도 그 차별이 체제적으로 특정한 사람들에게 가해지는 것이라면 그것에도 어떤 제한을 둘 것을 제안한다. 다만, 사기업이 소수 집단을 사적으로 차별하는 것을 어느 수준부터 금지할지는 분명한 합의가 없다.

60 체제적으로 낙오하게 만든다는 것은 시장 게임에서 패배(손실)라는 결과가 일관되어 나오게 하는 구조라는 의미이다. 이에 착안하여 결국 시장 제도의 구조, 더 나아가 자본주의 체제의 변혁까지 나아가는 것이 마르크스 및 신마르크스주의이다.

제6장

경제적 자유

62 자유주의자는 우리가 어떤 경제적 자유를 가지고 있다고 믿는가?

우리는 우리가 적합하다고 여기는 대로 재정 및 상업 업무를 행할 일반적인 권리가 있으며, 사회에 대해 우리 자신의 정당성을 인정받아야 한다거나 변명을 해야 할 필요가 없다. 종교의 자유를 인정하는 데에 종교 영역에서 독자적인 활동의 일반적 보호가 필요하듯이, 경제적 자유는 경제 문제에서 독자적인 활동의 일반적 보호가 필요하다.

자유주의자는 사람들이 사적 재산을 획득, 보유, 사용, 제공하고, 그리고 많은 경우 그것을 파괴할 권리를 가지는 것은 기본적 정의justice의 문제라고 주장한다. 그들은 무엇을 먹고 마시며 그리고 입을 것인지 결정하고, 어떤 종류의 오락과 문화 체험을 소비할 것인지 결정할 수 있다. 그들은 자신을 위해 혹은 타인을 위해 부富를 획득할 수 있다. 그들은 상품 및 서비스 거래를 위해 광범위한 계약을 체결할 권리가 있다. 그들은 적합하다고 여기는 대로 고용 계약(임금률, 노동 시간, 노동 조건 등을 포함)을 맺고 그것을 협상할 수 있다. 그들은 여가와 일의 균형을 어떻게 유지할지 스스로 결정할 수 있다. 그들은 노동조합에 가입할지 말지를 선택할 수 있다. 그들은 적합하다고 여기는 대로 자신의 가정을 꾸릴 수 있다. 그들은 판매용 물건을 만들 수 있다. 그들은 사업을 시작, 관리, 그리고 그만둘 권리가 있다. 그러한 사업에서 독점 판매권을 판매할 수도, 그리고 그들이 최선이라고 생각하는 방식으로 자신의 사적인 목적을 위해 그러한 사업을 운영할 수도 있다. 여기에는 특정 종류의 회사와 노동자 협동조합을 포함하여 특정 종류의 공동 벤처를 형성할 수 있는 권리가 포함된다. 사람들은 공장이나 기계와 같은 사적 생산재를 소유하고, 생산 목적을 위한 재산을 개발할 수 있다. 그들은 자본 및 금융 수단을 취득하고, 대여하며, 그로 인해 위험을 감수하고, 또 그것으로부터 이윤을 얻을 수 있다. 그들은 자신들의 장기 재정 계획을 결정할 권리가 있는데, 거기에는 퇴직을 위한 저축 및 특정 형태의 보험에 대한 투자도 포함된다. 자유주의자는 심지어 사람들이 성性 서비스 혹은 신장과 같은 자신의 신체 일부를 판매할 권리가 있다고 믿는다.

자유주의자는 경제적 자유가 언론의 자유나 양심의 자유와 도덕적으로 동등한 수준의 근본적 또는 기본적 인권이라고 믿는다. 자유주의자는 각 개인이 견고하고도 광범위한 경제적 자유를 가지고 있다고 믿는다.

일부 반反자유주의자는 만약 사람들이 그러한 광범위한 경제적 권리를 가진다면 그 결과 많은 사람이 가난하고 비참한 삶을 살게 될 것이라고 믿는다. 이러한 반자유주의자들은 시장이 승자와 패자를 만든다고 믿는다. 그들은 최악 상태의 사람들이 번듯한 삶을 살도록 보장하기 위해서는 경제적 자유의 범위를 크게 제한해야 한다고 믿는다.

63 자유주의자는 경제적인 문제에만 관심이 있는가?

아니다. 자유주의자는 모든 사람에게 그들 삶의 모든 국면에 대해 더 많은 주권을 인정할 것을 주장한다. 그러나 그들이 전쟁에 반대하거나 동성 결혼 찬성을 위해 싸울 때는 다른 사람들의 견해에 합류한다.[1] 자유주의자

1 자유주의자는 전쟁 반대, 동성 결혼 문제에서 다른 진영의 견해들과 일치하는 부분이 있다. 자유주의자가 다른 진영과 가장 뚜렷이 구분되는 국면은 경제적 자유이다.

는 시장을 방어할 때 눈에 확 들어온다. 이것이 자유주의자는 경제적 자유에만 관심이 있다는 잘못된 인상을 줄 수 있다.

64 자유주의자는 왜 경제적 자유가 중요하다고 생각하는가?

자유주의자는 사람이 자신의 삶을 쓰는 저자authors of their own lives가 되려면 경제적 자유가 필수적이라고 믿는다. 우리가 사람들을 자신의 삶을 쓰는 저자, 즉 자신의 이야기를 쓸 권리가 있는 사람으로 존중하려면 우리는 그들에게 스스로 선택할 수 있는 넓은 자유를 주어야 한다. 신고전적 자유주의 철학자인 존 토마시John Tomasi는 "경제적 자유를 제한하는 것은 그 사회적 목표가 아무리 고상한 것일지라도 자유로운 시민이 스스로 만들어 나갈 수 있는 삶의 이야기에 획일화를 강요하게 된다"라고 주장한다.

자유주의자는 우리가 인간의 다양성을 존중하는 데 경제적 자유가 필요하다고 생각한다. 우리는 모두 같지 않다. 모두에게 가장 좋은 하나의 삶의 방식이란 없다. 경제적 자유는 각 사람에게 좋은 삶에 대한 자기 나름의 생각을 추구하는 권한을 부여한다.

삶 속에서 우리는 어려운 질문들에 직면한다: 일과 여가를 어떻게 서로 절충해야 하나? 어떤 직업을 추구해야 하나? 대출을 받아야 하나? 사업을 해야 하나? 투자를 해야 하나? 어떤 조건으로? 무엇을 해야 내게 의미 있는 삶이 되나? 이러한 질문은 아주 개인적인 것이다. 자유주의자는 우리가 사람들을 아이들 취급해서는 안된다고 말한다. 우리는 그들 위에 서서 그들 대신에 이들 질문에 대답해서는 안된다. 그 대신에, 우리는 모든 사람에게 그들 스스로 결정할 수 있는 넓은 자유를 주어야 한다. 경제적 자유와 재산권은 사람들이 좋은 삶에 대한 자기 나름의 생각에 토대하여 행동하는 권한을 부여한다.

좌파-리버럴은 시민적 자유civil liberties가 중요하다는 것에 대해서는 자유주의자에 동의한다. 그러나 그들은 대부분의 경제적 자유가 개인의 자아의식에 중요한 이유를 알지 못한다. 몇몇 좌파-리버럴은 마치 내가 4살짜리 내 아이를 보호하는 것처럼 시민을 경제적 결정으로부터 보호하기를 원한다.[2] 자유주의자는 사람들에게 이러한 결정을 스스로 내릴 수 있는 권한을 부여하기를 원한다.

자유주의자는 개인이 자신의 경제적 결정을 주관하는 것이 자기 삶의 저자가 된다는 의미의 한 부분이라고 말한다. 토마시는 우리에게 로드아일랜드Rhode Island주 워런Warren에 있는 욕조 안 강아지[3]Pup-in-the-Tub의 소유자인 에이미Amy의 입장이 되어 달라고 요청한다. 토마시는 좌파-리버럴에게 말한다: 당신들은 화가가 그림을 완성할 때 삶의 의미를 찾을 수 있는 이유를 이해한다. 당신들은 철학자가 논고를 쓸 때 의미를 찾을 수 있는 이유를 이해한다. 그렇다면 당신들은 에이미가 제 나름의 기업가적 비전으로 사업을 운영한다는 것이 무엇을 의미하는지도 이해해야 한다.[4]

자유주의자는 자유로운 교역의 법이 사람들이 대규모로 협력하게 해주며, 빈곤에서 서로를 해방시킬 수 있게 해 준다고 믿는다. 만 년 전, 모든 곳의 모든 사람은 가난했다. 대부분의 역사에서 대부분의 사람은 UN이 묘

2 좌파-리버럴은 경제적 결정을 연약해 보이는 개인 대신에 국가가 내려주고자 한다.
3 개를 단장해 주는 가게로 유명한 곳이다.
4 경제적 자유는 단지 돈을 버는 것을 넘어 개인이 삶의 의미를 찾게 해 주는 것이다.

사한 극빈 상태인 하루에 1달러 미만으로 생활했다. 평균적인 사람은 1800년 때보다 지금은 약 30배 더 부유하다. 고정 달러 가치로 GDP를 측정하면 오늘날 미국은 1950년 세계 전체 생산량보다 50%쯤 더 많은 경제 생산량을 가지고 있다.

우리는 한계 세율marginal tax rates을 조정하여 부자가 된 것이 아니다.[5] 우리는 인간의 독창성을 발휘하게 함으로써 부유하게 되었다. 무슨 일이 일어났던가? 경제학자 디드러 매클로스키[6]Deirdre McCloskey는 다음과 같이 말한다: 한때 우리는 모두 가난했다. 그 후 자본주의가 나타났고, 그 결과 우리는 지금 부자가 되었다. 자유주의자는 다음과 같이 말한다: 심지어 마르크스주의자도 어떤 의미에서는 시장에 감사해야 한다. 사실, 노동 계급은 시장 경제에서 번영과 적극적인 자유를 누리고 있지만, 다른 곳에서는 거의 그러지 못한다.[7]

자유주의자는 사람들이 삶의 보장을 받기를 원한다면 몇몇 경제적 결정은 민주적 숙의나 협상에 맡겨져서는 안된다고 주장한다.[8] 예컨대, 모든 사람이 **당신이** 어떤 직업을 추구해야 할지를 숙의하고 표결하게 된다고 상상해 보라. 당신은 힘을 부여받기보다 억압받는다고 느낄 것이다. 민주적인

....

5 한계 세율은 소득 1달러를 더 벌 경우 세금으로 내어야 할 금액의 비율이다. 이에 비해 평균 세율은 총납세액을 총소득으로 나눈 값이다. 한계 세율이 10%라면, 앞으로 1달러를 더 벌 경우 10센트가 세금으로 나간다는 의미이다. 국가의 조세 정책 운용으로 우리의 부가 만들어진 것이 아니다.

6 그는 탁월한 저술 *Why True Liberalism Works*에서 진정한 자유주의 가치가 모두에게 더 자유롭고도 더 평등하며 더 번영을 가져온다고 주장한다. 이 저서는 『트루 리버럴리즘』으로 국내에 번역(홍지수 역)되어 있다.

7 노동자는 자본주의 체제 안에 있을 때 가장 부유하다. 여타의 체제에서는 결코 이만큼 부유해질 수 없다.

8 저자는 제4장의 좌파적 성격의 심의 민주제(혹은 숙의 민주제) 기제를 거론하고 있다.

의사 결정이 사람들에게 자기 삶을 주관하는 힘을 불어넣어 주지 않는다. 오히려 그것은 그 힘을 빼어 간다. 당신이 다른 사람들과 동등한 사람으로 투표할 때, 당신의 투표는 아무런 차이를 가져오지 못한다.[9] 따라서 자유주의자는 사람들이 정치 협상으로부터 차단되기를 원한다. 경제적 자유와 사유재산권은 그들이 자신의 삶을 그들이 적합하다고 여기는 대로 살아가는 것을 허락하라고 타인들에게 요구한다는 의미이다.

65 자유주의자가 특히 재산권이 중요하다고 믿는 이유는 무엇인가?

재산권이 유용한 것은 신호등이 유용한 것과 같다. 붐비는 교차로에서는 누가 먼저 가는지 알 필요가 있다. 우리는 녹색 신호를 받은 사람이 통과할 수 있다고 말함으로써 그 문제를 해결한다. 그것은 정의에 어긋난 것으로 보일 수도 있다.[10] 결국, 빨간불을 받은 사람이 더 가치가 있거나 도움이 더 필요할 수 있다. 그러나 우리가 교차로에 올 때마다 멈춰 서야 하고, 모든 사람을 필요에 따라 순위를 매긴 다음 필요도가 가장 큰 사람이 먼저 가게 한다고 상상해 보자. 그 체제는 필요도에 따라 통행권을 분배하지만, 그런데도 도움이 필요한 사람에게 실제로는 거의 도움을 주지 못할 것이다.

재산권이 없다면, 누가 무엇을 갖게 되느냐의 문제는 부단한 정치 싸움이 된다. 사회는 일종의 통행이다. 재산권은 그 통행이 순조롭게 이루어지

9 당신의 경제 문제를 당신 자신이 아니라 민주제라는 정치 과정으로 결정한다면 당신 개인의 표는 영향력이 없고 집단(과반수)이 그것을 결정한다. 당신의 경제 문제를 당신이 결정하지 못하는 이런 문제를, 이를 피하는 유일한 길은 정치 과정이 개입하지 못하도록 막는 것이다.

10 가난한 사람의 차에게 우선적 통행권을 주어야 한다고 여길지도 모른다.

게 만들어 준다.

재산권은 문제를 해결한다. 우리는 그것이 없을 경우에 일어나는 일을 살펴봄으로써 그것이 어떤 문제를 해결하는지 볼 수 있다.

몇몇 자원이 '공유지'commons에 남아 있다고 상상해 보라. 누구나 자유롭게 그것을 사용할 수는 있지만 아무도 그것을 소유하지는 않는다. 예컨대, 10명의 목동이 있는데 그들은 각각 10마리를 가지고 공동 목장을 사용하고 있다고 가정해 보자. 양 1마리는 시장에서 각각 100달러의 가치가 있다고 하자. 토지의 연간 경제적 산출량은 1만 달러이다.

목초지는 양 100마리까지는 무한정 지탱할 수 있지만 101마리 이상이면 목초지가 파괴되어 흙으로 변하기 시작한다고 가정해 보자. 이제 한 목동이 자신의 양 떼에 열한 번째 양을 더하는 실험을 한다고 가정해 보자. 지금부터 모든 양을 충분히 먹일 수 있는 풀이 부족해진다. 양 1마리당 가격은 100달러가 아니라 95달러이다.[11] 그러나 열한 번째 양을 양 떼에 추가한 목동에게는 이것은 여전히 좋은 거래이다. 그의 11마리 양 떼의 가치는 이제 1,000달러가 아닌 1,045달러이다.[12]

그러나 다른 목동들을 생각해 보라. 그들이 가진 양 떼의 가치는 이제 1,000달러가 아닌 단지 950달러이다.[13] 아마 그들 역시 양을 추가함으로써 손실을 만회하고자 할 것이다. 그리하여 목초지는 파괴되고 만다.

생태학자 개릿 하딘Garrett Hardin은 이 현상을 '공유지의 비극' tragedy of the

11 양이 많아졌고 풀이 부족해져 양의 고기 및 젖의 산출량도 줄어들면 결국 양 1마리의 값도 과거보다 하락한다.

12 양 1마리당 가격은 하락했지만 양 떼의 총가치는 종래의 1,000달러에서 이제 1,045(=11×95)달러로 커졌다.

13 10마리 보유 중이며 1마리 가격은 95달러이므로 950(=10×95)달러이다.

commons이라고 부른다. 자원을 소유하는 사람이 아무도 없을 경우, 사람들이 자원을 유지할 동기는 거의 없다. 설상가상으로, 그들은 남보다 먼저 자원에서 최대한 많은 가치를 빼내려는 동기가 있다. 그러므로 어부들이 바다의 자원을 파괴하는 것은 놀라운 일이 아니다.

혹은 어떤 사회에 다음과 같은 규칙에 따른 실험이 있었다고 생각해 보라: 누구든지 파이를 굽거나, 사슴을 사냥하거나, 혹은 콩을 약간 재배할 때마다 모든 사람이 균등한 몫을 받을 자격이 있다. 제임스타운Jamestown 식민지나 초기 모르몬교도 정착촌 같은, 이 규칙을 가지고 실험하는 많은 사회가 굶주림을 겪고는 그 규칙을 버린다. 실제로는 사람들이 그 규칙에 따라서 살 때에는 일을 하는 사람이 거의 없다. 자신은 파이를 한 입만 먹고 나머지를 그의 이웃들이 먹을 때는 아무도 파이를 굽고 싶어 하지 않는다. 실제로는, '모든 사람이 평등한 몫을 얻는다' everyone gets an equal share는 것은 흔히 '모든 사람이 아무런 몫도 얻지 못한다'everyone gets no share와 동일하다.

66 자유주의자는 재산권은 '단지 형식적'이라는 마르크스주의적 우려에 어떻게 대응하는가?

돈 한 푼 없는 거지는 빵을 살 권리는 있지만, 그 권리가 그를 먹을 수 있게 해 주지는 못한다. 마르크스주의자는 법적 재산권은 '단지 형식적' 이라고 말한다. 마르크스주의자는 부의 보장 없는 형식적 재산권은 무가치하다고 결론을 내린다.

자유주의자는 안락의자에 앉아 마르크스주의자의 우려가 옳아 보인다고 대답할지 모른다. 그러나 자유주의자는 '우리가 그것을 검증 가능한 경험적 주장으로 다루어 보면 어떻게 될까'라고 대응한다. '단지 형식적'이라는 재산권이 확보되면 무슨 일이 일어나며, 또 그렇지 않은 경우에는 무슨 일이 일어나는가?

경제학자 에르난도 데 소토Hernando de Soto는 서구에서 우리는 빈곤의 주머니를 발견한다고 말한다. 나머지 세계에서 우리는 부의 주머니를 발견한다. 무엇이 그 차이를 설명하는가? 데 소토는 세계에서 가장 가난한 사람들 중에서도 가장 가난한 사람들이 대략 10조 달러 가치의 땅을 소유하고 있다고 한다. 그러나 그들은 서구 사람들처럼 이 땅을 소유하지 못한다. 페루나 이집트와 같은 나라에서는 대부분의 사람이 토지에 대해 공식적인 법적 소유권이 없다. 대부분의 사람이 법적으로 인정받는 사업을 갖고 있지 않거나 거기서 일하고 있지 않다.

데 소토는 공식적인 재산권의 결여가 세계의 가난한 사람들이 계속 가난한 상태에 머무르는 주된 이유 중 하나라고 주장한다. 서양인은 사업을 시작하기 위해 토지를 담보물로 제공하고 자금을 쓸 수 있다. 페루에 있는 그에 대비되는 다른 사람은 그의 땅을 은행에 담보로 제공할 수 없다.[14] 서양인은 전 세계 누구와도 거래할 수 있으며, 누군가가 계약을 파기할 경우 그 손해를 만회할 수 있다. 그와 대비되는 페루의 농촌에 있는 사람은 그와 개인적으로 아는 사람들과만 거래할 수 있다. 북부 버지니아에서 페루 레스토랑 체인을 시작할 수도 있는 사람이 리마[15]Lima에서 푸드 카트food cart를 운영한다. 그 푸드 카트 운영자는 사업에 대해 경찰의 보호를 받지 못하며 분

....

14 토지가 국유이니 담보물로 사용할 수 없다. 또 채무자가 채무를 변제하지 못하더라도 채권자인 은행도 그 토지를 처분할 수 없다.

15 페루의 수도.

쟁을 해결하기 위해 법원에 호소할 수 없다. 그에게는 프랜차이즈를 판매하거나 증권 거래소에 주식 공모를 게시할 법적 도리가 없다. 사실, 그는 적절한 부엌이 딸린 적합한 건물을 살 자본금조차 조달할 수 없다.

데 소토는 가난한 사람들이 자신들의 토지의 재산권을 취득하거나 사업에 대한 법적 허가를 받기 위해 무엇이 필요할지 연구했다. 예컨대, 그는 이집트에서는 그 과정이 하루에 6시간을 들이며 1년이 필요하고 연평균 수입보다 더 많은 비용(수수료와 뇌물로)이 들 것임을 발견했다.

데 소토는 마르크스주의자들이 절반은 옳고 절반은 틀렸다고 결론지었다. 형식적 재산권이 만병통치약은 아니지만, 그것 없이는 세계의 가난한 사람들이 빈곤에서 벗어날 희망은 거의 없다. 형식적 재산권이 모든 사람에게 번영을 보장하지는 않지만, 그런 보장을 하는 것이란 아무것도 없다. 그러나 그러한 권리 없이 사람들이 번영한 역사가 없다.

67 자유주의자는 재산권이 절대적이라고 생각하는가?

권리는 의무를 부과한다. 예컨대, 나의 생명권은 다른 사람들에게는 나를 죽여서는 안된다는 의무를 부과한다.

만약 내가 저녁 6시에 만나기로 약속했다면 그 시간에 맞게 도착해야 한다. 그러나 저녁 식사를 하러 가는 길에 도움을 받지 못하고 있는 길 잃은 아이를 발견했다고 가정해 보자. 아이를 도와야 하는 나의 의무는 시간에 맞게 당신을 만나야 하는 나의 의무보다 우선할 수 있다.

그 정의가 말해 주듯이 절대적 권리는 무시될 수 없다. 따라서 내 재산권이 절대적인 것이라고 가정해 보자. 이제 당신이 내 집 옆길을 걷고 있다고 상상해 보자. 갑자기 술 취한 운전자가 당신 쪽으로 방향을 틀었다. 당신은 내 허락 없이 내 땅에 뛰어들어야만 차의 진로를 피할 수 있다고 가정해 보자. 만약 재산권이 절대적인 것이라면 당신이 그 차를 피하는 것은 잘못된 것이 될 것이다.

대부분의 자유주의자는 재산권이 절대적임을 부인한다. 대부분은 앞서 언급한 예에서 당신은 내 허락 없이도 내 잔디밭에 뛰어들 수 있다는 점을 인정한다.

자유주의자는 다른 권리들과 마찬가지로, 재산권이 중요하지만 절대적이지는 않다고 믿는다. 권리는 침해될 수 있지만 그렇다고 아무 이유로나 침해될 수는 없다. 당신은 차를 피하기 위해 내 땅에 침입할 수는 있지만, 당신이 원할 때마다 거기서 피크닉을 할 수는 없다.

자유주의자는 재산권을 여기저기에서 침해하는 것이 어느 한 사례에서 더 유용하거나 효율적이라는 이유로 재산권을 침해해서는 안된다고 주장한다. 만약 자신의 재산권을 신뢰할 수 없다면 사람들은 안정적인 장기 계획을 세울 수 없다. 사람들이 자신의 재산권이 사회가 유용하다고 판단할 때마다 무시될 수 있다는 것을 안다면, 그들은 재산권 제도를 더 이상 신뢰할 수 없다. (마찬가지로, 개인의 약속을 깨는 것이 깨지 않는 경우보다 약간 더 유용할 때마다 그것이 깨어질 수 있는 세상을 상상해 보라. 그런 세상에서는 신뢰란 거의 존재하지 않을 것이다.)

또한 자유주의자는 정부가 공동선에 이바지하기 위해 공동선이라는 이름으로 재산권을 침해할 수 있는 권한을 부여하는 데 신중해야 한다고 말한다. 그러한 권력이 주어질 때, 정부는 입으로는 공동선을 말하고는 대개 특권 엘리트들에게 이바지하는 데 그 권력을 사용할 수 있다. 예컨대, 미국에서 정부는 토지 수용권eminent domain을 사용하여 가난한 사람들을 그들의 집에서 쫓아내고 대형 매장과 스포츠팀 소유주를 위한 공간을 만든다.

자유주의에 대한 일부 비판자들은 정부가 때때로 부유층을 돕기 위해 토지 수용권을 남용하지만, 일반적으로는 정부는 필요한 기반 시설이나 공공 주택을 제공하는 데 그것을 사용한다고 응답한다.

68 자유주의자는 왜 경제 성장, 번영, 그리고 부에 대해 그렇게 관심이 많은가?

마르크스주의 철학자 코헨G. A. Cohen은 한때 돈은 티켓과 같다고 주장했다. 당신이 돈을 많이 가질수록, 당신은 더 많은 것을 할 수 있는 티켓을 가진 셈이다.

따라서 부는 적극적 자유를 증가시키는 경향이 있다. (질문 14번 참조.) 적극적 자유는 자신의 목적을 달성할 수 있는 힘이다. 예컨대, 우리가 새가 자유롭게 난다고 할 때는, 새는 날 수 있는 능력이 있다는 의미이다.

우리 대부분에게, 증대된 부는 우리가 원하는 대로 할 수 있는 권력, 능력 또는 역량의 증대를 의미한다. 부는 자유를 준다. 부는 우리가 더 진정한 삶을 살 수 있게 해 준다. 부는 우리가 좋은 삶에 대한 우리의 생각을 추구하고 실현하는 것을 더 잘할 수 있게 해 준다. 예컨대, 내가 한 세기 전에 더 가난한 미국에서 태어났더라면 나는 학자가 되려는 내 꿈을 추구할 수 없었을 것이다. 그 대신 섬유 공장에서 일했을 것이다.

부는 또한 우리를 더 행복하게 만드는 경향도 있다. 경제학자 벳시 스티븐슨Betsy Stevenson과 저스틴 울퍼스Justin Wolfers는 사람들의 행복과 만족이 부의 절대적인 수준과 강한 상관관계가 있음을 보여 주었다. (스티븐슨과 울퍼스의 자료는 100개국에서 13만 명을 대상으로 한 2006년 갤럽 세계 여론 조사에서 나온 것이다.) 노벨상 수상자인 심리학자 대니얼 카너먼Daniel Kahneman은 이렇게 요약한다. "노르웨이에서 시에라리온에 이르기까지 세계 모든 곳의 인간은 … 물질적 번영의 공통적 표준에 따라 자신의 삶을 평가하는데, 그것은 GDP가 증가함에 따라 변한다."

자유주의자는 '양합 사회'[16]positive-sum society를 유지하기 위해 경제 성장이 필요하다고 생각한다. 양합 사회에서는 모든 사람의 후생이 동시에 더 나아질 수 있다. 정태적인 혹은 성장 않는 경제는 제로섬 사회zero-sum society, 영합 사회이다. 제로섬 사회에서는 다른 사람들의 후생이 동시에 하락할 때만 당신의 후생이 더 나아질 수 있다. 경제 성장이 없을 때 당신이 자신의 프로젝트를 수행하기 위해 1만 달러를 더 벌기 위해서는 다른 사람들은 1만 달러를 잃어야 한다. 자유주의자는 다른 사람들의 재능이 위협이 아니라 우리에게 혜택이 되는 사회를 내세운다. 그러나 경제 성장이 없다면, 우리는 서로를 시기와 의심으로 바라보는 경향이 있다.

69 자유주의자는 왜 시장을 지지하는가?

자유 시장 사회는 보장을 제공하지 않는다. 그러나 자유주의자는 시장

16 모든 개인의 소득을 합하면 양(+)의 값이 나오는 사회를 말하며, 그 반대는 음합 사회이다.

사회가 더 나은 것을 제공한다고 말한다: 즉, 결과를 제공한다. 시장 사회의 비판자들은 자유로운 사회가 보장한다는 형식적 자유만으로는 충분하지 않다고 말한다. 그들은 진정한 자유는 노동자들이 무엇을 **할** 수 있는가의 문제이지, 다른 사람들이 그들에게 무엇을 할 수 없는가의 문제가 아니라고 말한다.[17] 이에 대해 자유주의자는 이 진정한 자유는 시장 사회에서 찾을 수 있으며, 그 밖에 어디서도 거의 찾아볼 수 없다고 대답한다.

자유주의자는 자유 시장이란 자유로운 사람free people을 의미한다고 믿는다. 시장이 자유롭지 않다고 말하는 것은 누군가가 다른 사람들이 자발적이고도 상호 이익이 되는 거래를 하는 것을 막고 있다고 말하는 것이다.

상업이란 암묵적으로 평등주의적인 생각이다. 상업에는 명령하는 사람도, 복종하는 사람도 없다. 폭군은 자신의 명령을 따르도록 부하에게 강제할 수 있다. 그러나 정상적인 상황에서 구두 만드는 사람은 어느 고객에게 자신과 거래하도록 강제할 수 없다. 자유 시장에서 이익을 얻기 위해서는, 다른 사람들이 자발적으로 거래하도록 유도해야 한다. 거래 조건을 받아들여야 하는 의무를 지고 있는 사람은 아무도 없다. 거래의 정당성은 모두가 합의하는지에 달려 있다.

이것은 애덤 스미스Adam Smith가 깨달았듯이, 내가 시장 교환으로부터 이익을 얻기 위해서는 내가 다른 사람에게 이익을 주어야 한다는 것을 의미한다. 빵 굽는 사람에게서 빵을 얻으려면 그가 거래에서 원하는 것을 대가로 주어야 한다. 이익을 얻으려는 이 열망이 시장을 질서 있는 상태로 유지하고 모든 사람의 활동을 조정한다.

17 소극적 자유를 비판하는 사람들은, 진정한 자유는 타인이 내게 아무 간섭을 할 수 없게 하는 것만으로는 부족하며, 내가 필요한 일을 적극적으로 하는 것이라고 본다.

시장은 개인이 자신의 선택 결과를 예측하도록 압박한다. 시장은 다른 사람을 위해 가치를 창출하는 사람에게는 이윤으로 보상한다. 시장은 다른 사람에 대해 가치를 파괴하는 사람에게는 손실로 처벌한다.

시장은 의사 결정을 분권화하며, 남의 허락을 구하지 않고도 사고팔 수 있는 힘을 개인들에게 부여한다. 따라서 시장은 개인들이 가치의 문제를 논쟁하거나 결정하지 않고도 대규모로 서로 협력할 수 있게 해 준다. 시장은 사람들이 실험, 즉 다른 대안들을 실행하고 시도할 수 있게 해 준다. 시장은 또한 광범위한 대안을 제공한다. 우리는 시장에 우리가 들어갈 틈새를 만들고 좋은 삶에 대한 우리 나름의 생각에 따라 원하는 대로 살 수 있다. 우리가 다른 사람들도 그와 같은 식으로 행동할 수 있는 능력이 있음을 존중한다면 말이다.

70 자유주의자는 왜 국가 사이의 자유 무역을 지지하는가?

한 나라 안에서 도시들 사이 혹은 개인들 사이에 거래 제한이 존재하듯이 국가 간 무역도 제한하자는 주장보다 더 강한 주장은 거의 없다고 경제학자들은 오랫동안 말해 왔다. 무역은 거래이다. 뉴어크Newark로부터 뉴욕시를 보호하는 것만큼이나 중국으로부터 미국을 보호하는 것도 합당하다는 것이다.

정부는 우리가 국산품을 사게 하기 위해 무역 할당량이나 관세를 사용해야 하는가? 자유주의자는 무엇인가가 양합 게임인지, 혹은 적어도 음합 게임은[18] 아닌지에 관한 불완전하나마 한 가지 신뢰할 수 있는 테스트는 이

것이라고 대답한다: 즉, 만약 그에 대한 선택의 여지가 주어진다면 사람들이 그것을 사용하기를 원하는가이다. 만약 우리가 게임 당사자들이 떠나가지 못하도록 그들을 교섭 테이블에 묶어 놓아야 한다면, 우리는 모두가 승리할 수 있는 게임을 하고 있는 것이 아니라고 여겨야 한다.[19]

많은 사람이 자유 무역이란 가난한 사람을 희생시켜 부자를 돕는 것이라고 생각한다. 이와 대조적으로, 자유주의자는 보호주의protectionism가 가난한 사람이 아니라 정부와 인맥 관계가 좋은 사람을 보호한다고 생각한다. 애덤 스미스가 **『국부론』***The Wealth of Nations*을 썼을 때 영국은 아마亞麻, 린넨 수입품에 관세와 제한이 있었다. 의원들은 이러한 관세가 모든 사람에게 이익을 준다고 주장했다. 그러나 스미스는 맨 마지막에 직조된 제품만이 많은 이익을 얻는다는 것을 발견했다. 가장 가난한 노동자들, 즉 기초가 되는 나사羅紗, thread를 생산하는 여성 방적공들은 관세로부터 아무런 이득을 보지 못했다.[20] 관세는 시장을 제한하고 직사織絲, yarn 가격을 낮게 유지되도록 만들었다.[21] 이것은 가난한 방적공이 아니라 공장 소유주에게 도움이 되었다. 또한 무역을 제한함으로써 의류 제조업자는 의류의 전반적 가격을 높게 유지

18 양합 게임은 게임 참가자에게 돌아가는 보상을 합하면 양(+)의 값인 경우, 음합 게임은 그 합이 음(−)의 값인 경우를 말한다.

19 모두가 승자가 되는 게임(이것은 필연적으로 양합 게임의 일종이다)인 경우에는 모든 거래 당사자들은 자발적으로 게임에 남아 있을 것이다.

20 관세가 적용되는 재화는 당연히 가격이 상승한다. 그런데 스미스에 의하면 당시 중상주의 제도 하에서 제조업자는 관세 제도를 선별적으로 이용한다. 외국 완제품에 대해서는 관세가 부과되게 하여 자신의 완제품 경쟁력을 높이면서, 동시에 그 원료인 직사 및 나사 가격을 낮게 유지하기 위해 그것에는 관세가 없도록 조종한다. 영국 내 의류 제조업자에게 실을 공급하는 영국의 여성 방적공들은 외국에서 들어오는 싼 직사 때문에 직사 가격을 올릴 수 없었다. 『국부론』 제8장 참조.

21 나사는 옷을 만드는 데 드는 가느다란 실이며 직사는 뜨개용 실의 예에서 보듯 더 굵은 실을 말한다.

했다. 스미스는 이렇게 물었다: 린넨 가격이 높을 때 이것은 누구에게 가장 많이 피해를 주는가, 의류 공장을 소유한 비단옷 입은 부자인가, 쓸 소득이 있는 전문직 중산층인가, 아니면 가난한 사람인가?

스미스는 전문화specialization가 번영의 주요 비결 중 하나라고 말한다. 개인이 전문화하면 그들은 더 생산성이 있게 된다. 그들은 서로 거래를 할 수 있으며, 모든 사람이 자급자족하려고 노력했을 때보다 더 부유해지도록 만들어 준다.

시장의 규모가 전문화의 정도를 결정한다. 고립된 농장에서는 어떤 농부의 가족은 해야 할 모든 일을 자체적으로 해야 한다. 그들은 마을에서 아마 연장을 살 수는 있겠지만, 나머지는 일을 직접 해야 한다. 마을에서는 목수로 생계를 유지하면서, 농부의 마차 바퀴 축, 바퀴, 마차 침대, 또는 지붕을 수리하고, 소의 멍에를 만들며, 그리고 목공 기술을 요구하는 농부가 필요로 하는 거의 모든 일을 한다. 전국의 시장에 서비스를 제공하는 도시에서는 목수는 도낏자루 또는 바이올린 제작에 전문화할 수 있다. 글로벌 시장에 서비스를 제공하는 교역 항구에서 어떤 회사는 목수를 직원으로 채용할 수 있다.[22]

자급자족이라는 목표는 흔히 전쟁으로 이어진다. 당신이 자급자족하기로 작정했다고 상상해 보자. 당신은 타인에게서 재화를 구매하는 것을 거부한다. 이제 당신이 석유(혹은 당신의 작은 땅이 제공해 주지 않는 다른 모든 것)를 필요로 한다고 가정해 보자. 만약 당신이 당신의 잔디밭 아래에 석유가 없으며 또 타인에게서 석유를 구매하기를 거부한다면, 당신의 유일한 선택은

22 자급자족–전국적 시장–국제적 시장으로 확장될수록 전문화는 더욱 고도화한다.

강제력을 써 그것을 탈취하는 것이다. 그리하여 역사상 국가가 '자급자족' 하기로 작정할 경우, 그것은 늘 제국을 건설한다. 만약 재화가 무역을 통해 국경을 넘을 수 없다면, 그것은 전쟁을 통해 국경 안으로 끌어들일 수밖에 없다.[23]

우리가 다른 사람들과 거래할 경우, 우리가 필요로 하는 모든 것을 스스로 만들지 않는다는 의미에서 우리는 자급자족적이지 않다. 우리는 다른 사람들에게 아주 많이 의존한다. 그러나 스미스는 상호 의존성이 위험하지 않다고 생각했다. 데이비드 슈미츠David Schmidtz는 이렇게 요약한다: 스미스의 관점에서 보면, 자유 시장에서 우리는 '많은 사람에게 의존하지만, [그러나] 누구의 자비심에도 의존하지 않는다'.[24]

71 자유주의자는 단지 대기업의 이익을 보호하려고 하는가?

친기업적pro-business이란 것이 무슨 뜻인가? 우리는 친기업 정치인을 대기업에게 보조금, 특혜, 그리고 특별한 계약을 제공하며, 가난한 사람들에게는 세금을 부과하여 부자에게 이를 주는 것으로 흔히 생각한다. 자유주의자는 그러한 모든 활동에 반대한다. 애덤 스미스 및 다른 고전적 자유주의자

23 '만약 재화가 국경을 넘지 않으면 군인이 국경을 넘게 된다'는 말에서 연원하였다. 이는 바스티아(Frédéric Bastiat)가 한 말로 알려져 있고 본서의 저자도 그렇게 설명한다. (제8장, 질문 91번 참조.) 그러나 바스티아의 문헌에서 그런 소스를 찾을 수 없다는 지적도 있다.

24 상대방에게 의존하지만 서로에게 이익을 주는 상호 의존성이며 상대의 일방적 자비심에 달린 의존이 아니다. 한국 반도체 업체가 중국의 희토류 공급에 크게 의존하나 중국이 희토류 공급을 제한하면 한국의 반도체를 꼭 필요로 하는 중국의 산업도 타격을 입는다. 시장 경제의 상호 의존성은 타국의 자비심이 아니라 상호 이익 때문에 유지된다.

는 정부가 기업을 지원해서는 안된다는 견해를 처음으로 내세웠으며 지금까지도 그것을 가장 일관되게 내세우는 사람들이다. 그들에게는 시장에 찬성한다는 것은 정부 지원을 통해 산업을 부양하려고 하기보다 시장을 그대로 놓아두는 것을 의미한다. 그들에게는, 시장에 찬성한다는 것은 시장이 기업의 잘못된 결정을 징벌하도록 허용한다는 것을 의미한다. 만약 GM이 정부 지원이 있어야만 살아남을 수 있다면, 자유주의자는 그것이 죽게 내버려 두라고 말한다.

많은 비판자는 자유주의자가 대기업의 '수중에'in the pocket 있다고 생각한다.[25] 자유주의는 자신을 자유의 철학philosophy of freedom이라고 표방한다. 그러나 비판자들은 '사실 자유주의자의 자유는 단지 기업을 위한 자유이며, 그 밖의 모든 사람에게는 예속과 가난'이라고 말한다. 비판자들은 자유주의의 정책이 모든 사람을 희생시켜 힘 있는 기업에 이익을 줄 것이라고 주장한다. 자유주의가 소수의 엘리트는 대부분의 부를 차지할 수 있게 하는데 반해, 보통 사람은 뒤처지도록 보장할 것이라고 본다. 비판자들은 자유주의는 강도 남작[26]robber barons을 만들어 내는 비책이라고 말한다.

비판자들은 자유주의자가 "만약 경제적 자유가 독점, 기업 지배, 그리고 대중에 대한 빈곤으로 이어진다면 그렇게 놔둬라. 그것은 자유의 대가이다"라고 반응할 것으로 기대한다. 그러나 이것은 자유주의자의 반응이 아니다.

자유주의자는 진보주의적 비판자에 대해 이렇게 대응한다. "제어 안되는 조합주의[27]runaway corporatism는 바로 **당신들의** 잘못이다. 당신들은 대기업과

....

25 자유주의자를 대기업의 앞잡이라고 여긴다.
26 '강도 남작'은 가혹하고도 양심도 없이 축재한 19세기 후반 미국 대기업가를 빗댄 조소이다.

연고 자본주의crony capitalism에 반대한다고 주장할지 모른다. 그러나 당신들이 집권하면, 당신들은 고의든 아니든 보통 사람을 희생시키면서 대기업을 지원한다."[28]

진보적인 정치는 경제에서의 승자와 패자를 정부가 선택할 수 있게 한다. 정부가 승자와 패자를 선택할 수 있는 권한을 갖게 되면 정부와 인맥 관계가 좋은 자가 승자가 될 것이다.

자유주의자는 민주당the Democratic Party 집권 기간에, 중도 좌파가 80년 동안 미국에서 엄청난 권력을 장악해 왔다고 주장한다. 민주당 지지자들은 기업의 권력을 통제하고 제한하기 위해 경제를 규제할 수 있는 권한을 연방정부에게 부여했다. 그러나 기업 및 금융 엘리트는 자신의 이익을 위해 바로 그 권력을 포획해 왔다고 자유주의자는 주장한다.

당신이 괴이하고도 마법 같은 세계에 살고 있는데, 거기서는 폭력 범죄와 싸우기 위해 경찰의 권력을 높이려고 할 때마다 폭력 범죄자들이 그 권

••••••••

27 본래 라틴어 '몸'(corpus)에서 유래한 조합주의(corporatism)는 신체 각부가 잘 기능할 때 몸 전반이 건강하듯이 국가의 각 구성 부문이 제 기능을 잘 수행할 때 사회 전체가 공통 이익의 조화로운 상태에 도달한다는 집단주의 정치 이념이다. 이는 고전적 자유주의와 마르크스주의가 자본-노동 간 계급 갈등에 토대한 것을 피하고 양자의 협력을 강조하기 위해 19세기에 나타났다. 두드러진 예가 무솔리니 체제로 강력한 이익 집단들을 국가 관료제 속에 흡수하여 경제를 집단적으로 관리하였다. 무솔리니식 조합주의는 '연고 자본주의'와 '국가 자본주의'가 결합된 모습이다. 이런 본의의 조합주의에 그 자체로 부패 혹은 부정적 함의는 없다.

그런데 이런 본의의 조합주의와는 별도로 현대 미국의 대중적인 법 및 문화적 언어 용례에서 대기업(corporation)이 정치에 큰 영향을 주는 국면을 역시 '조합주의'라고 부르는 경향이 있다. 기업이 주도하는 정치 체제를 의미하는 이 경우는 '조합주의'보다 '기업 지배 체제'(corporatocracy)라 부르는 것이 더 정확할 것이다. 좀 무리하게 더 축약하면 '대기업 중심 체제'이다. 대중적 의미의 이 조합주의에는 파산에 몰린 기업의 선별적 구제, 글로벌리즘과 FTA에 대한 불만, 세계은행 및 정경 유착에 대한 비판 등의 부정적 평가가 들어 있다. 본문에서는 국가-기업-노조의 결합에 의한 집단적 경제 관리 체제라는 본의의 조합주의가 아니라, 대기업이 정치 체제를 좌우하는 후자 국면을 주로 지적한다. 본서 말미의 용어 해설 참조.

28 자유주의자가 대기업 수중에 매여 있다고 비판하던 당신네 좌파야말로 집권하니 대기업 중심이 되더라. 특정 경제 사상의 문제가 아니라 정치 권력의 문제라는 것이다.

력을 마법처럼 장악하고 훨씬 더 폭력적으로 되었다고 상상해 보자. 그런 세상에서는 당신은 경찰에게 더 많은 권력을 주고 싶지 않을 것이다. 그런 세상에서는, 만약 당신이 경찰에게 더 많은 권력을 부여하느라 80년을 보냈다면, 이제는 당신이 그 범죄에 대해 비난을 받아야 할 것이다. 자유주의자는 기업의 권력을 규제하는 것과 관련해 우리가 바로 이런 기이하고 마법적인 세계에 살고 있다고 말한다.

그러나 그것은 마법이 아니다. 오히려, 조합주의와 연고 자본주의의 부상을 설명하는 메커니즘은 잘 이해된다. 공공선택 경제학이라는 경제학의 한 분야를 공부하기만 하면 된다. 노벨상 수상자인 제임스 뷰캐넌James Buchanan과 케네스 애로Kenneth Arrow뿐 아니라 고든 털럭Gordon Tullock, 앤서니 다운스Anthony Downs, 맨서 올슨Mancur Olson이 개발한 공공선택 경제학은 미시 경제학의 통찰을 적용하여 정치적 행동을 이해하고 설명한다.

자유주의자 및 대부분의 좌파 양측 모두 조합주의[29]와 연고 자본주의에 반대한다. 좌파는 "기업의 힘이 너무 크다. 기업에 맞서는 정부의 힘을 높이자"라고 말한다.[30] 자유주의자는 "기업이 너무 많은 힘을 가지고 있다. 기업에 맞서는 정부의 힘을 줄이자"라고 말한다.[31] 자유주의자는 자신들의 해결책이 겉으로 보기에 황당해 보일 것[32]이라고 인정하지만, 우리가 기업을 압도하는 정부의 권력을 늘릴 경우 그에 대응해 기업은 자신에게 이익이 되도록 하기 위해 그 권력을 포획한다고 주장한다. 기업을 압도하기 위해 정

29 전술한 대로, 본서에서 이는 '대기업 중심 체제'라는 대중 정치적 명칭이다.
30 좌파는 기업의 힘이 너무 크니 정부가 이를 제압해야 한다고 요구한다.
31 자유주의자는 기업의 너무 큰 힘은 결국 정부 때문에 생기니 정부가 손을 떼라고 요구한다.
32 상대(기업)가 매우 크니 정부가 차라리 굴복하라는 의미가 전혀 아니다. 정부가 기업을 규제하는 끝은 결국 오히려 기업에 포획되어 기업에 더 큰 힘을 주게 되므로 정부의 규제 권력을 줄이자는 뜻이다.

부 권력을 늘리는 것은 기업의 권력을 키우는 것이 된다.

자유주의자는 이렇게 말한다: 기업이 너무 강력한가? 경제를 규제하는 권력은 호의favor를 분배하는 권력과 같다. 우리가 경제 게임의 규칙을 통제할 수 있는 권한을 가진 정부 기관을 만들 때, 기업은 바로 그 권력에게 로비를 하고, 그것을 매수하고, 통제하려고 경쟁할 것이다. 기업이 더 파렴치할수록 또 그 정부 기관을 통제하는 것에 더 많은 것이 걸려 있을수록, 기업은 통제력을 얻고자 더 많은 돈을 쓸 것이다. 오바마Obama 행정부와 골드만 삭스Goldman Sachs 사이에 일단의 회전문이 있다는 것은 우연이 아니다. (예컨대, 오바마 대통령의 미국 재무부 비서실장은 과거 골드만 삭스의 로비스트였다. 국민경제위원회NEC 부위원장은 전 골드만 삭스의 분석가였다. 오바마의 경제, 기업 및 농업부의 차관은 골드만 삭스의 전직 부회장이었다. 하필이면, 골드만 삭스는 2008년에 오바마의 선거 운동의 두 번째로 큰 기부자였다.)

생각해 보라: 멕시코의 코카콜라에는 설탕이 들어 있는데, 왜 미국 코카콜라에는 옥수수 시럽이 들어 있는가? 그 이유는 옥수수업계의 로비는 미국에서 강력하기 때문이다. 미국 정부는 옥수수 및 기타 시리얼에 보조금을 지급하여 아처 대니얼스 미들랜드Archer Daniels Midland와 같은 대규모 농업 기업들에게 거의 30억 달러를 공급해 준다. 2005년 에너지 정책법Energy Policy Act은 휘발유에 (옥수수에서 추출한) 에탄올을 첨가하도록 요구함으로써 옥수수 시장을 보장해 준다. 미국은 또한 외국산 설탕에 대해 관세율 쿼터도 부과한다. 자유주의자는 보조금이 대기업에 편향된다는 점을 지적한다. 정부는 작물 및 작물 크기에 따라 농장 보조금을 분배한다. 공장형 농장은 가족형 농장보다 보조금을 더 받는다.

미국은 자유 시장을 가지고 있지 않으며, 또 가진 적도 없다. 그 대신,

의회와 백악관이 그 밖의 사람들을 희생시키면서 자기들이 가장 좋아하는 사람을 고를 수 있는 시장은 항상 있었다. 19세기는 경제적 자유주의의 유토피아가 아니었다. 오히려, 미국은 국내 기업의 이익을 보호하기 위해 외국 제품에 고율의 관세를 부과했다. 철도 회사는 높은 보조금, 토지 압류의 특권, 그리고 독점의 보호를 누렸다. (20세기 초엽까지, 미국 정부의 보조금을 받는 거의 모든 대륙 횡단 철도 회사들이 파산한 반면에, 보조금을 받지 않은 유일한 철도 회사는 번영하였다.)

진보 좌파는 흔히 기업들이 너무 크다고 불평한다. 그러나 자유주의자는 좌파가 선호하는 정책이 시장을 왜곡하여 기업이 더 커질수록 유리하도록 만든다고 말한다.[33] 우리가 경제를 더 많이 규제할수록, 기업은 더 커지는 경향이 있다. 규제를 따르는 데는 비용과 시간이 든다. 당신의 회사가 클수록, 당신은 규제를 더 쉽게 따라갈 수 있다. 정부 기관인 미국 중소기업청 Small Business Administration: SBA은 기업들이 모든 규제를 준수하는 데 평균 10,585달러의 비용이 든다고 보고한다. 그러나 이러한 비용은 고르게 분포되어 있지 않다. 중소기업청은 소규모 기업이 대기업보다 비용이 약 36% 더 많이 든다고 주장한다. 과거의 연구들은 중소기업이 연방 규제를 따르는 데 대기업보다 비용이 60%만큼 더 든다고 추정해 왔다. 혹은 정부가 고용주에게 의료 및 기타 혜택을 제공하도록 요구할 때, 이것이 대기업보다 중소기업에 훨씬 더 많은 비용이 들게 한다는 점을 고려하라. 혹은 제약 회사가 커야 하는 이유를 생각해 보라. 현재 식품의약처[34] FDA 규제하에서는 미국에서 약품을

33 진보 좌파가 규제를 가하면 이 규제를 이겨 내고자 기업은 불가피하게 대규모화한다는 논리이다. 이에 따르면 진보 좌파가 대기업화를 촉진한 것이다.

34 Food and Drug Administration.

시장에 출시하는 데 평균 12년 및 10억 달러가 소요된다. 이런 환경 속에서 거대 제약 회사 아닌 기업이 과연 살아남을 수 있겠는가? 복잡한 세금 법제, 규제 제도, 그리고 면허를 부여하는 규칙은 자연스럽게 대기업을 선택한다. 규제, 세금 법제, 그리고 면허를 부여하는 규칙은 작은 규모 기업을 불리하게 하는 역진세와 같다.

진보 좌파는 흔히 금융 회사와 대형 은행이 너무 많은 재정 위험을 무릅쓴다고 불평한다. 좌파는 이는 경영자가 비합리적이고 탐욕적이기 때문이라고 믿는다. 자유주의자는 일부 경영진이 그렇다는 데는 의심의 여지가 없다고 말한다. 그럼에도 비합리적인 일을 그들이 행하도록 정부가 조장한 부분이 있다는 점을 알아야 한다고 말한다.[35] 클린턴Clinton 행정부는 미국에서 주택 소유가 늘어나기를 원했다. 정부 지원 기업government-sponsored enterprises: GSEs인 패니 메이Fannie Mae와 프레디 맥Freddie Mac은 은행으로부터 훨씬 더 위험성이 있는 모기지를 구입하도록 지시받았다. 지역 재투자법Community Reinvestment Act을 준수하기 위해 정부 지원 기업과 은행은 초기 지불액downpayment 및 자본 요건이 낮은 저소득 차용자에게 대출을 해 주어야 했다. 은행은 위험성이 있는 고객에게 대출을 해 줄 강력한 유인을 가지고 있었으며, 은행은 위험성이 있는 고객들이 이러한 대출을 정부 지원 기업에 매각할 것이라는 점을 알고 있었다. 마지막으로, 정부는 과거부터 대기업에 대한 구제 금융을 반복적으로 해 왔다. 이것은 기업이 구제 금융을 예상하고 그에 맞추어 행동한다는 것을 의미한다. 좌파 성향의 경제학자 존 갤브레이

35 금융 회사와 대형 은행이 그런 과도한 위험을 무릅쓰는 행동은 통상적으로는 분명 비합리적인 것이다. 그런데 정부가 이런 행동을 하도록 조장한 것이다. 정부가 이를 부추길 때는 정상적 상황에서는 비합리적인 것으로 평가되는 이런 일을 금융 회사와 대형 은행이 기꺼이 하게 된 부분이 있다. 이 부분을 간과하지 말라는 의미이다.

스John Galbraith는 "대략 말하자면, 만약 당신이 곤경에 처하고 몸집이 크다면 어떤 식으로든 정부에 의해 구조를 받고 자본이 다시 조달될 것"이라고 말했다. 만약 미국 정부가 웰스 파고[36]Wells Fargo에 구제 금융을 해 주는 짓을 행한다면, 시장은 더 많은 웰스 파고들을 만들어 이에 대응한다.[37] 기업이 충분히 크고 정부와 연줄이 잘 닿아 있는 한,[38] 그것은 위험을 사회화하고 이익을 사유화할 수 있다.[39] 우리는 은행이 더 커지도록 또 더 큰 위험을 무릅쓰라고 부추기고 있다.[40]

진보 좌파는 대기업이 개인 및 소기업을 괴롭힌다고 불평한다. 그러나 기업이 다른 기업을 괴롭히는 주된 방법은 기업이 자기네 대신에 지방 정부가 다른 기업의 재산을 빼앗게 하는 것이다.[41] 정부의 토지 수용권eminent domain은 정부가 공적 사용을 위해 사유 재산(소유자에게 보상을 한 후)을 취할 수 있게 한다. 이 권력의 목적은 원래는 정부가 필요한 공공 구조물을 건설하고 공공재를 제공할 수 있게 하는 것이었다. 그러나 **켈로 대 뉴런던시 재**

36 미국의 다국적 금융 서비스 기업으로 뱅크 오브 아메리카, 시티 그룹, JP모건 체이스와 더불어 미국의 4대 은행 가운데 하나이다. 주택 융자 부분에 경쟁력이 있는 은행이었고 높은 신용을 얻었지만 2007~2008년 세계 금융 위기로 큰 타격을 입었다.

37 웰스 파고가 부실 대출에 대한 정부의 구제 금융을 받아 살아남는다면, 여타의 은행들도 동일한 처우를 기대하며 그와 유사한 위험을 두려워하지 않게 된다. 그러므로 부실 모기지에 따른 미국 금융 위기 원인에는 기업의 이윤 추구가 과다했다는 피상적 국면 외에 정부가 자의적인 구제 금융으로 시장에 개입함으로써 기업이 비합리적인 투자를 하도록 조장한 국면을 주목해야 한다. 정부가 이런 식의 구제 금융을 해 주면 금융 위기에 처한 기업이 줄어들기보다 동일한 구제를 기대하면서 방만한 투자를 하는 기업들을 더 만들어 낸다.

38 주로 구제 금융을 결정하는 부처와의 커넥션이 좋은 기업을 말한다.

39 이윤이 나면 전적으로 기업이 차지하고, 지나치게 위험한 투자로 손실이 나면 정부의 구제 금융을 받아 사회(결국은 국민)에 떠넘기는 것이 '이윤의 사유화, 위험의 사회화'를 말한다.

40 큰 은행이어야 구제 금융을 받을 가능성도 크다. 또 위험을 많이 감수할수록 큰 이익 혹은 큰 손실을 보지만, 손실을 보더라도 정부 구제로 살아남으니 걱정 말라고 부추기는 셈이다.

41 기업 A가 제 이익을 위해 정부(주로 정부의 강제 수용권)를 이용해 다른 기업 B의 재산권을 압류하는 방식을 이른다.

판[42](Kelo v. City of New London, 2005)에서 미국 대법원은 경제 개발을 위한 재산 압류는 공적 사용public use에 해당한다고 판결했다. 만약 어떤 민간 개발업자가 지방 정부에게 그것이 지역 경제에 도움이 될 수 있다고 확신시킬 수만 있다면, 개발업자는 당신의 정부에게 당신의 재산을 빼앗거나 점포를 폐쇄하거나 농장을 파괴해 줄 것을 요구할 수 있다. 자유주의적 법 보호 단체인 정의연구원Institute for Justice은 켈로Kelo 판결을 중단시키고자 노력했으며, 토지 수용권의 남용을 막는 것을 돕기 위해 가난한 사람들에게 무료 서비스를 빈번히 제공했다.

자유주의자는 오바마 행정부가 납세자들의 돈 수백만 달러를 솔린드라Solyndra에 먹여 준 것이 특이한 일이 아니라고 생각한다.[43] 아마존Amazon이 현재 인터넷 판매세(그것은 그 경쟁자인 이베이(eBay)를 불리하게 만들 것이다)를 지지하는 로비를 하고 있는 것이 우연이 아니다. 공개된 문서에 따르면, 지금은 사라진 기업인 엔론Enron은 자신의 경쟁업체에 피해를 주기를 원했기 때문에 배출권 거래 제도[44]cap-and-trade라는 규제 도입을 위해 로비를 벌였다. 자유주의자는 이 모든 것이 예상된 일이라고 말한다. 미국이라는 정부는 미국이라는 기업을 통제하는 엄청난 법적 권력을 가지고 있다.[45] 미국 기업은

········

42 코네티컷주 뉴런던시를 상대로 수석 원고인 켈로(Susette Kelo)를 포함한 토지 소유주들이 시 당국이 토지 수용권을 남용했다고 소송을 제기했다. 대법원은 이를 합헌이라고 판결했지만 사유 재산권을 침해한 판결이라는 광범위한 반대에 직면했다. 합헌 판결에 따라 그 토지를 사용하게 된 민간 개발업자도 필요한 자본을 구하지 못해 결국 그 토지 개발 사업을 포기했다. 이 사안은 토지 수용의 사유에 대해 많은 법학적 논란을 일으켰고 당시 이 반대 논리를 주도한 법학자 중 한 사람인 일리아 소민도 한국을 방문해 이를 소개하였다.

43 태양광 업체인 솔린드라에게 거액을 지원해 주었다는 논란이 된 사안.

44 배출권 거래 제도. 최대 오염 배출량에 대해 '상한선'을 설정하고 배출자 집단의 총배출량을 제한하면서 배출 시장을 형성하게 한 제도.

45 '미국'을 정치 단위인 '정부'와, 기업 단위인 '기업'의 두 주체로 구분해서 해석한 것이다.

자신의 이익을 위해 바로 그 권력을 통제하는 데 영향력과 돈을 쓴다.

공공선택 경제학자들은 이 현상을 '지대 추구'rent seeking라고 부른다. '지대 추구'는 개인 또는 기업이 이익을 확보할 목적으로 법이나 규정을 변경하거나, 법이나 규정이 집행되는 방식을 변경할 목적으로 참여하는 비투표적이고 비범죄적 활동이다.[46] 기업은 정부가 시장 환경을 조작하는 것을 통해 경제적 특혜나 이익을 얻고자 할 때 지대 추구에 참여한다. 제임스 뷰캐넌은 "만약 정부가 일반 공중 혹은 특정한 패자를 희생시키면서 한 그룹에 독점권이나 관세 보호를 부여할 권한을 가지게 되면 잠재적인 수혜자들은 이 상[47]prize을 얻고자 경쟁할 것이다"라고 말한다.

자유주의는 기업의 지대 추구에 대한 처방책을 제안한다. 연고 자본주의와 조합주의[48]는 제어할 수 없는 불과 같다. 진보주의자는 시장을 제압하는 정부의 권력을 늘리기를 원하지만, 자유주의자는 이것이 단지 불에 기름을 붓는 것일 뿐이라고 믿는다. 자유주의자는 연료를 없애 불을 끄기를 원한다. 정부가 경제에서 승자와 패자를 선정할 수 있을 때는 대기업이 항상 승리한다. 자유주의자는 만약 우리가 정부가 가진 경제를 규제하는 권력을 극소화한다면, 기업은 얻고자 경쟁할 권력도, 추구할 지대도, 누릴 보조금도, 그리고 포획할 기관도 없을 것이라고 말한다. 그들은 공개적인 시장 경쟁을 통해서만, 즉 소비자가 최선이라고 믿는 제품 및 서비스 패키지를

········

46 투표로 지대를 얻는 것은 합법적인 정치 과정이다. 한국 학계 및 언론이 뇌물, 부패와 같은 불법적 행위만을 지대 추구로 서술함은 완전히 잘못된 이해이다.

47 이 상이 바로 지대 추구론에서 말하는 지대(rent)이며, 이를 얻고자 벌이는 경쟁을 지대 추구 경쟁, 여기에 소모되는 비용을 지대 추구 비용이라 한다.

48 여기서 '조합주의'는 대기업이 정치에 큰 영향을 미치는 국면을 지적하는 대중적 의미이며, 정부-노동-자본의 연합체가 경제를 공동 운영한다는 본의적 의미의 조합주의와는 무관하다. 지대 추구는 본의의 조합주의 구조를 전제해야만 나오는 것이 아니다.

통해서만 경쟁자를 이길 수 있을 것이다.

이 점에 관해, 자유주의자는 국제 투명성 기구Transparency International: TI에 따르면 뉴질랜드, 덴마크, 스위스, 호주, 홍콩, 그리고 캐나다가 각각 미국보다 부패가 덜한 정부를 가지고 있다고 지적할지 모른다. 그와 동시에, 보수적인 헤리티지 재단Heritage Foundation은 이들 국가의 경제가 미국보다 더 자유롭거나 적어도 미국만큼 자유로운 것으로 평가한다. (덴마크의 점수는 높은 세율로 인해 미국보다 아주 조금 낮다. 그러나 덴마크는 또한 사업 자유도에서 99.1, 투자 자유도에서 90.0, 재정적 자유도에서 90.0을 기록한다. 이와 비교하면, 미국은 이들 척도에 대해 각각 91.1, 70.0, 70.0이다.)[49] 부패로부터의 자유freedom from corruption와 경제적 자유economic freedom는 강한 상관관계를 갖는다.

72 자유주의자는 왜 사회주의가 최악의 인간이 정상에 오르도록 만든다고 믿는가?

20세기에 마르크스주의적 정부들은 두 차례의 세계 대전보다 더 치명적이었다. **『공산주의의 흑서』***The Black Book of Communism*에서 스테판 쿠르투아Stephane Courtois 및 그의 공동 저자들은 20세기에 공산주의 정부가 전쟁에 의하지 않고도 어떻게 8,000만~1억 명의 자국민들을 학살했는지 기록하고 있다. 공산주의 정부의 부상은 사상 최악의 인간적 재앙[50] humanitarian disasters 중 하나

49 자유 시장 경제에서는 세율이 낮은 상태를 좋은 상태라 본다. 사회 복지 국가인 덴마크는 세율이 높으므로 이 항목의 자유도 점수는 미국보다 조금 낮지만, 경제 자유의 다른 중요 항목인 사업 자유, 투자 자유, 재정 자유 등에서는 미국을 월등히 능가하여 경제 자유도 종합 점수에서는 미국과 거의 대등하다.

50 인간적 재앙은 자연적 재앙이 아니라 인간 활동(예: 혁명, 박해, 전쟁 등) 때문에 인간의 생존, 건강 및 복지를 위협하는 재해를 의미한다.

였다.

자유주의자는 명령적 경제인 사회주의가 가난한 사람들을 자유롭게 하거나 그들에게 힘을 부여하는 방법이라고 보지 않는다. 그들은 그것이 힘있는 자가 달려가 다른 사람의 삶을 파괴하도록 돕는 방법이라고 본다. 사회주의자는 그와는 다른 방식으로 자신을 광고할지 모른다. 그러나 자유주의자는 아직까지 그 규칙에 대한 예외는 없었다고 말한다.

중앙 계획은 거대한 권력의 거대한 집중을 필요로 한다. 정부가 경제를 계획하기 위해서는 거의 모든 것을 통제하는 것이 필요하다. (이것은 우리가 우리의 시민적 자유를 어떻게 행사할 수 있는가에도 영향을 주는 것임을 유의하라. 신문을 발행하기를 원하는가? 거기에는 중앙 계획가가 통제하는 자원이 필요하다.)[51]

사람들이 이 권력을 얻고자 경쟁할 때는 악인이 유리하다. 스탈린과 같은 자는 권력을 얻는 데 필요한 것은 아무런 도덕적 제약 없이 무엇이든 할 것이다.

경제학자 하이에크F. A. Hayek는 '왜 마르크스주의 혁명적 사회주의자가 사회주의 국가를 만드는 데 성공했지만 민주적 사회주의자democratic socialists가 오랫동안 집권하면서 자신의 계획을 실행한 적은 없었는가'라고 묻는다. (혹은 더 정확히 말하자면, 왜 민주적 사회주의자가 집권할 때는 그들이 진정한 사회주의를 시행하지 못하는가?)[52] 자유, 권리, 그리고 개인의 존중과 같은 민주적 사회주의자 나름의 가치는 계획의 작동에 필요한 것을 하지 못하도록 만든다.[53] 혁명적 마르크스주의자는 자신 및 타인에게 가혹한 규율을 부과한다.

51 제5장에서 살펴본 시민적 자유(civil liberty)에 속하는 언론 자유도 신문 용지를 마음대로 거래하는 경제적 자유가 없다면 불가능하다.

52 하이에크의 질문 핵심은 왜 사회주의는 민주제 체제가 아닌 폭력적 혁명 체제에서만 존속하는가이다.

그들은 개인의 삶을 소중히 여기지 않는다. 그들은 그들의 앞을 가로막는 자는 누구든지 기꺼이 죽이려고 한다.

중앙 계획은 강압적으로 집행되어야 한다. 만약 당신이 모든 경제 전체를 갑자기 계획하고자 한다면, 당신은 사람들이 자본주의 사회처럼 제 나름의 계획을 세우도록 허용할 수 없다. 당신은 각 사람이 제 몫을 하기를 필요로 한다. 당신은 당근을 사용하는 것을 시도해 볼 수 있지만, 당근은 사람들에게 선택권을 허용한다. 당신은 당근 대신에 막대기에 의지해야 할 것이다.[54]

지식인은 훌륭한 중앙 계획가가 아니다. 지식인들의 마음은 하나가 아니다. 그들은 사상에 도전하면서 반대를 한다. 오히려 당黨 노선을 끌고 가는 사람은 중앙 계획가이어야 한다.

자유롭고도 민주적인 결사체들은 훌륭한 중앙 계획가가 되지 못한다. 자유 민주적 결사들이 공동선을 증진하기를 원할 수 있다. 그러나 그들은 민주적이기 때문에 그것이 의미하는 바나 수행 방법에 대해서는 의견이 일치하지 않을 것이다. 그들은 의견이 다르므로 느린 결정을 내릴 것이다. 그들은 교착 상태에 빠지게 되고 결국 독재 권력을 가질 한 사람을 선택해야

....

53 '민주적' 사회주의는, 예컨대 자유나 개인 존중이라는 나름의 가치를 소중하게 여긴다. 그런데 그들은 또 '계획'을 중시하는 사회주의의 한 부류이다. 사회주의 계획이 제대로 작동되게 하는 데는 그들이 품은 자유나 개인 존중 따위는 방해가 됨을 발견한다. 오히려, 그런 가치를 모르는 공산주의자들은 그런 도덕적 가치에 얽매이지 않는 가혹한 방식으로 계획을 집행할 수 있다. 사회주의에서 진정 성공하려면 악의 강도가 센 자이어야 한다. 악할수록 그 체제의 최고 지위에 오른다. 인민에 대한 어설픈 존중심을 가진 민주적 사회주의자들이 다 축출되고 흉악한 스탈린, 마오쩌둥, 김일성류가 최종 승자가 되는 이유가 이것이라는 것이 하이에크의 요지이다. 최악의 인간이 최고의 자리에 오른다. 바꾸어 말하면, 최고의 자리는 최악의 인간만이 차지한다는 것이 하이에크, 『노예의 길』, 제10장의 요지이다.

54 계획 경제는 개인에게 선택권을 허용하면 안되고 오직 강제(막대기)를 통해서만 가능하다는 것이다.

할 것이다.

하이에크는 중앙 계획은 사람들이 그 계획을 자신의 계획으로 간주할 것을 요구한다고 덧붙인다. 그래서 선전을 필요로 한다. 선전으로 통제될 수 없는 사람들에게는 KGB와 같은 것이 필요하다. 당신은 누가 계획에 따르는지 또 누가 그렇지 않은지 알아보기 위해 사람들을 감시할 필요가 있을 것이다.

73 왜 자유주의자는 사회주의가 번영을 만들지 못한다고 생각하는가?

자유주의자에게는 공유 재산에 관해 아무런 문제도 없다. 예컨대, 대부분의 배우자는 재산을 공유한다. 사람들이 자발적으로 재산을 전체 공동체 사이에서 공유하기를 원한다면 자유롭게 그렇게 할 수 있어야 한다. 사람들은 키부츠Kibbutze 혹은 다른 코뮌commune을 형성할 권리가 있다. 자유주의자는 아무도 이 공동체에 강제로 끌려들어 와서는 안된다고 말한다.

자발적인 사회주의적 협동조합과 대규모 사회주의적 경제 사이에는 차이가 있다. 자유주의자는 국가 사회주의가 대규모로는 작동할 수 없다고 주장한다.

확장된 경제는 수백만(그리고 오늘날에는 수십억)의 사람이 행동을 조정하여 좋은 결과를 산출할 수 있을 것을 요구한다. 이를 위해서는 사람들이 자신에게 최선의 할 일이 무엇인지를 알 수 있어야 하며, 또 이를 행동에 옮길 인센티브가 있어야 한다.

시장은 조정하는 사람이 없으면서도 수십억 명의 사람들을 조정한다.

시장을 군대와 비유하라. 군대에는 엄격한 계층제가 있다. 총사령관은 목표를 설정한다. 장군은 전략을 세우고 자기 아래의 하급 장교에게 명령을 내린다. 이런 순서로, 명령은 전문화의 정도가 점차 높아지면서 가장 낮은 말단 사병에까지 전파된다. 이등병은 명령을 따르는데, 그들에게는 자신의 목표 설정은 없다. 이와는 대조적으로, 자유 시장에서는 장군에 해당되는 사람은 아무도 없다. (달리 말하면, 모든 사람이 장군이라고 말할 수 있다. 시장에서는 모든 사람이 어느 정도는 계획가 혹은 전략가이다.) 그렇다면 시장은 어떻게 하나로 연합되는가? 아무도 명령을 내리지 않는데 어떻게 명령이 있을 수 있는가?

노벨상 수상자 하이에크를 따라, 자유주의자는 경제의 작동에는 세 가지가 필요하다고 주장한다:

(1) **정보**Information: 무엇인가가 개인에게 그 사람이 무엇을 해야 하는지를 신호로 보내야 한다.
(2) **인센티브**Incentives: 무엇인가가 사람을 그 정보를 토대로 행동하도록 유인해야 한다.
(3) **학습**Learning: 무엇인가가 사람들의 실수를 교정해야 하고 사람들에게 정보와 인센티브에 더 잘 반응하도록 가르쳐야 한다.

시장 경제는 세 가지 메커니즘으로 이 요구에 기여한다.

(1) **정보**: 가격
(2) **인센티브**: 사유 재산

(3) **학습**: 이윤 및 손실

자유주의자는 경제를 가격, 사유 재산, 그리고 이윤 및 손실로 운영하는 것이 가능하다고 말한다. 어떤 소규모 공동체라면 그것들 없이도 그럭저럭 유지될 수 있다. 그러나 대규모 경제는 그것이 불가능하다.

명령 경제[55] command economy에서는 소수의 사람만이 계획을 한다. 시장에서는 모두가 계획을 한다. 경제 계획에 관해서는 70억 명의 머리가 1명의 머리보다 나은 것이 보통이다. 시장에 있는 각 사람은 경제, 지역적 기회 및 비용, 그리고 특히 자기 나름의 필요와 욕구에 관해 상이한 정보를 가지고 있다. 경제 체제가 작동하는 데는 이 분산된 정보가 계획가에게 전달되어야 한다. 경제학자가 가격이 수요 및 공급의 함수라고 말할 때 그들은 가격이 이러한 분산된 정보를 계획가에게 전달한다고 말하고 있는 것이다.[56] 시장에서는 가격이 척도이다.

명령 경제가 가격을 정할 때는, 그 가격은 그 무엇에 대한 척도가 아니다. 정부가 명령하는 가격은 인위적인 것이기 때문에 희소성이나 수요에 대한 어떤 정보도 전달하지 않는다. 진정한 가격 없이는 계획자는 신뢰할 수 있는 경제 계산을 수행할 수 없다. 가격 체제가 없으면, 그들은 사과나 오렌지의 생산 중 어느 것이 더 생산적인지 신뢰성 있게 결정할 수 없다. 중앙 계획가가 신발 생산에 플라스틱이나 금속제 삽, 금이나 알루미늄 철사, 혹은 가죽이나 캔버스를 사용할지 어떻게 알겠는가? (그것은 전체 체제 속의 모든 상이한 생산 요소의 양과 품질에 대한 정확한 목록 명세와 모든 상이한 위치들에 대응

55 명령 경제는 전술한 중앙 계획 경제 혹은 사회주의 경제와 동의어이다.
56 각인의 다양한 정보를 일일이 알 필요가 없으며 가격이 이 정보를 알려 준다.

하여 모든 지리학적 지식 및 가능성을 한꺼번에 알아야 하며, 또한 가능한 모든 순열에 대해 알아야 한다는 것을 요구한다.) 간단한 대답은 그들은 이것들을 모른다는 것이며, 그래서 추측을 한다는 것이다. 또한 바로 그 때문에 그들은 여전히 가난하다는 것이다.[57]

74 자유주의자는 왜 정부의 경제 개입에 반대하는 경향이 있는가?

경제학자는 시장 실패를 교정하기 위해, 원칙적으로는 정부 개입이 정당화될 수 있다고 말한다. 자유주의자는 시장이 실패할 가능성이 있고 정말로 실패한다는 데도 동의한다. 그러나 자유주의자는 시장 실패가 **정부 실패**와 균형을 이루어야 한다고 생각한다. 정부에게 시장을 규제하거나 시장 실패를 교정할 권력이 주어질 경우, 그들은 흔히 상황을 개선하는 것이 아니라 악화한다. 자유주의자는 일단 우리가 정부 실패의 이유를 밝힌다면, 우리에게는 정부의 경제 개입을 선호할 이유가 훨씬 줄어들 것으로 생각한다. (이 점에 대한 더 자세한 설명을 위해서는 질문 36번 참조.)

자유주의자는 그러한 정부 개입주의가 연고 자본주의와 조합주의로 이어진다고 말한다. 자유주의자는 진보 좌파가 기업 권력을 통제할 수 없는 상태로 만들었다고 믿는다. (이 점에 대한 자세한 내용을 위해서는 질문 71번 참조.)

지금은 명령 경제적인 사회주의를 지지하는 사람은 거의 없다. 중앙 계

....

57 시장 가격이 존재할 때에는 이런 거대한 지식을 다 알 필요가 없다. 사회주의의 필연적 실패 이유로 하이에크는 자원의 최적 배분을 인도해 주는 가격이 존재하지 않는 점을 지적한다. 정확한 가격 정보를 모르고 단지 그에 대한 '추측'에 토대하여 계획을 세운다.

획이 실패한다는 것을 대부분은 알고 있다. 대부분의 사람이 중앙 계획은 비효율적이며 번영을 낳지 못한다는 것을 알고 있다. 대부분의 사람은 전체 경제를 계획하는 것이 불가능하다는 것을 알고 있다. (질문 72번 및 73번 참조.)

그러나 자유주의자는 사람들이 그와 관련된 한 가지 포인트를 깨닫지 못한다고 주장한다. 거대 경제를 **계획하기**는 불가능하다. 이는 경제가 너무 복잡하기 때문이다. 시장 기반 경제를 **관리하기**와 **통제하기**는 불가능하지는 않더라도 극히 어렵다.

경제를 규제하고 관리하고 통제하기 원하는 사람들은 경제를 일종의 기계로 간주한다. 그들은 관료와 중앙은행가를 경제 엔진을 원활하게 가동하는 엔지니어와 기계공으로 간주한다.

자유주의자는 시장 경제는 기계가 아니라고 말한다. 오히려, 시장은 생태계이다. 연방준비제도, 정치인, 그리고 규제 기관들은 엔지니어가 엔진을 개조하는 엔지니어라기보다 정글을 통제하려는 공원 관리인과 같다. 정글과 똑같이, 시장도 그 나름의 논리가 있다. 예컨대, 규제 기관은 비숙련 노동자를 시간당 20달러 밑으로 고용하는 것은 불법이라고 명령할 수 있다. 그러나 규제 기관이 사람들이 실제로 시간당 20달러에 비숙련 노동자를 고용하기를 원할 것을 명령할 수는 없다.

시장은 관리하기가 정글보다 **더 어렵다**. 정글은 내부 논리를 가지고 있으며, 우리가 그것들을 통제하고자 할 때는 예상하지 못한 방식으로 반응한다. 그럼에도 정글은 정글이 할 일을 한다. 그 반면에 시장은 자기 나름의 계획들을 가진 현실의 사람들이 살고 있다. 시장 속 행위자들은 **전략적으로** 경기를 펼친다. 규제 기관이 그들을 통제하거나 그들에게 영향을 미치고자 할 때, 시장의 행위자는 통제 및 영향력에 맞대응하거나 이를 이용하고자 한다.

이 점에 관해, 2011년 노벨 경제학상 공동 수상자인 토머스 사전트Thomas Sargent와 크리스토퍼 심스Christopher Sims, 1995년 노벨상 수상자인 로버트 루카스Robert Lucas의 연구를 고려해 보라. 사전트, 루카스, 그리고 심스는 거시 경제학에서 '합리적 기대'rational expectations 이론을 전개했다. 합리적 기대 이론은 전반적으로 보면, 시장 주체들이 시장의 미래 예측에서 체계적으로 틀리지는 않는다고 말한다. 그들이 실수를 저지르기는 하지만, 이러한 실수들은 무작위적이며 서로 간에 상쇄된다.[58] (참고: 합리적 기대 이론은 자산 거품이 일어날 수 있다고 인정한다.)

합리적 기대 이론이 올바르다면, 많은 정부 개입은 실패할 수밖에 없다. 예컨대, 거시 경제학 교과서는 높은 실업이 있을 때마다 중앙은행이 통화를 팽창하도록 권장하고는 했다. 중앙은행이 돈을 새로 찍어 경제에 풀어 물가를 인상할 수 있기를 희망한 것이다. 그러면 이것은 고용주가 자신의 제품에 대한 유효 수요가 실제보다 높은 것으로 믿도록 **'속일 수 있다'**. 그러면 이렇게 속은 고용주는 더 많은 근로자를 고용하기를 원할 것이다. 근로자는 정상 임금을 받아들일 것인데,[59] 왜냐하면 임금은 인플레이션에 대한 반응에서 다른 많은 물가보다 더 천천히 오르는 경향이 있기 때문이다. 그러므로 높은 실업은 끝날 것이다. 적어도 그렇게 되기를 희망했던 것이다.

이런 종류의 개입은 중앙은행이 고용주와 근로자를 속일 수 있는 경우

58 예컨대, 기업은 생산비를 차지하는 유가 추정에서 실수를 하지만, 어느 때는 과다하게, 다른 때에는 과소하게 추정하므로 이 오류는 상쇄된다.

59 물가가 오르는 상황에서 임금도 상승한다면 고용주는 고용을 증가시키기가 어려울 것이다. 그러나 임금은 다른 물가보다 늦게 상승하는 경향이 있으므로 당장은 기존의 임금 수준에서 고용이 일어난다. 따라서 고용주는 고용을 증가할 수 있고 실업은 해소된다는 논리이다.

에만 효과를 본다. 합리적 기대 이론은 은행이 그들을 속일 수 없다고 말한다. 합리적 기대 이론은 고용주나 근로자가 실제 인플레이션율이 어떠할 것으로 생각할지를 우리가 사전에 예측할 수 없다고 말한다. 그 대신에, 합리적 기대 이론에 따르면 연준이 통화 공급을 팽창할 때 시장 주체들은 연준이 그렇게 하고 있다는 사실을 알아채는 경향이 있다. 시장 주체들은 그에 맞추어 통화 수요를 조정한다. 고용주는 더 많은 근로자를 고용하려고 하지 않는다. 즉, 그들은 연준 때문에 높은 물가가 나타났다는 것을 전반적으로 안다. 근로자들은 더 높은 임금을 원한다. 즉, 그들은 연준이 물가를 인상하게 했다는 것을 전반적으로 안다. 이는 연준이 달러 지폐를 찍는 것으로는 실업을 치료할 수 없다는 것을 의미한다.

끝으로, 자유주의자는 정부 개입이 더 많은 개입을 가져온다고 말한다. 정부가 개입할 때 정부는 그들이 행하는 좋은 결과와 관계없이 전혀 예견하지 못한 나쁜 결과를 낳는 경향이 있다. 그러면 정부는 그들이 예견하지 못했던 나쁜 결과를 바로잡기 위해 다시 개입하는 경향이 있다. 예컨대, 도시들이 임대료를 통제하면 가난한 사람들을 위한 주택이 부족해지는 경향이 있다. 그렇게 되면 이 때문에 도시들은 공공 주택 건설을 밀어붙인다. 혹은 자유주의자는 미국 주택 정책이 은행들이 나쁜 위험을 무릅쓰도록 유도했다고 말한다. (질문 92번 참조.) 이것이 금융 위기를 초래했는데, 다시 이 금융 위기는 정부가 값비싼 경제 회복 법안을 통과시키지 않으면 안되도록 압박했다.

일부 반자유주의자는 자유주의자가 옳으며 정부 개입은 흔히 실패한다고 말한다. 그러나 그들은 그러한 개입이 또한 성공하고 큰 유익을 주는 경우도 흔하다고 주장한다.

제7장

사회 정의와 빈곤층

75 사회 정의란 무엇인가?

사회 정의, 혹은 배분적 정의[1] distributive justice는 몇몇 사람들이 정치 및 경제 제도를 판단하는 도덕적 표준이다. 사회 정의 옹호자들은 우리 제도들의 도덕적 정당성은 이러한 제도가 빈곤층과 가장 불리한 계층의 이익에 얼마나 잘 봉사하는지에 달려 있다고 믿는다. 사회의 기본 제도는 모든 사람에게 충분히 혜택을 주어야 하는데, 거기에는 사회의 가장 불리한 계층 및 가장 취약한 구성원들이 포함된다.

76 대부분의 자유주의자가 사회 정의를 거부하는가?

'강성 자유주의자'(질문 5번 참조)는 사회 정의를 거부한다. 그들의 시각에서는 정의란 단지 사람들이 서로의 권리 존중을 요구하는 것일 뿐이다.

강성 자유주의자는 사회 정의를 강조하면 부富를 재분배하는 복지 국가 welfare state를 강조하게 된다고 가정하는 경향이 있다. 강성 자유주의 철학자 로버트 노직 Robert Nozick은 우리에게 부를 배분할 **권리** right가 없다면 우리는 **어떻게** 배분해야 하는지 물을 수 없다고 주장한다.[2] 누군가가 분실한 어떤 지

1 정의(justice)를 '배분'의 문제로 파악하는 것 자체가 논란이 될 수 있고 이는 특히 강성 자유주의자의 많은 비판을 받는다. 고전적 자유주의자는 '사회'라는 접두어를 붙인 '사회(적) 정의'는 아예 존재할 수 없는 개념으로 본다. 여기서 저자는 일단 그런 논쟁을 피하고자 정의를 올바른 '배분'으로 일단 수용한 후 나아가 자유주의적 관점으로 재해석한다.

2 노직의 정의론의 핵심이다. 우리가 자원을 어떤 식으로 나눌까를 정하기 이전에 나누는 권리가 우리에게 있는지를 먼저 보아야 한다.

갑을 당신이 찾았다고 가정해 보자. 정의justice는 지갑을 소유자에게 돌려주라고 요구한다. 돈을 배분하는 가장 좋은 방법이 무엇인지 당신이 걱정해서는 안된다. 즉, 그것은 당신이 배분할 당신의 돈이 아니다.

노직은 이 점은 정부에게도 적용된다고 말한다. 노직은 우리가 역사[3] history를 가진 세상에 살고 있다고 말한다. 사람들은 자신의 부에 대한 우선적인 청구권이 있다. 이것은 철학자든 정부든 누군가가 사회 정의를 실현하느라 부의 재분배에 관해 이야기할 수 있는 정도를 제한한다. 사람들이 강제나 사기를 통해 재산을 얻으면 그 재산에 대해 어떤 청구권도 없다. 그러나 노직은 만약 사람들이 정의로운 수단을 통해 부를 얻는다면 다른 사람이 그것을 빼앗아 또 다른 사람에게 줄 권리가 없다고 주장한다. 만약 내가 내 재산을 정당하게 소유하고 있다면, 정부는 그 재산을 나로부터 몰수할 수 없으며, 심지어 빈곤층을 돕기 위해서라도 그럴 수 없다.

좌파는 흔히 '배분적 정의'라는 용어를 '사회 정의'social justice의 동의어로 사용한다. 노직은 '배분적 정의'라는 용어는 부는 하늘에서 떨어진 만나[4] manna와 같으며, 정부의 임무는 그 만나를 배분하는 방법을 알아내는 것이라고 말한다. '부의 배분'distribution of wealth이 있다는 말은 오해를 준다: 그것은 **누군가**가 부를 배분했다고 암시한다.[5]

....

3 노직에게 이 '역사' 개념이 중요하다. 현실의 자원 상태만 보고 정의 여부를 평가하는 것이 아니라 이 현실에 이른 과정(즉, '역사')을 검토한 후 정의 여부를 판단해야 한다고 본다. 현재 당신이 가진 1억의 소득이 훔친 것인가, 정당한 거래의 결과인가가 초점이다.

4 이스라엘 백성이 출애굽 후 가나안 땅에 정착하기까지 광야 생활 40년 동안 하나님이 양식으로 내려 준 음식(출애굽기, 16: 1~36; 민수기, 11: 1~9)이다. 만나는 하나님이 내려 준 것이나 시장 결과는 개인적 선택의 산물이다.

5 이 점은 하이에크가 강조한 사실이다. 계획 경제가 아닌 자유 시장 경제 안에서는 배분을 결정하는 어떤 강력한 배분 주체가 존재하지 않는다. 그럼에도 좌파는 오늘날, 예컨대 '배분이 잘못되어 있다'라고 주장한다. 마치 노사 양측에게 몫을 권위 있게 나누어 주는 거대 권력자가 존재하는

노직은 자유 시장에서는 부를 사회에 배분한다는 것이 존재하지 않는데, 이는 성$_{性}$ 파트너, 배우자, 또는 친구를 배분한다는 것이 존재하지 않는 것과 같다고 말한다. 실제로는, 어떤 사람들은 다른 사람들보다 더 많고도 더 좋은 친구를 갖고 있다. 어떤 사람들은 다른 사람들보다 더 바람직한 파트너와 더 많이 그리고 더 나은 섹스를 한다. 우리는 일의 성과가 나쁜 사람들에 대해 안타깝다고 느낄 수 있다. 그렇더라도 성 파트너, 배우자, 또는 친구의 공정한 혹은 불공정한 배분을 말하는 것은 이치에 맞지 않는다. 파트너나 친구를 배분한 사람은 아무도 없었으므로, 따라서 그들을 공정하게 혹은 불공정하게 배분한 사람도 없다. 친구와 파트너의 '배분'$_{distribution}$ 상태는 자유로운 사람들이 누구와 그리고 어떤 조건으로 관계를 맺을지를 자유롭게 선택한 결과에서 나타난 패턴이다.[6]

사람들이 이러한 선택을 할 때, 어떤 사람들은 다른 사람들보다 더 많은 이익을 얻는다. 몇몇은 아무런 이익을 얻지 못한다. 그러나 친구, 배우자, 또는 성 파트너를 재분배하는 점에 대해서는 문제의 여지가 없다. 뜨거운 섹스의 불공정한 배분을 바로잡기 위해 슈퍼모델이 40세 처녀와 잠자리를 갖게 할 것을 주장하는 사람은 아무도 없다. 사람들은 자기 몸을 원하는 대로 다룰 권리가 있으며 누구와 교제할지 선택할 권리가 있는데, 이것이 누군가를 다른 사람들보다 후생이 더 나쁘게 만드는지에 관계없이 그러하다. 당신이 비록 모든 사람이 멋진 섹스를 평등하게 이용하는 것이 더 나을

....

듯이. 이 점은 정의를 곧 '배분적 정의'와 동일시하는 모든 재분배주의자에 대한 비판이 된다. 배분을 권력적으로 수행하는 강력한 주체를 가진 것은 사회주의, 공산주의이다.

6 언뜻 보면 누군가가 배분한 것으로 보이는 배분 결과의 모습들은 실제로는 시장 속에서 자유로운 개인의 자유로운 선택 결과가 보이는 어떤 양상, 즉 패턴일 뿐이다. 친구를 많이 사귀려 노력과 자원을 들인 사람은 그러지 않은 경우보다 더 많은 친구를 둔 양상을 보일 것이다.

것으로 생각할지라도, 당신이 성의 이용을 재분배할 권리는 없다.

노직은 이러한 추론을 부의 '배분' 문제로 확장한다. 사람들에게는 어떤 종류의 부와 재산을 보유, 사용, 그리고 거래할 권리가 있다. 사람들이 자신의 부에 관해 자발적인 선택을 할 때 어떤 사람들은 다른 사람들보다 더 많은 것을 얻는데, 이는 사람들이 섹스나 우정에 대해 자발적인 선택을 할 때 어떤 사람들은 다른 사람들보다 더 많은 것을 얻는 것과 똑같다.

노직은 정의는 부의 **비율**에 관한 것이 아니라고 주장한다. 예컨대, 어떤 사회에서 상위 1%가 하위 10%의 소득의 100배를 가지고 있다고 가정해 보자. 이 사실만으로는 그 사회가 정의로운지 혹은 불의한지에 대해 **아무것**도 말해 주지 않는다. 부의 배분이 정의로운지 불의한지 알려면 우리는 더 많은 정보가 필요하다.

우리는 어떤 정보를 필요로 하는가? 노직은 정의라는 것은 사람들이 부를 **어떻게** 획득하는지에 관한 것이라고 주장한다. 우리는 사람들이 그들이 가진 소득을 얻는 방법과 이유를 알 필요가 있다. 부의 배분이 정의로운지 결정하려면 우리는 역사를 살펴볼 필요가 있다.[7] 사람들이 정당한 방법으로 그들의 부를 획득한다면 그들은 그것을 가질 자격이 있다. 만약 그렇지 않다면 그들은 그것을 가질 자격이 없다.

자유로운 사람들이 자신의 재산을 어떻게 사용하는지를 자유롭게 선택함으로써 불평등이 발생한다면 그 불평등은 정의로운 것이다. 예컨대, 우리 각자가 르브론 제임스[8]Lebron James가 경기하는 것을 보기 위해 농구 경기

7 노직은 현재의 부의 분포를 만든 역사를 보지 않은 채 이를 누군가가(대개, 정부가) 정의를 빙자하여 이를 재분배하려는 시도를 거부한다. 정의로운 과정을 통해 획득된 이상, 그것이 결과적으로 불평등하게 분포되어 있더라도 그것 자체가 정의로운 것이다.

마다 25센트를 지불할 것을 결정했다고 가정해 보자. 그리하여 르브론 제임스가 우리보다 100배 더 부자가 되었다고 가정해 보자. 노직은 여기에는 불의가 없다고 말한다. 우리는 제임스에게 우리의 돈을 줄 자격이 있었다. 제임스는 그것을 받을 자격이 있었다.

노직은 우리가 부의 배분을 사전에 생각한 어떤 패턴에 맞추려고 해서는 안된다고 주장한다.[9] 그 대신에, 우리는 사람들이 오직 정의로운 **절차**를 통해서만 부를 얻을 수 있게 해야 한다. 노직은 자신의 배분적 정의 이론을 자격 이론entitlement theory이라고 부른다. 거기에는 세 가지 주요 원칙이 있다:

(1) **취득의 정의 원칙**The principle of justice in acquisition: 이전에 소유하지 않은 재산을 개인이 어떻게 정의롭게 소유하게 되는지를 설명하는 어떤 원칙 또는 원칙의 집합. (예컨대, 남이 소유하지 않았던 토지를 경작한 개인은 토지에 대한 소유권을 주장할 수 있다.)

(2) **이전의 정의 원칙**The principle of justice in transfer: 과거에 다른 사람이 소유했던 재산을 어떻게 자신의 재산으로 소유하게 되는지를 설명하는 어떤 원칙 또는 원칙의 집합. (예컨대, 내가 당신의 컴퓨터를 산다면, 나는 정

8 르브론 레이먼드 제임스 시니어(LeBron Raymond James Sr., 1984~). 미국 프로 농구 유명 선수(2022년 현재 LA 레이커스 소속). 과거 3개 팀에 소속 중 4회의 우승(2012년, 2013년, 2016년, 2020년)을 거두었다. 원래, 로버트 노직이 당시 유명 농구선수이자 지금까지도 역대 최고의 선수로 평가받는 윌트 체임벌린을 들어 설명했다. 마이클 조던은 그보다 낮은 역대 2위로 평가받고 있다. 저자는 요즘 독자를 위해 과거의 체임벌린 대신에 현존 선수 르브론 제임스로 바꾸어 같은 취지를 설명한다.

9 예컨대, 두 당사자 간에 1:2라는 비율로, 혹은 롤스식으로 가난한 사람에게 유리하도록 …. 어떤 식이든 미리 배분 패턴을 염두에 두고 이에 맞도록 배분을 행하는 모든 것이 다 특정 패턴에 인위적으로 맞추려는 배분이고 이는 정의로운 배분이 아니다. 정의는 '결과'가 특정 패턴에 맞느냐에 달린 것이 아니라 부를 획득한 '과정'이 정의로운가에 달린 문제라는 것이 노직의 견해이다.

의롭게 컴퓨터를 획득하고 당신은 정의롭게 얼마의 돈을 획득한다.)

(3) **교정의 정의 원칙**The principle of justice in rectification: 사람들이 원칙 (1)과 (2)를 위반했을 때 어떻게 해야 하는지를 설명하는 어떤 원칙 또는 원칙 집합. (예컨대, 만약 내가 도난된 차를 산다면, 비록 그것이 훔친 차임을 몰랐을지라도 나는 그 차를 정당한 소유자에게 반환해야 한다.)

요약하면, 정의로운 상황에서 정의로운 단계를 통해 일어나는 부의 모든 배분은 그 자체로 정의롭다고 말하는 것이 자격 이론이다.

비판자들은 자격 이론이 우리가 현실 세계에서 볼 수 있는 불평등을 정당화하려는 것으로 생각한다. 그렇지 않다. 자격 이론은 취득과 이전의 역사가 정의롭다면 현재의 배분도 정의롭다고 말한다. 그러나 물론 취득과 이전의 역사가 아주 불의한 적이 있었다. 우리가 소유한 땅의 상당 부분은 사람들에게서 정복으로 탈취한 것인데, 그들 자신도 그 이전에 역시 정복을 통해 그 땅을 탈취했었다. 오늘날의 우리 경제에서, 기업은 경제 체제를 자신의 이익에 유리하게 움직이고자 정부를 이용한다. 대기업은 정부로부터 구제 금융, 보조금, 그리고 대출을 받으며 자신들의 이익을 위해 토지 수용권eminent domain을 사용해 가난한 사람들에게서 토지와 재산을 탈취한다. 국회의원은 연방 자금을 자신들의 사업에 투입해 주고 있다. 기타 등등.

따라서 노직의 자격 이론은 현재의 불평등을 정당화하지 **않는데**, 왜냐하면 현재의 불평등이 정의로운 조치를 통해 발생하지 않았기 때문이다.[10] 노직은 심지어 과거의 불의를 바로잡기 위해서는 몇몇 부를 지금 재분배해

10 노직의 자격 이론이 현존 불평등을 정당화한다는 좌파식 비판은 옳지 않다. 정의롭지 않은 역사로 생긴 현존 불평등은 오히려 불의라고 정확히 규정하는 것이 노직의 이론이다.

야 할지도 모른다고 말한다.

몇몇 반자유주의자는 노직은 사람들이 결과가 어떠하든 자신을 위해 부를 획득할 권리가 있다고 가정한다고 말한다. 노직과는 대조적으로 그들은 재산권을 협약의 집합set of conventions으로 본다. 그들의 시각에 따르면, 이러한 협약은 그 협약하에 있는 모든 사람이 충분히 혜택을 받을 것으로 예상되는 경우에만 정당화될 수 있다.

77 모든 자유주의자가 사회 정의를 거부하는가?

고전적 자유주의자가 시장을 옹호한 이유의 상당 부분은 가난한 사람들을 돕기 위한 것이다.[11] 애덤 스미스는 국가의 부는 왕의 국고 규모가 아니라 보통 사람들의 배stomach와 그의 자녀들이 이용할 기회로 측정되어야 한다고 말했다.

신고전적 자유주의자는 정의로운 사회 제도는 모든 사람, 특히 사회의 가장 취약한 구성원에게 이익을 주는 경향이 있어야 한다고 믿는다.[12] 신고전적 자유주의자는 자유 시장 사회가 사회 정의라는 목표를 실현하는 최선의 수단이라고 믿는다. 자유주의자는 진입 장벽이 최소화되고 이민 제한 및 노동 제한이 거의 또는 전혀 없으며 규제가 거의 없는 고도성장의 자유 시장 경제를 내세우는데, 왜냐하면 그들은 이를 빈곤과 싸우는 길이라고 간

11 물론 가난한 사람들을 돕는 것이 고전적 자유주의자가 시장을 옹호하는 가장 주요한 이유는 아니다.

12 이 점이 고전적 자유주의자 및 강성 자유주의자에 대비한 신고전적 자유주의자의 가장 특징적 요소이다.

주하기 때문이다.

신고전적 자유주의자는 모든 사람이 재산을 취득하고 사용할 권리가 있다는 강성 자유주의자에 동의한다. 그러나 합리적인 사람이라면 재산권의 정확한 성격과 범위에 대해 논쟁을 제기한다고 덧붙인다.[13] 재산권은 협약의 집합이며, 여러 집단의 사람들이 다양한 협약들 아래에서 살아갈 수 있다. (예컨대, 사람이 얼마나 오래 토지를 사용하지 않을 경우 토지에 대한 권리를 몰수당하고 소유권이 없는 상태로 돌아가느냐는 질문을 생각해 보라. 또는 어떤 개인이 소유한 적 없는 재산을 자기 재산이라고 주장하려면 무엇이 필요하냐는 질문을 생각해 보라.)[14] 신고전적 자유주의자는 만약 모든 사람이 그 협약에 충분한 이해관계가 없는데도 그들이 이러한 협약을 받아들이고 지킬 것을 그들에게 요구하는 것은 합당하지 않다고 말한다. 따라서 어떤 한 재산권 협약이 가난한 사람들을 비참하게 만들거나 무고한 사람들을 부나 기회가 없는 상태로 방치하는 경향이 있다면, 그것은 그러한 재산권 협약을 거부하는 이유가 될 것이다.[15]

....

13 노직 같은 강성 자유주의자가 재산권을 강조하지만 재산권 제도도 협약에 따라 여러 가지로 존재한다. 누구든지 어떤 재산권 제도가 자신에게 불리한지 따져 보고, 불리할 경우 그 제도 자체를 거부한다. 만약 빈곤층이 노직의 재산권 제도가 자신들에게 불리하다고 여기면 그들은 노직의 이론을 외면할 것이라는 저자의 해석이다.

14 이런 권리 제도에는 여러 가지가 있으며 결국 그 사회 구성원이 어떤 제도를 선택하기로 협약하는지에 달린 문제이다.

15 저자는 강성 자유주의자가 전제하는 재산권 협약은 가난한 계층 등에게서 외면받을 것이라고 비판한다. 그러나 신고전적 자유주의의 입장을 옹호하는 저자의 이 비판은 논란의 여지가 있다. 첫째, 협약된 재산권 제도는 구성원들이 수시로 이해에 따라 바꾸기보다는 상당 기간 존중된다. 둘째, 정의 원칙이 구성원의 합의만은 아니다. 즉, 저자는 '정의'를 '합의'로 오해한 것이다. 예컨대, 노직의 '정의로운 취득' 원칙이 자신에게 불리하다고 여겨 이 협약에 다수가 반대하더라도 타인의 재산 강탈은 정의가 아니라고 해야 정의에 부합한다. '신고전적' 자유주의가 가진 불우한 이웃에 대한 열렬한 감성이 고전적 자유주의 및 강성 자유주의의 원칙성과 이렇게 가끔 충돌한다.

자유주의자는 이렇게 덧붙인다: 정부의 목적이 일반적 복지를 증진하는 것일지라도 이것이 우리가 복지 국가welfare state를 가져야 한다는 것을 의미하지는 않는다. 정부는 복지 사무소를 만들고, 보조금을 제공하며, 기본소득을 지급하고, 세금으로 보조되는 의료를 제공하고, 고용을 촉진하거나 제공하며, 그리고 거시 경제적 조정을 시도함으로써 복지를 직접적으로 증진하고자 할 수 있다. 혹은 정부는 법의 지배, 대의 민주주의, 법원, 그리고 잘 작동하는 재산권 제도와 같은 기본적인 제도적 틀을 제공함으로써 복지를 간접적으로 증진하고자 할 수도 있다.[16]

일반적 복지의 증진이 얼마나 직접적인 방법에 의존하는지는 경험적으로 따져 보아야 할 문제이다. 그러나 복지 증진이 이러한 간접적인 방법에 크게 의존한다는 점에는 의문의 여지가 없다. 오늘날의 평균적인 사람은 200년 전의 평균적인 사람보다 20~30배 정도 더 부유하다. 현재 우리가 누리는 부는 단순히 정부가 부를 이전해 주어서 나온 것이 아니다. 그것은 시장 경제에 의해 창출되었다. (오늘날 미국의 경제 생산량은 1950년의 전 세계 생산량보다 많다.)

78 자유주의자는 경제 불평등을 어떻게 생각하는가?

자유주의자는 일반적으로 자유로운 사람들이 자기 재산을 사용하는 방법에 대해 자유로운 선택을 함으로써 불평등이 발생한다면, 그 불평등은

16 일반적 복지의 직접적 제공은 재분배주의자가, 간접적 제공은 자유주의자가 강조한다.

정당화된다고 믿는다.

이것은 자유주의자가 그러므로 모든 불평등 혹은 심지어 기존의 모든 불평등이 정당하다고 믿는다는 의미는 아니다. 예컨대, 아처 대니얼스 미들랜드[17]Archer Daniels Midland: ADM는 옥수수 보조금을 받고자 정부에 로비를 한다. 그 회사는 정부가 시장을 그들에게 유리하게 움직이도록 손을 쓰기 때문에 돈을 번다. 그 회사는 소비자와 납세자를 수탈한다. 자유주의자는 사람들이 불의한 수단을 통해 부를 얻는다면 그들은 그 부를 얻을 자격이 없다고 말한다. 그러나 문제는 소득이나 부의 **불평등** 자체에 관한 것이 아니다.

아처 대니얼스 미들랜드의 문제는 다른 사람들보다 더 많이 가지고 있다는 것이 아니라, 잘못된 방법으로 그들의 돈을 벌었다는 것이다.

물질적 평등주의는 모든 사람이 동등한 수준의 소득이나 부를 소유해야 한다는 교의이다. 물질적 평등주의를 진정으로 내세우는 사람은 거의 없다. 만약 물질적 평등주의가 맞다면 모든 사람이 부자이되 불평등한 것보다는 모든 사람이 평등하게 가난한 것이 더 나을 것이다. 그러나 모두가 평등하고 가난한 것보다 모두가 부자이되 불평등한 것이 더 낫다. 따라서 물질적 평등주의는 오류이다.

생각이 좀 있는 좌파 측 사람들 대부분은 지금은 엄격한 물질적 평등주의를 거부한다. 그럼에도 불구하고 그들은 물질적 평등주의로 향하는 어느 정도의 끌림을 계속 인식하고 있다. 특별히 그들은 물질적 평등을 모든 출

....

17 미국의 식품 가공 회사. 2020년 Fortune에 따르면, 미국 최대 기업 목록에서 54위를 차지했다. 이 회사가 옥수수 감미료 운영으로 얻은 이익 1달러마다 소비자에게는 10달러, 바이오 에탄올 운영으로 얻은 이익 1달러마다 납세자에게 30달러가 든다고 알려졌다.

발이 정당하다고 인정받기 위해 갖추어야 할 기준선으로 간주하는 경향이 있다.

모든 유형의 자유주의자는 물질적 평등주의를 분명하게 거부한다. 그들의 시각에서는 대부분의 상황에서 물질적 평등주의는 그 자체로 도덕적 견인력이 없다. A와 B, 두 사회를 상상해 보자. 두 사회 모두에서 시민적, 정치적, 그리고 경제적 자유가 완전히 보호되며, 모두가 광범위한 기회를 누리고, 모두가 광범위한 기회를 가지며, 모두가 충분히 소유하고, 그리고 모두가 높은 수준의 복지를 가지고 있다. 그러나 B가 소득이나 부의 배분에서 A보다 더 평등하다고 가정해 보자. 대부분의 좌파-리버럴은 A보다 B를 선호할 것이다. 자유주의자는 그들에 차별을 두지 않을 것이다.

자유주의자는 물질적 평등주의가 도덕적으로 아무런 의미도 없다고 믿는다. 그것은 (일반적으로는) 출발을 정당화하는 데 갖추어야 할 기준선도 아니며, 모든 것이 평등하다는 것이 도덕적으로 바람직하지도 않다. 자유주의자는 물질적 평등주의가 사회 정의의 핵심을 놓치고 있다고 말한다.

어떤 물질적 평등주의자는 "어떤 사람은 부자이고 어떤 사람은 가난하므로, 우리는 더 평등해지려고 노력해야 한다"라고 말할지 모른다. 이와 대조적으로, 자유주의자는 "어떤 사람들이 더 많이 가진 것이 문제가 아니라, 어떤 사람들이 충분하게 갖지 못한 것이 문제이다. 제3세계의 가난한 사람들은 불평등이 아니라 굶주림과 질병으로 죽는다"고 말한다. 고전적 자유주의자 및 신고전적 자유주의자는[18] 물질적 평등주의자가 아니라, **복지주의자**welfarists, **충분주의자**sufficientarians **또/혹은 우선주의자**prioritarians이다.[19]

18 노직이나 로스버드 같은 강성 자유주의자는 애초부터 복지주의를 거부하므로 저자는 이를 제외하고 고전적 자유주의자와 신고전적 자유주의자에 관해서만 복지를 논의한다.

복지주의welfarism는 대부분 사람의 복지를 증진하는 것이 사회 제도를 정당화하는 한 부분이라고 주장한다. (복지주의를 강조함이 나아가 복지 국가까지 시사하는지는 복지 국가가 다른 대안과 비교하여 실제로 복지 증진에 성공하는 정도에 부분적으로 달려 있다.)[20] 충분주의sufficientarianism는 모든 사람은 최소한의 번듯한 삶을 누리기에 충분한 소득을 가져야 한다고 주장한다. 신고전적 자유주의자는 자유주의적 제도들을 옹호하는데, 그 한 부분적 이유로 그들은 이 제도들이 사람들이 소득을 충분히 가지는 것을 보장하는 경향이 있을 것이라고 믿기 때문이다. 우선주의prioritarianism는 현행 제도의 변화를 고려할 경우 우리는 다른 조건들이 같다면 사회의 가장 불우한 구성원의 이익에 더 많은 비중을 두어야 한다고 주장한다.

고전적 자유주의자와 신고전적 자유주의자는 복지주의, 충분주의, 그리고 우선주의가 평등주의egalitarianism의 모든 도덕적 힘을 차지한다고 주장한다. 복지주의적, 충분주의적, 그리고 우선주의적 목표가 달성된다면 사회 정의의 관점에서 평등주의에는 더 이상 남은 매력이 없다.[21] 신고전적 자유주의자는 공정하고 정의로운 사회가 모든 사람에게 그 사회에 관련된

....

19 배분적 정의에서 개인이 충분한 재화를 가져야 함을 강조하는 것이 충분주의자이며, 가장 불우한 계층의 배려를 강조하는 것이 우선주의자이다. 강성 자유주의는 복지에 아주 부정적이다. 고전적 자유주의는 빈곤층을 위한 복지가 필요하다는 원론적 입장을 보이지만 복지주의의 과잉을 우려한다(하이에크, 뷰캐넌, 프리드먼). 이에 비해 신고전적 자유주의는 자유주의 유형 중 빈곤층의 복지에 상대적으로 가장 많은 관심을 갖지만 그 경우에도 소위 '복지 국가'를 통한 복지 제공과 물질적 평등주의에는 반대한다. 따라서 본문에서 자유주의자가 복지주의자, 충분주의자 또/혹은 우선주의자라는 지적은 자유주의 일반에 관한 서술이 아니라 사실상 주로 신고전적 자유주의에 해당되는 것임을 유의하라.

20 복지주의는 사회 빈곤층을 도와주어야 한다는 것으로 그 수단 중의 하나가 복지 국가이며, 따라서 엄밀히 보면 복지주의를 표방한다는 것이 반드시 복지 국가로 이어지는 것은 아니다.

21 복지주의, 충분주의, 우선주의를 수용했다면 평등주의의 핵심 가치는 모두 수용한 셈이다. 거기서 더 고려할 가치는 별로 없다.

관심사가 된다는 데 동의한다.[22] 정의로운 사회에는 모든 사람이 자유로운 사람이 되는 데 필요한 자원을 가능한 한 많이 가질 수 있도록 보장하는 제도들이 있다. 그럼에도 그들은 사회의 목표는 모든 사람을 평등하게 만드는 것이라기보다 잘 살게 만드는 것이라고 말한다.[23]

자유주의자는 모든 사람이 광범위한 경제 자유를 가지기를 바란다. 좌파는 경제 자유가 소득 불평등을 야기한다고 믿는다. 자유주의자는 소득의 평등 그 자체는 중요하지 않다고 말함으로써 이에 부분적으로 대응한다. 그러나 많은 자유주의자는 경제 자유와 불평등 사이에 측정 가능한 관련성은 없다고 주장한다. 예컨대, 월스트리트 저널*Wall Street Journal*과 헤리티지 재단Heritage Foundation은 해마다 경제 자유 수준에 따라 국가의 순위를 매긴다. 만약 우리가 지니 계수Gini coeffiecient, 소득 불평등의 통계적 척도에 대비해 국가의 경제 자유 점수를 그래프로 표시하면, 우리는 양자 사이에 유의미한 관계를 볼 수 없다.[24] 스위스, 싱가포르, 호주, 캐나다, 그리고 뉴질랜드는 각각 미국보다 소득 평등 수준과 경제 자유 수준이 더 높다.[25]

22 모든 사람의 이해관계는 정의롭고 공정한 사회에 다 관련되어 있다고 본다.
23 정의로운 사회가 관심사가 되기는 하지만 사회의 목표는 평등한 사회보다는 잘 사는 사회이다.
24 경제 자유도가 높으면 소득 불평등도가 높다든지, 혹은 그 반대이든지 등의 양자 사이에 통계적으로 유의미한 관계는 보이지 않는다. 경제 자유가 높으면 소득 격차가 크다는 좌파의 비판은 근거가 부족하다.
25 즉, 이들 국가는 경제 자유도가 높으며, 소득 평등도 또한 높다.

79 자유주의자는 왜 복지 국가에 반대하는가?

좌파는 광범위한 복지 국가가 없다면 국민의 하위 4분의 1이 낙오할 것으로 생각하는 경향이 있다. 그들은 자유주의자가 광범위한 복지 국가를 갖는 것을 반대하는 경향이 있기 때문에 (그리고 많은 사람이 어떤 복지 프로그램이든 갖는 것을 아예 반대하기 때문에), 자유주의자는 무정하고 고통에 무관심함이 틀림없다고 가정한다. 그들은 자유주의자는 가난한 사람들을 전혀 개의치 않는다고 가정한다. 그렇지 않다.

오히려, 대부분의 자유주의자는 복지 국가가 좌파가 믿는 만큼 잘 작동하는 것이 아니라고 주장한다. 혹은 더 좋은 대안이 있다고 자유주의자는 주장한다. 좌파는 가난한 사람들을 복지 프로그램으로 구하기를 원한다. 자유주의자는 고도성장 경제를 통해 가난한 사람들을 부유하게 만들기를 원한다.

자유주의자는 복지 국가가 흔히 정부 실패$_{\text{government failures}}$를 겪는다고 믿는다. (질문 36번과 37번 참조.) 그들은 복지 국가는 돈을 진정으로 궁핍하고 절망에 빠진 사람들이 아니라 강력한 투표 블록을 가진 사람들에게로 이전한다고 생각한다. 예컨대, 노인들은 미국 사회에서 높은 위치에 있다. 10대 미혼모들의 위치는 낮다. 미국식 복지 국가는 10대 미혼모보다 상대적으로 부유한 노인을 돕는 데 더 많은 일을 한다. 당신은 이렇게 생각할지 모른다: 이것은 단지 우리가 복지 국가를 고칠 필요가 있음을 보여 줄 뿐이야라고. 이에 대해 자유주의자는 "자-알 해보시게나"라고 말한다.[26] 정치인들이 이

26 그 문제가 간단한 것이 아니라는 냉소적 표현이다. 소위 복지 국가의 복지 혜택이 진정 필요한

문제를 고칠 인센티브는 거의 없다.

자유주의자는 복지 국가가 잘못된 인센티브와 빈곤의 덫을 만든다고 걱정한다. 예컨대, 행동 경제학behavioral economics 분야(경제학적 의사 결정에 대한 경험적 연구)는 대부분의 사람이 자신이 내린 잘못된 결정의 비용을 과소평가하고 그 편익을 과대평가한다는 것을 보여 준다. 그것은 또한 가난하고 교육을 못 받은 사람들이 특히 이런 성향이 있음을 보여 준다. 경제학자 브라이언 캐플런Bryan Caplan은, 만약 그렇다면 국가가 사람들이 행한 잘못된 선택으로부터 그들을 구조하도록 설계한 복지 프로그램을 그 사람들에게 제공할 경우, 그것은 동시에 그들이 이러한 잘못된 선택을 더 행하여 구조를 받을 필요가 더 있도록 만들 것이라고 말한다.[27]

몇몇 자유주의자는 복지 국가는 불공정unfair하다고 주장한다. 복지 국가는 흔히 양심적이고 책임감 있는 사람들에게 돈을 받아 비양심적이고 무책임한 사람에게 이전한다. 예컨대, 나는 은퇴를 위한 돈을 따로 떼어 둔다. 그 때문에 나는 현재의 소비를 포기하고 내가 하고 싶은 많은 것을 억제한다. 지금 복지를 요구하는 많은 가난한 퇴직자들은 이와 똑같이 행동할 수 있었으나 그렇게 하지 않기로 작정했던 것이다. 그들은 무책임했기 때문에 자신을 부양할 자산이 지금 부족한 것이다. 그들은 새 차, 휴가, 그리고 그들에게 필요하지 않은 다른 것에 그들 돈을 날렸다. 그들이 은퇴하여 궁핍할 때, 그들이 **다른** 노동자들이 자신들을 부양하라고 요구해서는 안된다.

계층에게로 가지 않는다는 문제가 있음을 인정하는 복지 국가론자들은 그 문제만 보완하고 복지 정책을 유지하려 하지만, 자유주의자는 그것은 간단히 수리만 하면 되는 지엽적 문제가 아니라 복지 정책이 가난한 사람이 아니라 표(vote)를 위해 주어진다는 구조적 결함이라고 지적한다.

27 개인의 잘못된 선택 결과를 복지로 도와주면, 개인은 이에 편승하여, 합리적이고 신중한 선택을 소홀히 하고 잘못된 선택을 더 많이 해도 된다고 여길 것이다.

만약 메뚜기가 노는 동안 개미가 겨울을 위해 먹이를 비축한다면, 겨울이 올 때 배고픈 메뚜기는 개미에게 자신을 먹여 살리라고 요구할 권리가 없다.

많은 자유주의자가 무책임성에 대해 미묘한 견해 차이가 있음을 유의하라. 15세의 소녀가 (저렴하고 쉽게 구할 수 있는) 피임법을 포기하고, 임신을 하고, 제 자신이나 아기를 부양할 수 없다고 가정해 보자. 그녀는 자신이 도움을 받아야 한다고 보통 이상의 강한 주장을 할지 모른다. (확실히 그녀의 아기는 아무런 책임이 없음이 분명하다.) 그녀는 완전한 성인이 아니며 완전히 책임을 질 수는 없다. 그녀는 잘못된 선택을 했지만, 은퇴를 대비해 저축을 하지 않은 은퇴자들과 달리, 그녀가 비양심적인 선택을 하며 모든 성년기 삶을 보낸 것은 아니었다.

대부분의 자유주의자는 우리가 타인들에게 자선을 베풀어야 한다고 믿는다. 그렇지만 자선을 베풀고 다른 사람들을 구조하는 우리의 도덕적 의무는 일반적으로 강제로 이루어질 수 없다. 예컨대, 내 부모님이 돈으로 고충을 겪는다고 가정해 보자. 비록 내가 그들을 도와야 할지라도, 국가가 내가 그들을 돕도록 강요해서는 안된다. 혹은 내 친구가 공항에서 들어오는 데 차를 태워 주는 것을 필요로 한다고 가정해 보자. 비록 내가 그를 도와야 할지라도, 국가가 나에게 도움을 주도록 **강요**해서는 안된다. 몇몇 자유주의자는 만약 국가가 우리가 부모나 친구를 구조하도록 **강요**해서는 안된다면, 국가는 우리에게 먼 곳에 있는 낯선 사람을 구조하도록 강요해서도 안된다고 주장한다.[28]

28 국가가 대외 원조를 이유로 국민 개인에게 부담을 주어서는 안된다는 것을 시사한다.

80 복지 국가를 주장하지 않으면서 어떻게 당신은 복지주의자가 될 수 있는가?

복지주의는 사회 제도가 정당화되는 부분적 근거는 그것이 대부분 사람의 복지를 증진한다는 주장이다. 복지주의를 표방하는 것이 나아가 복지 국가의 표방까지 요구하는지는 복지 국가가 다른 대안들과 비교하여 복지 증진에 실제로 어느 정도로 성공하는지에 달려 있다.

모든 사람이 충분한 혜택을 받을 수 있게 하는 것에 전념하는 것이 강력한 복지 국가에 전념하는 것을 자동으로 수반하는 것은 아니다. 우리는 정부가 사람들이 특정 수준의 복지를 성취할 수 있도록 법적 보증서를 발행하기를 원하는가? 자유주의자는 이것은 정부가 이러한 보증서를 발행하고 이를 성취하려고 할 때 실제로 어떤 일이 일어나는지에 달려 있다고 말한다. 그것은 정부가 그 보증을 완수하는 데 얼마나 유능한지에 달려 있다. 그것은 사람들이 그 보증서에 어떻게 반응하는지에 달려 있다. **어떤 일이 반드시 일어나게 만든다**rendering something inevitable는 의미의 보장(어떤 경제학자가 최저 임금을 4배로 올리면 광범위한 실업이 반드시 나타나게 되어 있다고 말할 때처럼)과 목표를 달성하기 위한 **확고한 언명의 표현**expressing a firm commitment으로서의 보장(부시 행정부가 어느 자녀도 낙오되지 않을 것이라고 보장했을 때처럼) 사이에는 차이가 있다.[29]

자유주의자는 후자의 의미에서 무엇인가를 보장하는 것은 진정한 보장이 아니라고 말한다. 많은 것들이 법적 보장을 방해하거나, 훼손하거나, 왜

29 어떤 일이 반드시 생긴다는 인과관계의 확실성이냐, 혹은 이런 일이 꼭 일어나게 하겠다는 단지 그럴싸한 미사여구인가?로 '보장'의 의미가 구분된다.

곡할 수 있으며, 또 실제로 그런 일이 일어난다. 법적 보장은 그것이 작동할 때만 좋은 것이다. 우리가 정부에게 어떤 가치 있는 목표를 증진하는 권한을 준다면 정부에 있는 사람들이 그것을 유능하게 행사하여, 그 목적에 성공할 것이라는 보장은 없다. 또한 정부에 있는 사람들이 의도된 목적이 아니라 자신의 어떤 사적 목적을 위해 그 보장을 **이용해 먹지** 않을 것이라는 보장도 없다. 예컨대, 우리가 모든 사람에게 연간 10만 달러의 소득을 보장하려 한다고 상상해 보자. 만약 우리가 그렇게 한다면, 너무나 많은 사람이 직장을 떠나고 그 보장의 비용을 조달할 조세 수입이 없어질 것이다.

끝으로, 바라는 목표를 창출하는 **다른** 방법들보다 그러한 법적 보장이 성과가 더 좋을 것이란 보장이 없다. 자유주의자는 많은 복지 프로그램이 그것을 지지하는 사람들이 주장하는 것보다 더 나쁘게 작동한다고 믿는다. 그들은 많은 복지 프로그램이 가난한 사람들이 아니라 부유하고 정부와 인맥 관계가 좋은 사람들에게 부를 재분배한다고 믿는다.

자유주의자는 우리가 그러한 프로그램의 효과를 어떻게 평가하는지에 상관없이, 복지 프로그램 때문에 서구 사람들이 지금처럼 부유한 것이 아니라고 덧붙인다. 서구는 안정된 제도와 상대적으로 높은 경제적 자유가 잘 혼합되어 있었기 때문에 부유해졌다. 그 체제는 모든 사람을 부자로 만드는 방식으로 인간의 창의성이 발휘되도록 만들었다. 빈곤층, 중산층, 그리고 부유층 미국인은 각각 100년 또는 200년 전의 그들 모습보다 훨씬 더 부유하다.

따라서 자유주의자는 장기적으로 가난한 사람들을 돕는 것은 그들에게 구호물자를 주는 것과 관련된 일이 아니라고 말한다. 그것은 그들이 이용할 기회의 범위를 확장시켜 그들에게 구호물자가 필요하지 않도록 만드는 것이다. 장기적으로 가난한 사람들을 돕기 위해서는 상당한 경제 성장이 필요하다.

이에 대한 정교한 비판자들은 경제 성장이 물론 장기적으로야 빈곤에 대한 해결책이지만, 단기적으로는 국가 복지 프로그램을 대체할 좋은 대안이 없다고 대응한다. 그들은 자유주의자가 이러한 프로그램들이 얼마나 많이 실패하거나 비효율적인지를 지적하는 것은 옳다고 말한다. 그러나 그들은 불완전한 이런 프로그램을 가지는 것이 아예 없는 것보다는 낫다고 주장한다.

81 모든 자유주의자가 복지 국가에 반대하는가?

강성 자유주의자(질문 5번 참조)는 복지 국가가 정당성이 없다고 믿는 경향이 있다. 그들의 시각에 따르면, 복지 국가에 자금을 지원하려면 국가는 다른 사람들을 부양하기 위해 사람들의 재산권을 침해해야 한다. 그들은 복지 국가가 어떤 사람들이 다른 사람들을 위해 일하도록 강요한다고 말한다. 강성 자유주의자는 우리는 극도로 가난한 사람들에게 도움을 제공해야 할 도덕적 의무는 있지만 그러한 도움을 제공하도록 강요되거나 강제되어서는 안된다고 믿는다.

자유주의자가 복지 국가의 모든 측면을 반드시 거부하는 것은 아님을 유의하라. 강성 자유주의자인 로버트 노직은 어떤 사회에서는 현재의 부의 배분이 불의한 방식으로, 자유주의 원칙을 위반하는 방식으로 나타났다고 말한다. (질문 76번 참조.) 이 불의를 바로잡는 데 다소의 재분배를 행하는 (일

시적인) 복지 국가가 필요할 수 있다.[30]

고전적 자유주의와 신고전적 자유주의는 더 유연한 노선을 취한다. 그들은 사회 제도의 정당성은 그 제도가 사회의 가장 취약한 구성원을 포함하여 모두에게 얼마나 잘 이익을 주는지에 부분적으로 달려 있다고 믿는다. 그들은 만약 사유 재산 및 자유 시장 체제가 많은 사람이 그들 자신의 잘못이 아닌 이유로 일상적으로 절망과 결핍 상태에 있게 만든다면 그것은 정당화될 수 없을 것이라고 말한다. 따라서 그들에게는 사회가 복지 국가를 가져도 되는 정도는, 시장이 얼마나 잘 작동하고 복지 국가가 얼마나 잘 작동하는지에 상당 부분 달려 있다.

무엇보다도 하이에크F. A. Hayek, 밀턴 프리드먼Milton Friedman, 그리고 존 토마시John Tomasi는 극도로 가난한 사람들을 위한 어떤 형태의 보장 소득을 각각 주장한다.[31] 그러나 고전적 자유주의자 및 신고전적 자유주의자는 국가가 사람들의 재정을 통제하는 것을 염두에 두지는 않으며, 또 국가가 모든

30 노직도 현 배분 자체가 불의하다면 이를 교정해야 한다고 주장했는데(교정의 원칙) 현재의 배분 자체가 불의한 과정(그가 말하는 '역사')으로 나타났을 경우가 그러하다. 그리고 그 '교정' 조치에 재분배가 포함될 수 있음은 그의 교정의 원칙에 따르면 당연하다.

31 하이에크는 기본 소득제 개념을 제시한 적이 있다. 하이에크의 기본 소득제가 현재 한국의 일부 좌파 및 포퓰리스트 정치인들이 추진하는 '기본 소득제'와 같은지는 의문의 여지가 있다. 그 진의에 상관없이, 하이에크의 이 주장은 그가 일관되게 추구해 온 자유주의 이론 체계에 스스로 상당한 혼란과 미결의 공백을 남겼다. 그도 원론적 찬동 외에 더 자세히 제시하지는 않았다. 이 제도의 본격적 구상은 후일 밀턴 프리드먼이 구체화했지만 결국 도입되지 못했다. 신고전파 자유주의자인 존 토마시는 존 롤스의 사민주의와 시장 자유주의를 섞어 '시장 민주주의'(market democracy)를 제시했는데 경제적 자유를 자유의 중요한 요소로 인정하되, 가장 불우한 시민들에게 자본주의 이익을 공유하도록 제도를 설계할 것을 요구한다. 그러나 이런 사상의 관념적 교배가 실제로 자유주의에 부합하는 제도로 정착할지는 의문이다. 기술의 문제가 아니라 이념 가치의 차이가 문제의 본질이기 때문이다. 본서 저자는 곳곳에서 고전적 자유주의가 복지 국가를 인정했다고 서술하나 엄밀히 보면, 이는 사실이 아니며 저자 자신이 질문 78번에서 밝힌 바와도 모순된다. 고전적 자유주의자는 단지 복지주의를 인정했으며 복지 국가까지 나아가는 데는 강한 유보를 보인다. 상대적으로, 신고전적 자유주의는 복지 국가에 더 우호적이다.

사람이 태어나서 죽을 때까지 '모든 것을 받아 챙기도록'all tucked in 보장하는 것도 주장하지 않는다. 그와 달리 그들은 국가의 복지 기능은 최소화되어야 한다고 믿는다.

고전적 자유주의자와 신고전적 자유주의자가 때때로 어떤 복지 국가 기능들을 주장하겠지만, 이것이 그들이 완전한 '사회 민주주의'social democracy를 주장한다는 의미는 아니다. 그들은 사회 보험을 제공하는 복지 국가와 경제를 규제하고 관리하고자 하는 행정 국가administrative state를 구분한다. 그들은 비록 복지 국가가 악용되고 제대로 운영되지 않을 수 있지만, 행정 국가는 악용될 가능성이 아주 크다고 믿는다.[32] (질문 36번, 37번, 그리고 74번 참조.)

복지 국가를 행정 국가와 효과적으로 분리한 덴마크나 스위스와 같은 국가를 생각해 보라. 월스트리트 저널과 헤리티지 재단은 매년 경제 자유 수준에 따라 국가의 순위를 매긴다. 행정 국가와 관련된 거의 모든 척도(사업 자유, 무역 자유, 투자 자유, 그리고 재산권)에서 덴마크는 미국보다 훨씬 더 높은 수준의 경제 자유를 가지고 있는 것으로 평가한다. 그러나 덴마크는 또한 아주 효과적인 복지 국가를 가지고 있다. 강성 자유주의자는 덴마크가 다른 사람들을 부양하기 위해 몇몇 사람들에게 세금을 부과하기 때문에 덴마크가 불의하다고 여길 것이다. 이와는 대조적으로 신고전적 및 고전적 자유주의자는 덴마크나 스위스를 좋게 볼 수도 있다.

32 복지 국가에 대한 반발은 국가가 개인의 재산을 재분배한다는 정의의 철학에 관한 것이고, 행정 국가에 대한 반발은 관료제의 비효율성에 관한 것이다. 자유주의자 중 복지 국가에 상대적으로 우호적인 신고전적 자유주의자는 행정 국가는 상당히 나쁜 것이지만, 복지 국가는 나쁠 가능성이 다소 있다는 정도의 인식 차이를 보인다.

82 자유주의자는 광범위한 복지 국가 없이 빈곤을 어떻게 종식하자고 제안하는가?

자유주의자는 개방적이고 자유로운 이민이 세계에서 가장 혹독한 빈곤을 완화하는 데 도움이 될 것이라고 믿는다.[33] (질문 86번 참조.) 경제학자들은 노동 이동성에 대한 국제적 장벽(즉, 이민 제한)의 비용을 추정하기 위한 연구를 수행한다. 평균적으로 보면, 그들은 이민 제한을 없애면 세계 GDP를 **두 배로 만들 것**이라고 추정한다. 가난한 이민자들이 가장 많이 이득을 볼 것이다. 경제학자 마이클 클레멘스Michael Clemens는 "1조 달러의 돈이 길에 깔려 있다"[34]trillion dollar bills lying on the sidewalk고 농담했다. (만약 이민 제한을 없애 세계 GDP가 정말로 두 배로 증가한다면, 이민 제한 때문에 전 세계에 65조 달러의 비용을 끼치고 있는 것이 된다.)

자유주의자가 아직도 남아 있는 빈곤을 종식하기 위해 제안하는 주된

33 자유 이민이 자유주의가 다룰 주제인지는 의문의 여지가 있다. 개인의 자유 보장이라는 자유주의 본연의 가치를 넘어, 온 세계 사람이 더 잘 사는 사회라는 원대한 가치까지 자유주의 담론에 무리하게 포함하는 논의이다. 본서 저자는 국경 개방을 강력하게 주장해 온 브라이언 캐플런에 동조하여, 그것이 인류의 빈곤 퇴치에 기여할 것으로 주장한다. 자유주의는 복지 국가를 반대하고 개인의 자유 보장을 강조함에 머문다. 그런데 여기에서 더 나아가 세계 빈곤층을 잘 살게 만들 방안으로 국경 개방을 제시하는 데까지 가는 것은 무리가 있다. 첫째, 이는 개인의 이익에 초점을 두는 본연의 자유주의와는 달리 '세계 빈민을' 잘 살게 만든다는 이타주의까지 전제한다. 자유주의가 빈곤층에 냉혹한 것은 절대 아니지만 말이다. 둘째, 국경 개방은 경제 문제가 아니라 국가 합의라는 정치 문제를 수반하는데, 그 합의가 꼭 자유 시장적 거래 허용으로 나오지 않을 수도 있다. 셋째, 국경 개방은 거래 제도 및 규칙의 충돌로 시장 확대가 아니라 시장 파괴를 초래할 우려도 있다. 이 경우, 기존의 국가 단위보다 더 상위의 제도와 규칙을 만들어야 하는데, 이를 결정하고 관리하는 주체는 국가 단위를 넘는 단위이어야 한다. 대개 그런 체제는 조정 능력이 없거나 그 반대로 개인의 자유를 증진하기보다 억압하는 거대 체제가 될 수 있다. 역자들의 견해로는 질문 82번은 복지 국가에 대한 반대 이유를 제시하는 것으로 끝나는 것이 더 타당했다. 낮은 계층에 대한 피 흘리는 심정의 자유주의(신고전적 자유주의) 요소를 이 책 저자가 가끔 보여 주는 국면이다.

34 보도('국경'을 비유)를 건너갈 수 있게 하면 주워 담을 소득이 널려 있다는 뜻이다.

방법은 이전 시대에 빈곤을 종식시킨 방식을 계속하자는 것이다. 1800년까지만 해도 평균적인 사람은 하루에 1달러로 살았다. 그러나 서구는 부유해졌는데(그리고 나중에는 나머지 세계도 이를 따라갔다), 이는 개방된 시장, 법의 지배, 사유 재산에 대한 존중, 관용의 문화, 그리고 번영이 성장할 수 있게 하는 다른 제도들의 좋은 혼합을 찾았기 때문이다. 오늘날에도 세계(중국과 같은)의 사람이 재분배를 통해서가 아니라 경제 성장을 통해 빈곤에서 벗어나고 있다.

성장의 가치를 이해하는 한 가지 방법은 성장이 없었더라면 어떤 일이 일어났을지를 상상하는 것이다. 경제분석국Bureau of Economic Analysis: BEA의 자료를 사용하면 우리는 1929년부터 2004년까지 미국의 실질 국내 총생산GDP의 평균 성장률이 약 3.559%라고 추정할 수 있다. 우리가 어떤 조치를 취해 이 성장률을 평균 1포인트만큼 늦추어 평균 성장률이 2.559%였다고 상상해 보자. 경제분석국에 따르면 2000년 달러 가치로 미국의 실제 GDP는 2004년에 10조 8,419억 달러였다. 평균 성장률이 더 낮은 2.559%이었다면 미국의 GDP는 대략 5조 7,564억 달러였을 것이다. (연간 평균 성장률이 2%라면 GDP는 4조 달러 미만이 될 것이다.) 미국 경제가 현재 규모의 절반 미만이라면 재분배가 아무리 많아도 평균적인 빈곤층에게는 거의 도움이 되지 않을 것이다.[35]

재분배가 때때로 가난한 사람들을 도울 수 있다. 그러나 재분배는 기껏해야 빈곤에 대한 단기적 해결책이다. 미국에서 가장 부유한 400명의 부(소득, 주식, 토지 보유, 그리고 기타 모든 자산)를 모두 현금으로 바꾸었다고 가정해 보자. 그런 다음 그 돈을 미국인의 하위 30%에게 균등하게 배분한다고 가정

35 '성장'이 번영의 핵심이며 재분배로는 결코 번영을 이루지 못한다.

해 보자. 우리는 그들 각자에게 약 15,000달러의 일회성 지원금을 줄 수 있다. 그런 지원금이 단기적으로 그들에게 도움이 될 것임에는 의심의 여지가 없다. 어떤 사람들에게는, 이것이 큰 차이를 만들 것이다.[36] 그러나 그것이 빈곤에 대한 장기적인 해결책은 되지 않을 것이다. 장기적 해결책은 가난한 사람 중에도 가장 가난한 사람들이 스스로 매년 15,000~30,000달러를 더 벌어들이도록 경제를 성장시키는 방법을 찾는 것이다.

좌파 측의 반자유주의자는 성장이 빈곤을 종식하는 데 필수적이라는 것에 일반적으로 동의한다. 그러나 그들은 하나의 경험적 문제로서 우리는 모든 사람이 이러한 성장으로부터 혜택을 받을 수 있도록 보장하는 일종의 복지 국가를 필요로 할 것이라고 주장한다. (일부 고전적 자유주의자와 신고전적 자유주의자가 이에 동의함을 유의하라.)

83 왜 자유주의자는 정부가 가난한 사람들에게 해를 주는 경향이 있다고 주장하는가?

자유주의자는 정부가 다음과 같은 일을 통해 가난한 사람들에게 적극적으로 해를 준다고 믿는다.

- 소기업에 면허 체계와 과중한 규제를 부과하여, 도시 빈곤층이 자신의 사업을 시작하는 것에 비용이 많이 들거나 거의 불가능하도록 만든다.

36 소수의 사람은 이 금액을 통해 엄청난 후속 소득을 만들 수도 있을 것이다.

- 정부와 인맥 관계가 좋고 부유한 사람들에게 보조금과 독점적 특혜를 제공하여, 소기업과 가난한 사람들에 비해 그들에게 시장에서 훨씬 더 큰 이점을 준다.
- 농업 관련 산업을 돕기 위한 보조금을 창설하여, 그러한 보조금이 가난한 사람들이 소비하는 식품 및 기본적 재화, 가난한 사람들의 소득 몫을 더 많이 잠식하는 재화의 비용을 높일 때가 있다.
- 마약과의 전쟁을 벌여서, (소수자 집단이 백인보다 마약을 더 많이 사용하는 것이 아니건만) 유독 가난한 소수자 집단을 상대로 하여 싸우며, 도심을 게토화하고 역기능적인 도시 문화를 만들며, 나아가 가난한 사람들이 더 쉽게 범죄자가 되도록 만드는 경향이 있다. (질문 50번 참조.)
- '스마트 성장'smart growth 도시 계획에 관여하여, 도시의 주택, 아파트, 서비스, 그리고 상품 가격을 높이는 경향이 있다.
- 이민에 과중한 제한을 가하여, 세계의 가난한 사람 중에서도 가장 가난한 사람이 그 상태로 머물고, 고통을 겪으며, 굶주리고, 착취와 학대를 받도록 강요하는 것이다. (질문 86번 참조.)
- 최저 임금 및 임대료 통제와 같은 가격 통제를 실시하여, 일자리와 주거의 부족을 일으킨다.
- 과잉 규제를 하여, 규제를 준수하는 데 소기업이 대기업보다 근로자 1인당 훨씬 더 많은 돈을 지출해야 하므로 규제에 대한 순응 비용이 소기업에 차별적으로 주어지는 때에 그러하다. (질문 71번 참조.)
- 가난한 사람들에게 형편없는 학교를 제공하고, 좋은 학생들이 형편없는 교사와 그들에게 역기능적인 사회 규범을 가르치는 동료들에게 붙잡혀 있도록 강요하며, 교사 노조에 굴복하고, 최악의 교사를 해고

하지 않으려 하며, 그리고 학생들에게 잘 운영되고 훈련된 사립 학교 또는 교구 학교에 다니기 위한 바우처를 제공하지 않으려고 한다.

- '도덕적 해이'moral hazard를 일으키는, 즉 사람들이 복지 혜택을 잃을 것을 두려워하여 직업을 구하고 자급자족하려는 위험을 감수할 수 없게 되고, 그리하여 국가에 의존하도록 하는 복지 프로그램을 만들어 낸다.

자유주의자는 미국이 큰 복지 제도를 가지고 있으며 가난한 사람들을 돕고자 많은 돈을 쓰고 있다고 말한다. 그러나 그들은 미국 정부가 가난한 사람들의 친구라기보다 **적**으로서 행동한다고 믿는다. 정부는 가난한 사람들에게 돈을 지불하기는 하지만, 그들이 몰락 상태에 든 후에만 지불한다.

이에 대응하여, 세련된 좌파-리버럴, 보수주의자, 사회주의자 혹은 기타 사람들은[37] 정부가 가난한 사람들을 해롭게 하는 잘못된 선택을 하는 경우가 많다는 데 동의할 것이다. 그러나 그들은 우리가 빈곤을 정부 **탓으로 돌릴** 수 없다고 말한다. 정부는 해를 주기보다 도움을 더 많이 준다. 그리고 그것이 비록 해를 줄지라도 그 해결책은 단지 정부가 해를 주는 것을 멈추게 하는 것이 아니라 정부가 더 많은 도움을 주도록 만드는 것이다.

그리하여, 예컨대 진보적 좌파는 도심 공립 학교가 나쁜 결과를 가져온다는 데 동의할 수 있다. 그러나 그들은 더 나은 대안이 없다고 주장한다. (질문 90번 참조.)

앞에서 본 글머리 기호(•) 각각을 길게 논의하려면 너무 많은 공간이

37 이 모두는 정부 역할을 강조하는 사람들이다.

필요하다. 그러나 여기에 자유주의자가 보여 줄 수 있는 몇 가지 사례가 있다:

- 아프리카계 미국인 여성은 눈썹 제모[38] 또는 머리 짜기[39] 서비스를 제공하여 빈곤에서 벗어날 수 있다. 그러나 그녀는 지구 제한[40] zoning restrictions과 비싼(그리고 관련도 없는) 미용 수업에 참석하고 값비싼 (그리고 관련도 없는) 미용 면허를 취득해야 하는 규칙에 직면해 있다. 그리하여 법이 그녀가 자립하지 못하도록 막고 그녀를 절망적이고도 의존적인 상태로 머물게 만든다.
- 또 다른 가난한 도심 속 아프리카계 미국인은 택시가 멀리 떨어져 있다는 점을 감안하여 자신이 사는 지역 주변에서 고객을 차로 실어 주는 서비스를 제공하기를 원할 수 있다. 그러나 그는 택시 면허를 취득하지 않고는 그렇게 할 수 없으며, 택시 면허 취득에는 흔히 감당할 수 없을 정도로 돈이 비싸게 든다. 정부는 면허 수를 제한하는데, 많은 도시에서 면허에 10만 달러 이상의 비용이 든다.
- 혹은 가난한 유태인 이민자 집단이 함께 모여 **톤틴** tontine을 만들 수도 있는데, 이는 모든 구성원이 돈을 불입하고 난 후 사망 및 노령 수당을 받는 공동 연금 및 사회 보험 제도이다. 그러나 과거에 민간 보험 회사는 가난한 사람들이 민간 보험에 가입하도록 강제화하기 위해 그러한 관행을 불법화하도록 정부에 로비를 했다. (그 결과 가난한 사람

38 눈썹을 아름답게 보이도록 적절히 제모하고 성형하는 미용 기술.
39 머리카락을 땋아 주는 서비스.
40 지구 제한제로 도시 지역을 상업 지구, 주거 지구, … 등으로 구분하여 이에 맞는 업종만을 허가하는 제도를 말한다.

들은 결국 정부의 사회 보험에 가입하게 된 경우가 흔하다.)

- 혹은 공장 노동자 집단이 함께 모여 의사를 고용해 모든 구성원에게 저렴한 비용으로 의료 서비스를 제공하게 할 수 있다. 실은 이것은 과거에 일반적인 관행이었다. 그러나 과거에 미국 의사 협회American Medical Association는 이러한 '조합 지부 의사'lodge doctors들과의 경쟁에 직면했으며, 그러자 그러한 관행을 파괴하는 일련의 규제를 만들도록 정부에 대해 로비를 했다.

84 자유주의자는 왜 최저임금법에 반대하는가?

미시 경제학 교과서는 최저임금법이 빈곤 계층 및 미숙련 계층에 실업을 유발한다고 주장한다. 만약 이것이 맞다면, 자유주의자는 이것이 최저임금법을 거부할 충분한 이유가 된다고 생각한다.

재화의 시장 가격은 그 재화의 한계 가치와 같아지는 경향이 있다. 경쟁 시장에서는 재화가 고객에게 6달러의 가치가 있을 때 그 재화는 6달러에 판매되는 경향이 있다. 이것은 노동에도 적용된다. 교과서 경제학은 자유 시장에서 피고용인들은 그들의 **한계 생산물**marginal product만큼의 급여를 지불받는 경향이 있다고 말한다. 즉, 피고용인은 고용주가 그에게 부여하는 가치 크기에 가까운 급여를 받는다. 만약 어떤 노동자가 자신의 노동을 통해 다른 사람에게 시간당 6달러의 가치를 생산해 준다면, 그 사람은 바로 시간당 6달러 미만만큼의 돈을 벌게 되는 경향이 있다.[41]

41 시간당 6달러를 창출해 주는 노동자에게 기업가가 주는 시급은 6달러 미만이어야 한다.

일반적으로, 정부가 가격을 시장 가격 **아래로** 책정하면 재화의 결핍이 발생하는 경향이 있다. 고객은 공급자가 공급하려는 것보다 더 많은 양을 수요한다. (예컨대, 미국 정부가 휘발유 가격에 상한선을 책정했을 때 이에 따라 엄청난 결핍이 발생했다.) 정부가 가격을 시장 가격보다 **높게** 책정하면 재화의 과잉이나 잉여가 발생하는 경향이 있다. 공급자는 고객이 구매하려는 것보다 더 많은 것을 공급한다.

임금은 노동의 가격 단위일 뿐이다. 만약 정부가 노동의 가격이 시장 가격보다 높아야 한다는 법을 만든다면, 이것이 노동의 과잉이나 잉여를 발생시키는 경향이 있다. 우리는 그 과잉을 **실업**unemployment이라고 부른다.

정부가 연간 100만 달러 밑으로는 건물 경비원을 고용할 수 없다고 규정한 법을 통과시켰다고 상상해 보자. 그러나 이 법은 어느 건물 경비원도 백만장자가 되게 만들지 못할 것이다. 그 법은 건물 경비원을 직장에서 몰아낼 것이다. 그것은 건물 경비 서비스의 암시장을 만들 것이다.[42] 그것은 고용주가 비서 및 사무 보조원에게 건물 경비원 일을 덤으로 더 맡기도록 유도할 것이다.

건물 경비원이 내 회사에 시간당 5달러의 가치만 있다고 가정해 보자. 경쟁이 치열한 자유 시장은 건물 경비원에게 5달러 미만의 급여를 지불하도록 압력을 가한다. 정부가 건물 경비원에게 시간당 15달러를 지불하라고 요구한다고 가정해 보자. 이것은 내가 건물 경비원을 고용할 때마다 10달러를 잃는다는 것을 의미한다. 당신은 내가 그를 얼마나 오래 고용하기를 원할지 짐작할 수 있다.

42 최저 임금(100만 달러) 미만의 임금으로도 경비원 노릇을 하겠다는 노동자들이 나올 것이고 그런 음성 거래가 발생한다.

경제학자 윌리엄 에반William Evan과 데이비드 맥퍼슨David Macpherson은 최저임금법이 가난한 백인보다 가난한 아프리카계 미국인에게 더 큰 피해를 준다고 주장한다. 숙련도가 가장 낮은 노동자 집단을 고려하라: 즉, 16세에서 24세 사이의 고등학교 졸업장이 없는 집단을 보자. 에반과 맥퍼슨은 최저임금을 10% 인상하면 이 인구 통계에서 백인 남자의 고용이 약 2.5% 감소하는 경향이 있다고 주장한다. 그러나 흑인 남성의 고용은 6.5% 감소하는 경향이 있다.

월마트는 많은 미숙련 노동자를 고용한다. 미숙련 노동자는 상대적으로 생산성이 떨어지며, 그들의 노동 가치는 작다. 월마트는 그들에게 적은 급여를 준다. 월마트가 전국에 걸쳐 모든 직원에게 시간당 최소 20달러를 지급하기로 결정했다고 가정해 보자. 단기적으로는, 그것이 현재 월마트에서 일하는 사람들에게 도움이 될 수 있다. 그러나 장기적으로는, 이 정책이 숙련도가 가장 낮은 노동자를 부자로 만들지는 않을 것이다. 만약 월마트가 높은 임금을 지급하기 시작하면, 월마트의 일자리는 숙련 노동자에게 매력적인 것이 될 것이다. 현재 의료 보조원이나 자동차 정비사로 일하는 사람들이 월마트 일자리를 원할 것이다. 그들은 생산성이 더 높고 더 많은 기술을 가지고 있으므로, 즉 그들의 노동이 더 가치가 있으므로, 그들은 현재 월마트에서 일하는 사람들을 경쟁에서 능가할 것이다. 따라서 임금을 시장 수준보다 더 올리는 것은 숙련도가 가장 낮은 노동자에게 도움이 되지 않을 것 같다. 오히려, 그것은 **일자리의 고급화**[43]job gentrification를 일으킨다. (월마트

43 단순노동 능력만 있으면 얻던 일자리마저 상당한 학력과 기능 자격을 갖추어야 얻게 되는 현상이다. 원래, 고졸 수준을 표준으로 창설된 한국의 9급 공무원 자리가 대졸 심지어 가산점을 얻고자 그 이상의 스펙까지 쌓아야 들어가는 자리로 바뀌는 것도 이 현상의 예이다.

가 노동자들에게 시간당 100달러를 주겠다고 제안했다고 상상해 보자. 그러면 나의 많은 동료가 월마트 계산원이 되는 것을 고려할 것이다.)

몇몇 좌파는 낮은 임금이 착취적이라고 주장한다. 그들은 이 착취가 불법적인 것으로 규정되기를 원한다. 그들은 만약 최저임금법이 생산성이 가장 낮은 노동자를 해고하게 된다면 그렇게 하라고 말한다. 그들에게 그에 대한 보상으로 복지 수표를 줄 수 있다면 그만이라는 것이다.[44]

그러나 자유주의자는 좌파의 이러한 대응이 보이는 것보다 훨씬 더 비인간적인 것으로 생각한다. 비록 복지 혜택을 받게 될지언정, 실업은 사람들의 자존감을 도려낸다.[45] 대부분의 사람은 자신이 사회에서 정해진 방식대로 급여를 받고 일하는 능력이 있는 생산적인 구성원이라고 느끼고 싶어한다. 대부분의 사람은 사회에 의존하고 있다고 느끼기를 원하지 않는다. 실업은 사람들의 정신 건강에 좋지 않다. 실업자(특히, 실업자인 남성)는 우울증을 앓을 가능성이 훨씬 더 클 것이다.

많은 경제학자가 최저임금법이 적어도 효율성에 큰 손실을 가져오지는 않는다고 주장한다. 예컨대, 프랑스는 최저 임금액이 높은 법을, 이에 비해 미국은 최저 임금액이 낮은 법을 가지고 있다. 프랑스 노동자의 생산성은 아직도 미국 노동자 생산성의 약 85% 정도이다. 그러나 이것은 놀라운 일이 아니다. 최저 임금이 높다면, 이것은 사회에서 생산성이 가장 낮은 구성원을 시장에서 **몰아낸다**. 최저임금법은 고용주가 생산성이 가장 낮은 노동자

....

44 최저임금법이 오히려 실업자를 양산하게 된다면 또 그것을 보상해 주는 별도의 복지 정책을 더하면 된다는 것이 일부 좌파의 생각이다.

45 미숙련 노동자가 최저임금법 때문에 실업자가 되면 좌파는 그에 대해 또 복지 수표(실업 수당 등)를 주면 그만이라고 하지만 급여는 그리 보충받을지라도 실업자가 되었다는 자존감 상실은 보상하지 못한다.

를 고용하면 돈을 잃게 만든다. 따라서 최저임금법은 고용주가 생산성이 높은 근로자를 고용하거나, 혹은 사업의 틀을 새로 짜고 노동 대신 자본을 더 많이 사용하도록 유도한다.[46]

많은 사람들, 심지어 많은 경제학자마저 최저 임금이 가난한 사람들에게 피해를 준다는 데 동의하면서도 어쨌든 최저 임금을 옹호한다. 그들은 그러한 법이 가난한 사람들에 대한 우리의 헌신을 표현한다고 말한다. 자유주의자는 이것이 잘못된 것이라고 여긴다. 자유주의자는 만약 당신이 가난한 사람들에게 당신의 헌신을 표현하고 싶다면, 그들에게 피해를 줄 것임을 당신도 알고 있는 법을 통과시키지 말라고 말한다. 만약 당신이 그 법을 통과시킨다면, 당신은 실제로는 가난한 사람들을 돕는 것에 헌신하지 않는 것이다. 철학자 데이비드 슈미츠David Schmidtz가 말하듯이, 만약 당신의 마음이 바른 자리에 있다는 것을 보여 주려는 것이 당신의 목표라면, 당신의 마음은 바른 자리에 있지 않은 것이다.[47]

••••••••

46 고용주로서는 최저 임금이 오르면 그에 맞추어 미숙련 노동자 대신에 숙련 노동자로, 또 장기적으로는 아예 노동보다는 자본을 더 쓰는 생산 구조로 바꾸므로 생산의 효율성은 크게 줄지 않는다. 한국의 패스트푸드점은 문재인 정부의 최저 임금 격증 시 미숙련 노동자를 해고하고 키오스크 설치로 대응했다. 문재인 정부는 다른 기술이 없어서 그런 일을 할 수밖에 없는 진정 보호받아야 하는 청년들이 최저 임금 인상으로 가장 먼저 피해자가 된다는 점을 무시하거나 그에 무지했다.

47 원래 중의법 수사로 표현한 슈미츠의 문장은 이렇다: '만약 당신의 심장(heart)이 오른쪽(right place)에 있다는 것을 보여 주는 것이 당신의 목표라면 당신의 마음(heart)은 바른 자리(right place)에 있지 않은 것이다'. 애초부터 당신의 목표가 사회적 약자를 진정 돕기보다는 그들을 돕는 선한 사람이란 것을 연출하는 것이라면 당신의 목표 자체가 틀려먹었다. 이에 따르면 문재인 정부는 최저 임금 정책이 오히려 빈곤층을 해치건만 그것은 아랑곳없이 자신들이 서민 계층의 대변자라는 거짓된 이미지 만들기에 몰두한 집단이란 평가가 가능하다.

85 자유주의자는 국제 원조를 지지하는가?

자유주의자는 이것이 잘못된 질문이라고 답한다. 우리가 진정으로 다른 세계를 돕기를 원한다면, 우리는 해외 원조를 제공하는 데 우리 지갑을 열어서는 안된다. 그 대신에 우리는 자유로운 이민을 허용하기 위해 우리 국경을 열어야 한다.

이민 제한은 노동이 그것을 가장 필요한 곳으로 이동하지 못하도록 막는다. 그것은 세계 경제를 왜곡한다. 실제로, 이민 제한은 정부가 집행하는 가장 비효율적인 단일의 정책일 수 있다. 경제학자들은 이민 제한에 따른 후생 손실을 추정할 때, 그들은 이민 제한을 제거하면 세계 GDP를 **두 배로 늘릴** 것이라고 결론 짓는 경향이 있다. 가장 가난한 이민자들이 가장 큰 혜택을 볼 것이다. 그들 뒤에 남은 가족과 친구들이 큰 이득을 볼 것이다. (이민 노동자는 돈을 집으로 송금한다.)

비록 해외 원조가 효과를 내더라도 그것이 세계 GDP를 두 배로 늘릴 가능성은 없다. 그러나 해외 원조는 흔히 효과가 없다(혹은 적어도 지금까지는 효과가 없었다). (이것은 자유주의자뿐만 아니라 대부분의 경제학자 사이에 일치된 의견인 듯하다.) 제1세계 정부는 제3세계 정부에게로 돈을 보낸다. 제3세계의 지도자들은 자기 국민의 이익보다는 자신 및 자신을 지지하는 사람의 이익을 위해 그 돈을 가로채는 경향이 있다. 독재자는 미국 정부가 그의 청구서에 돈을 줄 것이라는 점을 알 때, 그는 무능하거나 나태한 정부로도 별일 없이 잘 지낼 수 있다. 그는 자국 국민의 지지를 필요로 하지 않는다. 해외 원조는 정부 부패에 보조금을 주는 것이다.

제3세계에 주는 해외 원조가 성공한 역사가 없다. 제2차 세계 대전 이후, 제1세계는 아프리카에 약 1조 달러를 제공했지만, 사하라 사막 이남 아프리카의 오늘날 소득은 40년 전보다 더 낮다.

제8장

오늘날의 문제

86 자유주의자는 불법 이민자를 어떻게 다루고자 하는가?

자유주의자는 정식 서류를 미비한 이민자들에게 사면을 허락할 것이다. 자유주의자는 국경 개방과 자유 이민을 주장한다.

자유주의자는 자유 이민을 주장하는데, 그 부분적인 이유는 이민 제한이 아주 비효율적이기 때문이다. 경제학자들이 이민 제한에 따르는 사중적 손실[1]死重的 損失, deadweight loss을 측정하고자 할 때, 그들은 모든 이민 제한을 제거하면 세계 GDP가 **두 배가 될 것**이라고 통상적으로 추정한다. 즉, 우리가 이민법을 자유화하기만 하면 우리는 몇 년 안에 세계 경제에 65조~70조 달러를 부가할 수 있다.

자유주의자는 자유 이민이 좋은 결과를 낳을 것이라고만 말하지는 않는다. 그들은 이민 제한이 해를 준다고도 생각한다. 자유주의자는 이민 제한이 세계에서 가장 취약한 사람들에게 빈곤, 고통, 그리고 죽음을 안긴다고 믿는다.

철학자 마이클 휴머Michael Huemer는 이것을 한 사고 실험으로 설명한다: 굶주린 마빈Marvin이 음식을 찾아 시장으로 간다고 상상해 보자. 마빈은 타인과 교환할 것이 거의 없다. 그러나 시장에는 마빈이 가진 무엇과도 음식을

1 이는 재화의 균형 상태가 파레토 최적에서 벗어나 있기 때문에 나타나는 경제 효용의 순 손실로 독점, 담합, 과세, 가격 통제 등 여러 요인으로 나타난다. 생산자가 100개의 빵을 만들었으나 수요가 80개이어서 못 팔고 버려야 할 20개의 빵, 혹은 수요가 130이어서 더 팔 수 있음에도 불구하고 생산하지 않아 못 판 30개의 빵은 모두 사중적 손실의 예이다. 치명적으로 무거운 부담이란 글자 그대로의 의미와는 거리가 먼 경제학적 용어로, 고든 털럭의 지대 추구론의 초과 부담(excess burden), 하버거의 삼각형(Harberger's triangle)과 같은 의미이다. 따라서 본문에서는 이민을 인위적으로 제한하는 바람에 파레토 균형에 이르지 못하여 생겨난 후생 손실을 말한다.

기꺼이 교환하려는 사람들이 있다고 가정하자. 누군가가 그를 막지 않는다면, 마빈은 성공적으로 시장에 도착하고, 거래를 하며, 그리고 음식을 먹을 수 있다고 상상해 보자. 그러나 이제 당신이 마빈이 시장에 나오지 못하도록 강제적으로 막는다고 상상해 보자. 당신은 그가 시장에 들어오지 못하도록 경비병을 세운다. 경비병들은 계속 그를 체포해 돌려보낸다. 마빈은 음식을 얻는 물물교환을 할 수 없다. 그는 굶어 죽는다.

휴머는 이 상황에서 당신이 마빈을 죽이는 것과 도덕적으로는 비슷한 일을 했다고 말한다. 그의 피가 당신 손에 묻어 있다.[2]

다른 버전의 이야기로, 마빈은 굶주리는 것이 아니라 처절할 정도로 가난하다고 상상해 보자. 만약 마빈이 시장으로 간다면, 그는 거래를 할 것이고 곧 10배만큼 더 부유해질 것이라고 상상해 보자. 마빈이 그의 집안 사람 전체를 먹여 살리기 위해 그의 가난한 고향 마을로 많은 양의 돈을 보낼 수 있을 것이라고 상상해 보자. 그러나 당신은 다시금 마빈을 돌려보내기 위해 경비병을 세운다. 이 경우, 당신은 마빈이 가난한 상태로 머물도록 강제하는 것이다. 마빈이 애초에 가난한 것은 당신의 잘못이 아니었지만, 그가 가난한 상태로 머물게 하는 것은 당신의 잘못이다.

휴머는 우리에게 다음과 같이 경고한다: 이러한 사고 실험에서, 당신은 단지 마빈을 **돕지 못하는** 것이 아니다. 즉, 거지 옆을 지나칠 때 잔돈을 주지 않고 걷는 것과 같은 일을 하는 것이 아니다. 오히려, 당신은 마빈이 그와 기꺼이 거래하려는 파트너와 거래하는 것을 폭력을 사용해 막음으로써 마빈을 **적극적으로 해치는** 것이다. 그것은 마치 당신이 어떤 사람이 거지에

....

2 윌리엄 셰익스피어의 『맥베스』(*MacBeth*)에서 연원한 '그를 죽인 것은 당신'이란 표현이다.

게 5달러를 주면서 그의 자동차 유리창을 닦아 주기를 제의하는 것을 보았으나 당신은 당신 총으로 거지와 운전사를 위협해 쫓아버린 것과 같다.

자유주의자는 이민 제한이 이러한 사고 실험에서 마빈이 시장에 들어오지 못하게 하는 것과 도덕적으로는 같은 것이라고 믿는다. 부유한 나라의 어떤 사람들은 가난한 외국인을 고용하기를 원한다. 외국인들은 일자리를 원한다. 이런 일자리들이 삶과 죽음, 또는 번영과 빈곤의 차이를 만든다. 미국으로 이주하는 이민자들은 자신의 수입이 10배 이상 증가하는 것을 본다. 즉, 그들은 거의 하룻밤 사이에 극도로 가난한 사람에서 비교적 부유한 사람이 된다. 그러나 미국과 다른 국가들은 그들의 시장 주변에 무장한 보초를 세운다. 그들은 폭력을 사용하여 외국인이 그와 거래하려는 파트너와 생명을 건지거나 삶을 변화시키는 거래를 하지 못하도록 막는다. 이것은 도덕적으로는 외국인을 죽이거나 그들이 계속 가난한 상태로 머물게 하는 것과 같다.

미국 및 유럽 정치의 좌파 다수는 가난한 사람들을 돌보아야 한다고 주장한다. 그러나 그들의 마음은 세계에서 가장 가난한 사람들이 아니라 미국과 유럽의 하층 계급, 즉 세계 기준에 따르면 부유한 사람들을 위해 피를 흘리고 있다.[3] 진보 좌파 사람 대부분은 세계에서 가장 가난하고 취약한 사람들이 그들과 기꺼이 거래하려는 고용주와 생명을 구하고 삶을 변화시키는 거래를 하는 것을 적극적으로 저지하고자 한다. 그리하여 그들은 세상의 가

3 여기서 저자는 신고전적 자유주의자, 즉 '피 흘리는 마음의 자유주의자'를 염두에 두고 있다. 저자는 좌파가 가난한 자에 대한 열렬한 긍휼을 표방하지만 실제로는 세계의 최빈자들을 도외시하고 그들보다는 훨씬 나은 자국 빈곤층을 돌보는 것에 몰두한다고 비난한다. 그들의 마음은 제대로 된 피 흘리는 마음이 아니라는 것이다. 신고전파 자유주의자인 저자는 진정한 피 흘리는 마음으로 빈곤층을 돕기 위해서는 자유 이민을 허용해야 한다고 주장한다.

난한 사람들에게 죽음과 비참함이라는 형벌을 안긴다. 진보적 좌파는 내가 옥스팜[4]OxFam을 통해 가난한 사람들에게 돈을 기부할 때 기뻐한다. 그러나 좌파는 내가 가난한 사람들을 고용해 내 잔디밭의 잔디를 깎게 하는 것을 금지한다. 그렇게 하는 것이 옥스팜 기부를 통하는 것보다 그들에게 더 도움이 될지라도 말이다.

자유주의적 시각에서 보면, 만약 당신이 이민 개방을 옹호하지 않는다면, 사회 정의나 가난한 사람들의 복리에 관심을 쓴다는 어떤 주장도 가식에 불과하다.

자유주의자는 다음과 같이 덧붙인다: 당신이 다음에 노동 혹사에 반대하는 사람을 보게 되면 그 시위자에게 이민을 어떻게 생각하는지 물어보라. 그 사람은 가난하고도 미숙련 상태인 이민자들이 일자리를 찾아 자유롭게 이동하는 것을 허용하는 것에 아마 반대할지 모른다. 그러나 **가난한 미숙련 노동자를 제외하고**, 금융 수단, 화폐, 공장, 서비스 등 모든 것이 국경을 넘어 자유롭게 이동할 수 있는 경제 체제가 있다면 미숙련 노동을 제공하는 가난한 사람들에게는 어떤 일이 일어나는가? 그들은 기회를 찾아 이동해 가지 못할 것이다. 그들은 그 대신 앉아서 기회가 그들을 찾기를 기다려야 할 것이다.[5] 따라서 그들을 찾아낸 유일한 기회가 낮은 임금과 땀투성이의 근로 조건과 관련되어 있다는 것은 놀라운 일이 아니다. 요컨대, 우리 미국의 이민법은 세계에서 가장 취약한 구성원들을 속수무책으로 착취받는 희생물로 만들고 있다.

········

4 영국 옥스포드에서 시작된 세계 빈민을 구호하는 기구이다.

5 그들은 기회를 찾아 이동하고 싶지만 이민 제한으로 그것이 불가능하니 결국 가만히 앉아 자신의 노동에 대한 수요가 그들을 찾아주기를 기다릴 뿐이라는 것이다.

이민 제한을 옹호하는 사람들은 일단 그러한 제한이 사악해 보인다는 데는 동의할 것이다. 그러나 그들은 그 제한이 정당화될 수 있다고 주장한다. 그들은 다음과 같이 주장한다:

(1) 자유 이민은 원주민의 문화를 혼란하게 하고 파괴할 것이다.

(2) 자유 이민은 원주민 노동자의 임금을 줄인다.

(3) 자유 이민은 높은 범죄를 일으킬 것이다.

(4) 이민자들은 복지 서비스를 너무 많이 소비할 것이다.

자유주의자는 비록 첫 번째 우려가 사실일지라도, 그것이 세계의 가난한 사람들을 빈곤, 고통, 그리고 죽음의 처벌로 심판하는 것을 정당화할 만큼 강한 우려는 아니라고 말한다. 아마도 프랑스 문화와 정체성의 특징을 유지하는 것이 어느 정도 가치가 있을 수 있는지 모르지만, 마빈과 같은 수백만 명의 사람들을 굶주리게 만드는 것을 정당화할 만큼 충분히 가치가 있지는 않다. 더욱이 자유주의자는 이민자들이 문화를 파괴한다는 점을 부정한다. 오히려, 그들은 이민자들이 문화를 풍성하게 해 준다고 생각한다. 경제학자 브라이언 캐플런Bryan Caplan이 지적하듯이, 미국의 문화 중심지(예: 뉴욕시 및 로스앤젤레스)에 이민이 많다. 노스다코타, 사우스다코타, 알래스카, 그리고 앨라배마와 같은 '문화 황무지' cultural wastelands에는 이민이 적다. 경제학자 타일러 코웬Tyler Cowen은 이렇게 덧붙일 것이다: 대부분의 '원주민' native 문화 자체가 과거의 문화 통합의 산물이다. 우리가 보존하기를 원하는 원주민 문화들이 사람들의 과거 행동 및 그들의 생각에서 나왔다.

자유주의자는 이 문제를 연구한 전문 경제학자들의 일치된 의견에 어긋난다고 지적함으로써 두 번째 우려에 대응한다. 많은 경제학자가 이민이 원주민의 임금에 미치는 영향을 연구했다. 이들 연구 중 **가장 비관적**[6]인 것은 이민이 미숙련 원주민 근로자의 임금에 대해 미미하고도(5% 미만) 단기적인 부정적인 영향을 미칠 뿐이라는 결론을 내리는 경향이 있다. 이러한 부정적인 영향은 몇 년 후 사라진다. 다른 원주민 근로자의 임금은 **올라간다**.[7] 이민자는 원주민 노동자의 자리를 대체하지 않는 것이 보통이다. 오히려, 그들은 새 기술을 가져오고 새 일자리를 만들어 낸다. 그러므로 가장 비관적인 설명에서조차 이민은 대부분의 원주민에게 **도움을 준다**. 그것은 소수의 원주민에게만 피해를 주되, 짧은 시간 동안 작은 피해를 준다. 이것으로 세계의 마빈들을 가난, 고통, 그리고 죽음으로 정죄하는 것을 정당화하기에는 미흡하다. 다시 말하거니와, 이것은 비관적인 연구 결과가 알려 주는 것이다. 일반적으로는 대다수의 경제학자는 이민이 대부분의 사람에 대해 임금을 **올려 준다**고 생각한다.[8]

자유주의자는 세 번째 불만에 대해서는 그 점은 사실이 뒷받침하지 않는다고 대응한다. 사회학자 로버트 샘슨Robert Samson은 멕시코의 1세대 이민자들이 미국 3세대(어느 국적 출신이든)에 비해 폭력 범죄를 저지를 확률이 절반에 불과하다는 사실을 발견했다. 경제학자 크리스틴 부처Kristin Butcher와 앤 필Anne Piehl은 이민자들이 감옥에 가는 확률은 원주민으로 태어난 사람들의 5분의 1에 불과하다는 사실을 발견했다. 이민자들이 가난한 경향이 있다는

6 '비관적'이라는 의미는 이민자가 원주민에게 부정적 효과를 준다고 나타난 연구를 말한다.

7 종합하면, 가장 비관적 연구에서조차 이민은 일시적으로 5% 정도의 원주민 근로자의 임금을 줄이나 수년 후 그런 영향은 사라지며, 나머지 95%의 원주민 근로자의 임금은 오히려 올라간다고 한다.

8 종합하면, 원주민에게 대개 긍정적 효과를 주며, 설사 부정적 효과를 주는 경우에도 그것은 일시적이고 제한적이다.

점을 감안하면 우리는 그들이 범죄를더 많이 저지를 것으로 예상해야 하지만, 그들은 그렇지 않다. 자유 이민에 반대하는 경향이 있는 원주민 노동 계급의 백인들이 범죄를 저지른 이민자들보다 더 많은 범죄를 저지르거나 감옥에 갈 가능성이 훨씬 더 크다. 자유주의자의 결론은 다음과 같다: 이민이 범죄를 증가하는 것으로는 보이지 않는다. 그러나 비록 자유 이민의 허용으로 범죄가 증가하더라도, 범죄가 극적으로 증가하지 않는다면 세계의 마빈들을 빈곤, 고통, 그리고 죽음으로 정죄하는 것이 정당화될 수 없을 것이다.

자유주의자는 네 번째 반대에 대해 간단하게 대응한다: 우리가 이민자들에게 복지 혜택을 베풀 여력이 없을지라도, 그것이 우리가 그들의 이민을 금지해야 한다는 의미는 아니다. 오히려 그것은 이민을 허용해야 하되 그들에게 복지 혜택을 주는 것은 거부해야 한다는 의미이다. 그것이 아무리 냉혹하게 들릴지 모르지만, 그것은 이민을 금지하는 것보다는 훨씬 덜 냉혹하다. 어느 방식이든 (우리가 이민을 허용하든 혹은 안 하든) 우리는 복지 혜택을 주지 않는다. 그러나 우리가 그들이 이민을 하도록 허용할 때, 우리는 그 때문에 그들의 복지를 크게 향상시키는 것이다.[9]

87 자유주의자는 테러와의 전쟁을 어떻게 다루고자 하는가?

자유주의자는 테러와의 전쟁War on Terror에서 거의 아무 비용도 안 들이고

9 저자는 이민자에게 복지 혜택까지 줄 여력이 없다는 것만으로는 이민 자체를 금하는 이유가 될 수 없다고 보며, 복지 혜택은 안 주더라도 이민만이라도 허용해 준다면 그것 자체가 그들에게는 엄청난 복지 증진이라고 본다.

하룻밤에 승리할 수 있다고 주장한다. 스위스와 스웨덴이 테러와의 전쟁에서 승리한 것처럼 자유주의자는 테러와의 전쟁에서 승리할 것이다. 스위스와 스웨덴이 테러의 표적이 아닌 것은 그들이 세계를 괴롭히지 않기 때문이다. 만약 우리가 중동 테러리스트들이 미국을 표적으로 삼는 것을 막기를 원한다면, 우리는 중동에 참견하는 것을 멈춰야 한다.

자유주의자는 이렇게 말한다: 만약 당신이 이란 정부가 미국을 증오하는 이유를 알기를 원한다면 중동에 대한 미국 개입의 역사를 읽어 보라. 미국이 어떻게 억압적인 독재자의 버팀목이 되어 주었는지 읽어 보라. 미국의 군사 기지들이 이란을 사방에서 둘러싸고 있다. '전략적 이익'strategic interests을 추구하느라 미군이 살해한 어린이들에 관한 신문 보도를 읽어 보라. 예컨대, 내가 이 문단을 쓴 날, 나토NATO군은 아프가니스탄에서 최소 8명의 어린이를 죽였다. (만약 러시아 폭격기가 테러와의 전쟁이라는 이름으로 당신의 아이들을 죽인다면 당신은 어떻게 하겠는가? 당신은 적어도 복수를 위해 당신 인생을 바치는 것을 고려할 수도 있는가?)

조지 W. 부시George W. bush는 테러리스트들이 미국을 증오하는 것은 미국의 자유 때문이라고 말했다. 이슬람 근본주의자들이 관용적이고, 자유주의적인 사회를 증오함은 의심의 여지가 없다. 그러나 스위스와 같이 미국보다 더 관용적이고, 자유주의적이며, 속박이 더 없는 사회가 있다. 왜 그것은 테러의 표적이 아닌가?

CIA는 미국이 중동에 간섭하기 때문에 이슬람 테러리스트들이 미국을 표적으로 삼는다고 자체적으로 밝혔다. 테러리즘은 기본적으로 정치적인 것이지 문화적인 것이 아니다. 미국이 테러를 **도발**하는 것이다.

2012년 정당의 예비 선거 경쟁에서 론 폴Ron Paul을 지지하는 정치행동위

원회$_{PAC}$는 자유주의자의 입장을 다음과 같은 광고로 요약했다:

> 텍사스 한가운데 어딘가에, 예컨대 중국이나 러시아 같은 외국 군대의 대규모 기지가 있다고 상상해 보자. 수천 명의 무장한 외국 군대가 군용 차량으로 미국 거리를 계속 순찰 중이라고 상상해 보자. 그들이 '우리의 안전 유지', '민주주의 증진' 또는 '그들의 전략적 이익 보호' 중이라는 명분으로 이곳에 있다고 상상해 보자.
>
> 그들이 미국 법을 벗어나 작전을 수행하며 미국 헌법이 그들에게 적용되지 않는다고 상상해 보자. 그들은 때때로 실수를 저질렀거나 잘못된 정보에 따라 행동했고 여성과 어린이를 포함해 무고한 미국인을 우발적으로 살해했거나 공포로 몰아넣었으며, 그러고도 대개의 경우 별로 혹은 전혀 개의치 않았다고 상상해 보자. 그들이 우리 땅에 검문소를 설치하고 일상적으로 집 인근을 모두 탐색했고 샅샅이 뒤졌다고 상상해 보자. 미국인들이 이러한 외국 군대를 두려워하며, 그 군대가 없어지면 미국은 더 좋아질 것으로 생각하는 사람들이 압도적이라고 상상해 보자. …
>
> 외국 땅에 우리의 군대가 주둔하는 것이 그곳에 사는 사람들에게는 텍사스에 주둔한 무장한 중국 군대만큼이나 불쾌하다는 것이 진실이다. 우리는 여기에서 그것을 찬성하고 싶지 않지만, 우리는 우리에 대한 많은 증오와 분노를 불러일으키는 전 세계에 뻗어 있는 제국 및 아주 침략적인 외교 정책을 수십 년 동안 지녀 왔다.

아마도 부시의 말이 옳았을지 모른다. 아마도 이슬람 테러리스트들은 미국의 자유 때문에 미국을 미워할 것이다. 그러나 그들은 우리의 자유 때문에 비행기를 타고 우리 건물로 날아들지는 않는다. 우리가 그들의 건물에 폭탄을 떨어뜨리기 때문에 그들은 비행기를 우리 건물 속으로 날아들어 오게 하는 것이다.

자유주의자는 이것이 인기 없는 시각이라는 것을 인식하고 있다. 이 시각은 우리가 한 걸음 더 나아가고 우리의 행동에 대해 책임을 질 것을 요구한다. 이 시각은 우리가 미국은 잘못이 없다는 안일하고도 저 혼자 잘났다는 시각을 받아들이지 말라고 한다.

그것은 자유주의자가 '고립주의'isolationism를 선호한다는 말은 아니다. 자유주의자는 전체 세계에 적극적으로 참여하기를 원한다. 그러나 자유주의자는 군대가 아니라 상품과 서비스가 국경을 넘기를 원한다. 그들은 미국이 세계의 치안을 유지하려고 할 때 위협을 만들어 내는 군사 정책이 아니라, 현실적이고도 임박한 위협으로부터 미국을 보호하는 데 초점을 둔 군사 정책을 원한다.

많은 자유주의자는 테러와의 전쟁이 과잉 반응이라고 말한다. 과거 50년 동안, 미국에서 테러에 따른 사망자는 약 3,500명에 불과했다. 9.11 공격으로 소탕 작전, 재산 피해, 그리고 기업의 수입에서 300억 달러의 손실이 발생했다. 우리는 이러한 인명 피해와 금전적 손실을 테러와의 전쟁 그 자체와 비교할 수 있다. 지금까지 테러와의 전쟁으로 인해 아프가니스탄, 파키스탄, 그리고 이라크에서 6,000명이 넘는 미군, 2,000명이 넘는 미국 계약자, 그리고 10만 명(심지어 20만 명을 넘을 수도 있는)이 넘는 무고한 민간인이 사망했다. 브라운 대학의 왓슨 연구소The Watson Institute는 전쟁의 총실질 금전적 비용을 3조 달러에서 4조 달러로 추정한다. 따라서 테러와의 전쟁이 피해를 주는 것보다 도움을 더 준다는 것은 명확하지 않다. 정치학자 존 뮬러John Mueller와 토목 엔지니어 마크 스튜어트Mark Stewart는 그들이 공동 저술한 논문에서 국토안보부Homeland Security Administration 지출을 정당화하려면 국토안보부는 연간 거의 1,700건의 주요 테러 사건을 막아 내야 한다고 말한다.[10]

자유주의자는 이렇게 덧붙인다: 전쟁은 국가의 건강health이다.[11] 9.11 이후, 미국은 그들의 국민에 대해 점점 더 억압적으로 변모되었다. 오바마는 적정 절차 없이도 미국 시민을 암살할 권리가 그에게 있다고 주장한다. 미국은 사실상 인신 보호habeas corpus를 중단했으며, 미국 시민이 '적 전투원'으로 분류된다면 재판 없이도 그들을 무기한 구금할 수 있도록 허용했다. 교통안전국Transportation Security Administration의 경찰관들은 테러와의 전쟁이라는 이름으로 어린이들의 성기를 일상적으로 건드린다.

88 자유주의자는 오염과 환경을 어떻게 다루고자 하는가?

자유주의자는 만약 당신이 사람들이 자원을 보존하도록 격려하고 싶다면, 당신은 그들에게 자원을 **재산**으로 주어야 한다고 말한다. (질문 65번도 참조.)

자원을 공동으로 소유하면, 모든 사람이 자원을 남용할 유인이 있다. 생태학자 개릿 하딘Garret Hardin은 이 문제를 '공유지의 비극'tragedy of the commons이라고 부른다. 해양 어업이 죽어 가는 이유는 모든 어부에게는 그들의 경쟁자들보다 최대한 많은 물고기를 먼저 잡으려는 인센티브가 있기 때문이다.

공유지의 비극을 피하는 한 방법은 자원을 나누어 사유 재산으로 갖는 것이다. 목동의 예에서, 아무도 목초지를 소유하고 있지 않다. 만약 목동이 양을 더 집어넣는다면, 그는 보상은 **내부화**하되 비용은 **외부화**하는 것이

10 그 정도 일을 못하고 있다면 국토안보부는 테러와의 전쟁에 돈을 잘못 쓰고 있다는 것이다.

11 전쟁을 명분으로 삼아 국가는 확대되고 그 권력을 점점 키워 간다.

다.[12] 만약 그러지 않고 각 목동이 목초지의 1/10씩 소유한다면, 그가 양을 한 마리 더 집어넣을 때 그는 보상과 비용을 모두 내부화할 것이다.[13] 각 목동은 자신의 땅을 지속 가능하도록 사용하려는 인센티브를 가질 것이다. 만약 일부 사람들이 이러한 인센티브에 호응하지 않고 토지를 잘못 사용한다면, 그들은 최소한 전체 목초지가 아니라 작은 구획만 파괴할 것이다.

재산권은 어떤 종류의 오염 및 환경 파괴에 대한 해결책이 될 수 있다. 재산권은 사람들에게 자원에 관한 장기적인 이익 지분을 부여한다. 자신의 거실과 풀장에 오일을 버리는 사람은 거의 없지만, 많은 사람이 공공 호수에는 오일을 버린다. 뉴질랜드의 전 정부 장관인 모리스 맥티그Maurice McTigue는 뉴질랜드가 과거에는 산림 관리인에게 나무를 벌채할 수 있는 단기 면허를 주었다고 말했다. 산림 관리인은 숲을 개벌[14]皆伐, clearcut하는 경향이 있다. 정부는 개벌을 중지시키기를 원했으나, 목재 생산을 통해 수익을 얻는 것은 여전히 허용해 주기를 원했다. 그리하여 정부는 목재 회사에 일종의 재산권을 주는 실험을 했다. 벌목 회사에 숲을 매각하는 것이 아니라, 주어진 지역의 일부 나무들에 대한 장기적인 권리를 주었다. 그 결과 회사는 종이를 만드느라 숲을 개벌하는 것을 중단하고 가구를 만들기 위해 나무를 선별적으로 벌채하기 시작했다.[15]

물고기 남획에 대한 한 가지 자유주의적 해결책은 '캐치 셰어'[16]catch share

....

12 목동은 그가 공유 목초지에 더 집어넣은 양에서 얻는 이득은 혼자 누리면서(이익의 내부화), 그 양이 다른 목동들 양의 풀 소비량을 줄이게 만든 피해는 자기 혼자가 아니라 목동 전체가 공동으로 부담하게 만든다(비용의 외부화).

13 이제 개인 소유가 된 각 목초지 안에서는 이익과 비용은 모두 그 목초지 소유자에게 전적으로 돌아간다. 즉, 거기에서는 이익의 내부화, 비용의 내부화가 나타난다.

14 개벌은 모든 나무를 베어 내고 맨땅으로 만드는 것을 말한다.

15 기업은 재산권이 주어지면 스스로 개벌 대신 숲을 보전하면서 수익을 얻고자 한다.

제도를 예로 보여 주는 것이다. 캐치 셰어 제도에서 고기의 재고량은 공유재 상태로 남겨 두지 않는다.[17] 그 대신에 각 어부는 총어획량의 최대 허용 퍼센트까지 잡을 권리가 있다.[18] 어부들이 자신의 어획량 규모를 늘리려면 총어획량을 늘려야 한다. 어부들은 고기를 남획할 인센티브를 상실하고 그 대신에 어장을 보호할 인센티브를 갖게 된다. 캐치 셰어 제도를 시도해 온 주와 국가는 이러한 프로그램이 남획을 방지하는 다른 방법보다 더 효과적이라는 것을 발견했다.

대부분의 자유주의자는 재산권이 모든 문제를 해결하지는 못한다는 데 동의한다. 우리는 모든 것을 재산으로 바꿀 수는 없다. 우리는 비록 그것이 가능할지라도 모든 것을 재산으로 바꾸고 싶지 않을 수도 있다. 몇몇 자유주의자는 현존하는 환경 문제 때문에 정부 규제가 필요하다고 믿는다.[19]

••••••••

16 몇몇 어종에 대해 연간 잡을 수 있는 총량을 지정하고 개인, 조합, 그리고 지역은 그 일정 부분만을 잡을 수 있게 하는 제도이다. 현재 한국에서 오징어 등에 시행하는 총허용 어획량(total allowable catch: TAC) 제도는 그 한 형태이다.

17 공유재 상태로 둔다는 것은 각 어부가 남획을 하더라도 통제할 수 없는 기존의 어장 제도를 의미한다.

18 예컨대, 총허용 어획량이 10만 톤이고 개인의 최대 어획 허용 퍼센트가 0.00001%이면 이 경우 그 사람은 1톤만 잡을 수 있다.

19 자연 자원에 대해 개인의 재산권을 인정하자는 것이 자유주의자의 대세이다. 그러나 일부 자유주의자는 자연 자원(특히, 토지)의 재산권 인정에 반대한다. 이를 지리적 자유주의자(geolibertarian)라 분류한다.

89 자유주의자는 의료비를 감당할 수 없는 사람들을 어떻게 다루고자 하는가?

자유주의자에게는 이에 관해 단기적 해결책과 장기적 해결책이 있다.

가장 중요한 장기적 해결책은 상대적으로 의료 서비스가 **더 값싼** 것이 되도록 만들어, 사람들이 더 쉽게 비용을 지불할 수 있도록 하는 것이다. 자유주의자는 이 목적을 달성하기 위해 두 가지 방법을 제안한다. 첫째, 그들은 고성장 경제 정책을 옹호한다. 그들은 저성장, 연고주의적 자본주의적인 미국 경제를 고성장, 자유 이민, 그리고 자유 시장적인 경제로 대체하기를 원한다. 만약 사람들이 더 부유해지면 그들은 의료비를 더 쉽게 지불할 수 있다. 둘째, 자유주의자는 의료 비용을 높이는 정부 정책을 없애기를 원한다.

자유주의자는 정부가 의료를 더 비싸게 만든다고 믿는다. 그들은 FDA가 지나치게 위험 기피적 승인 절차를 가지고 있다고 생각한다. 어떤 신약이 시장에 출시되기까지 평균 10억 달러의 비용이 들고 평균 12년이 걸린다. 따라서 약이 비싼 경향이 있는 것은 놀라운 일이 아니다.

정부는 가격을 낮출 수 있는 경쟁을 적극적으로 저지한다. 예컨대, 정부는 새 병원을 여는 것을 어렵게 만든다. 새 병원이 개원하는 것을 허용(따라서 경쟁을 만들어 내고 그것이 가격을 낮출 수 있게 하는 것)하는 대신에, 정부는 지역 사회가 병원을 필요로 한다는 것을 증명할 수 있는 경우에만 병원을 개원하도록 허용한다. 광범위한 고품질의 일상적인 의료 서비스가 의사나 간호사가 아닌 사람에 의해 저렴한 비용으로 제공될 수 있다. 그러나 미국 의사 협회American Medical Association: AMA는 20세기 초 정부에 로비를 가해 이러한 서비스를 제공하는 데는 의료 면허를 요구하도록 만들었다. (미국의사협회 자신의 전문 저널에 나타났듯이 미국의사협회가 그렇게 한 명백한 이유는 경쟁으로부터 자신을 보호하고 의료에 대한 독점 가격을 얻기 위함이었다.) 정부가 경쟁을 제한할 때마다 가격은 반드시 높아지게 된다.

자유주의자는 정부가 또한 민간 건강 보험을 감당하기 어려울 정도로 비싸게 만드는 방식으로 과도하게 규제하고 있다고 믿는다. 여러 주가 보험 회사들이 서로 경쟁하는 것을 막아 비용을 높게 유지하도록 만드는 규칙을 부과한다. 보험 회사로서는 다양한 값비싼 보장 혜택들이 필수적인 것이 아닐지라도 주문이 있으면 제공하게 되어 있다. 듀크 대학Duke University의 보건 정책 분석가인 크리스토퍼 코노버Christopher Conover는 2004년 현재, 정부 규제가 의료 산업의 비용을 적어도 3,300억 달러만큼 증가시킨다고 말했다.

현재의 건강 보험 형태는 사람들이 의료 서비스를 과도하게 사용하고 비용을 다른 사람에게 전가하도록 부추긴다. 사람들은 건강 보험료를 미리 낸다. 그들의 고용주는 그들을 위해 보험료의 많은 부분을 낸다. 사람들은 의료에 관한 의사 결정이 내려지는 시점에서는 비용을 알지 못하며 그들이 소비하는 의료 서비스의 극히 일부에 대해서만 값을 지불한다.[20]

내 아내가 혼수상태에 빠져 깨어날 가능성이 거의 없다고 상상해 보자. 생명 유지 비용이 하루에 3,000달러(연간 100만 달러를 초과)라고 가정해 보자. 만약 내가 전형적인 미국인이라면, 대개 그 비용을 지불하려 하지 않을 것이다. 만약 내가 비용의 상당 부분을 부담해야 한다면, 나는 비용과 이익을

••••••••

20 건강 보험료를 내는 시점과 혜택을 보는 시점의 간격이 길다. 또 자신이 직접 지불하는 일부 금액에만 관심이 있기 때문에 전체 비용에는 관심이 적다. 이 때문에 개인은 비용과 혜택을 정확히 비교하지 못한다. 결국, 적정 수준 이상의 의료를 원하는 경향이 나타난다.

더 합리적으로 저울질할 것이다. 나는 사람을 식물인간 상태로 유지하는 데 100만 달러를 지불하는 것이 합당하지 않다고 깨달을 수도 있다. 그러나 이제 비용을 인식하지 못한다고 가정해 보자. 아까와는 달리, 나는 그녀를 돌보는 비용을 내게 건강 보험을 제공하는 보험 회사를 공유하는 다른 모든 사람에게 떠넘긴다. 그 경우에는, 나는 이를테면 상징적인 이유로나마 그녀가 살아 있는 상태를 유지할 가능성이 훨씬 더 높을 것이다. 사람들이 의료 비용을 다른 사람에게 떠넘길 수 있을 때마다 반드시 그들은 건강 관리를 과다 소비하고 의료의 총비용은 증가할 것이다. 이것은 사소한 사항이 아니다. 의료비가 아주 높은 주된 이유가 이것이다.

의료라는 우리의 난맥상에 대한 좋은 단기 해결책이 있다고 주장하는 자유주의자는 거의 없다. 미국에는 자유 시장적 의료 체제가 없다. 그 대신, 우리는 경쟁으로부터 보호받는 민간 의료와 고도로 규제되는 공공 의료가 뒤섞여 잘못 작동하는 체제를 가지고 있다. 비용을 낮추려는 자유주의적 처방은 공급자가 실질적인 경쟁에 직면하도록 만드는 것이다.

몇몇 사람들은 자유 시장에서는 이미 질환을 가진 사람들은 의료 보장을 받을 수 있는 방법이 없다고 우려한다. 그렇지 않다. 경제학자 존 코크런 John Cochrane이 설명하듯이, 공급자는 '갱신 가능 보장' 건강 보험을 제공할 수 있을 것이다. 갱신 가능 보장 계약하에서는, 당신이 일단 건강 보험에 가입하면 당신은 해당 건강 보험을 평생 계속 구입할 수 있는 권리도 함께 구입하는 것이다. 기존의 민간 생명 보험과 똑같이, 그 계약은 단지 당신이 병이 깊어졌다는 이유만으로 회사가 보험료를 인상하는 것을 금지한다. 코크런은 정부가 허용하기만 한다면 자유 시장적 건강 보험이 우리 문제의 많은 부분을 해결할 수 있는 다양한 방법들을 광범위하게 서술해 왔다.

90 자유주의자는 실패 중인 공립 학교를 어떻게 다루고자 하는가?

부유한 학군의 아이들은 가난한 학군의 아이들보다 교육 성과가 더 좋다. 부유한 학군은 더 멋진 시설을 갖고 있으며, 학생 한 사람당 더 많은 돈을 지출한다. 따라서 공립 학교에 돈을 더 많이 지출하면 더 나은 성과를 낼 수 있다고 결론을 내리기 쉽다. 그러나 지출과 성과 간의 관계를 연구하는 거의 모든 사람이 지출이 더 많다고 성과가 더 좋은 것은 아니라는 결론을 내린다. 부유한 학군은 부유한 주택 소유자들을 조세 기반tax base으로 갖고 있기 때문에 부유하다. 부유한 주택 소유자는 또한 교육을 더 많이 받고 인적 자본human capital을 더 많이 가지고 있는 경향이 있다. 그들이 더 나은 교육을 받고 더 많은 인적 자본을 가지고 있기 때문에 그들의 자녀도 더 나은 교육을 받고 더 많은 인적 자본을 가지며, 따라서 학교에서 더 좋은 성과를 얻는 경향이 있다. 학교에 더 많은 돈을 투자하는 것은 쉬운 일이겠지만, 자유주의자는 이 쉬운 해결책은 진정한 해결책이 아니라고 믿는다.

자유주의적 시각에서 보면, 미국 정부는 사실상 가난한 소수 인종의 아이들과 전쟁 중이다. 첫째, 정부는 마약과의 전쟁을 벌이고 '범죄에 강경' tough on crime하다. 자유주의자는 이것이 도심을 게토로 만든다고 생각한다. (질문 47~50번 참조.) 둘째, 연방, 주, 그리고 지방 정부는 규제와 면허제를 사용하여 가난한 소수 인종이 자립 기업가 및 사업주가 되는 것을 어렵게 만든다. (질문 83번 참조.) 그런 뒤 정부는 가난한 아이들이 미국에서 가장 최악이면서 폭력적인 공립 학교에 가도록 만드는 불행을 마지막으로 안긴다.

자유주의자는 도심 학교의 저조한 학업 성취를 해결하려면 여러 프로그램의 혼합이 필요하다고 믿는다. 첫째, 정부는 빈곤층에게 적극적으로 상처를 입히고 빈곤층을 계속 빈곤한 상태로 있게 하는 정책을 중단해야 한다. (질문 83번 참조.) 모든 다른 조건들이 동등하다면, 가난한 사람들의 아이들은 그들이 어떤 학교에 다니든 상관없이 학업 성취는 나빠진다.

둘째, 자유주의자는 정부가 학교 선택을 장려해야 한다고 믿는다. 정부가 저질의 공립 교육을 제공하게 하기보다는 학생들이 더 나은 사립, 교구 또는 차터 스쿨[21] charter school에 다닐 수 있도록 정부가 비용을 지불하게 하라. 만약 당신이 낮은 인적 자본 가정 출신의 아이들이 다른 낮은 인적 자본 가정 출신의 아이들과만 함께 공부하도록 강요하고, 그들의 학교를 갱과 범죄가 들끓는 지역에 배치한다면 당신은 아이들이 틀림없이 실패할 것으로 예상해야 한다.

차터 스쿨이 만병통치약은 아니지만, 그것은 다른 형태의 공립 학교보다 나은 이점이 있다. 차터 스쿨은 학생들에게 매력을 주기 위해서는 경쟁을 할 필요가 있다. 어떤 학교가 더 잘하면 그 학교는 더 많은 학생에게 매력을 준다. 다른 학교들은 그것을 모방하려고 할 것이다. 예컨대, 애리조나에 있는 BASIS 차터 스쿨을 생각해 보라. BASIS에는 경쟁적인 입학 전형이 없다. 즉, 학생들은 추첨으로 입학을 한다. 그러나 우수한 교사와 엄격한 커리큘럼 덕분에, BASIS 학생은 학교들 가운데 탁월하다.[22] 엘리트 사립 학교에서는 기초 지식을 풍부하게 가진 재능 좋은 학생들이 고등학교 3학년 때 AP[23] Advanced Placement의 미적분학 시험을 볼 수 있다. BASIS에서는 가난한 배

········

21 차터 학교는 지방 자치 단체나 국가의 특별 인가를 받아 공적 자금으로 운영되는 독립 학교를 말한다.

22 애리조나의 BASIS 차터 학교들은 전국의 최상위 수준의 학업 성취도를 보여 왔다.

경 출신의 통상적 학생들이 2학년 때 이 시험에 합격한다.

자유주의자는 또한 교사에게 더 많은 자율성이 주어져야 한다고 믿는다. 자유주의자는 개별 교사가 자신의 커리큘럼을 자유롭게 설계하고 교사가 실험할 수 있기를 원한다. 좋은 실험이라면 성공하고 모방될 것이다. 나쁜 실험이라면 실패하고 교사는 다른 것을 시도할 것이다. 자유주의자는 워싱턴이나 주州의 주도州都에 있는 중앙 계획가가 모든 사람을 어떻게 가르칠지 결정하는 것을 원하지 않는다. (자유주의자가 중앙 계획이 실패한다고 믿는 이유는 질문 73번이 설명한다.) 자유주의자는 만약 학생들이 계속해서 표준 틀에 매인 시험을 치른다면, 교사는 실질적 학습보다 시험을 위해 가르치는 데 훨씬 더 많은 시간을 쓸 것이라고 우려한다.

몇몇 자유주의자는 교사 노조(전국 교육 협회 NEA 및 미국 교사 연맹 AFT)[24]가 전국의 아이들에게 피해를 준다고 믿는다. NEA와 AFT는 강력한 로비 및 투표의 블록이다. 어떤 민주당원도 감히 그들이 화를 내도록 만들지 않을 것이다. NEA와 AFT는 모든 노조가 하는 일을 한다. 즉, 노조 지도부의 이익을 먼저 추구하고, 조합원의 이익은 두 번째로 고려한다. 그들은 모든 노조가 하는 방식으로 이 일을 한다. 즉, 마치 노조원의 이익을 진정으로 추구하는 듯한 시늉으로.

교사 노조NEA와 AFT는 학교를 설립하려는 시도를 일상적으로 차단한다. 예컨대, 대부분의 미국 교육 학군에서 공립 학교 교사는 2~3년이 지나면 정년 보장tenure을 얻게 된다. 정년 보장이란 무능한 교사도 해고될 수 없음을

23 AP는 고등학교 과정에서 이수하는 대학 수준의 수업을 말한다.
24 AFT는 American Federation of Teachers, NEA는 National Education Association을 의미한다.

의미한다. 컬럼비아 특별구DC 공립 학교들의 전 협회장이었던 미셸 리[25] Michelle Rhee는 그녀가 최악의 교사를 해고할 수 있도록 정년 보장을 없애기를 원했다. 그녀는 DC 노조들에 거래를 제안했다: 내가 당신들 중 최악의 사람들을 해고하되 당신들 중 최고의 사람들에게 엄청난 보너스와 더 높은 급여를 지불하게 해 달라. 노조 지도자들은 조합원들이 그 제안에 대해 투표하는 것조차 허용하지 않았다. (몇 년 후, 많이 완화된 버전의 안이 통과되었다.) 노조는 급여가 성과가 아닌 연공서열seniority에 토대하기를 원했다. 대부분의 공립 학교 교사들은 진정으로 아이들을 돕고 교육을 개선하기를 원한다. 그러나 그들의 노조는 그들이 그러는 것을 허용하지 않을 것이라고 자유주의자는 생각한다.

91 자유주의자는 중국 경제의 부상을 어떻게 다루고자 하는가?

중국 경제의 부상에 대한 자유주의자의 주된 반응은 좋아하는 것이다. 50년 전 마오쩌둥은 4,000만 명 이상의 중국인을 굶어 죽게 했다. 중국의 거의 모든 사람은 처참할 정도로 가난했다. 나중에, 1970년대 후반부터 1990년까지 중국의 실질적 지도자였던 덩샤오핑Deng Xiaoping은 다양한 상향식 개혁을 허용했다. 그는 지방 자치 단체가 어떻게 투자할지를 결정하게 했고, 경제 특구에 외국인 투자와 자본주의 시장을 허용했으며, 그리고 농업을 다시 크게 민영화했다. 농업 및 산업 생산이 빠르게 증가했다. 비록 중국이

25 한국계 2세로 컬럼비아 특별구의 공립 학교 협회장(2007~2010)을 역임한 미국의 교육 개혁가이다. '학생 우선'(Student First)이란 비영리 조직을 운영한 바 있다.

부유하게 되지는 않았지만(아직도 그런 상태이다) 기근 상태로부터 식량이 남아도는 상태로 바뀌었다. 인도주의적 시각에서 보면, 이것은 놀라운 일이다. 우리는 모든 곳의 모든 사람이 부유하고 행복하기를 바라야 한다.

그러나 대부분의 미국인은 망설인다. 그들은 중국 경제를 위험한 경쟁자로 보고 있다.

이것은 잘못된 생각에 근거한 것이다. 노벨상 수상자 폴 크루그먼Paul Krugman이 말하듯이 경쟁은 위험한 집착이다.[26] 국가는 경쟁을 하는 기업이 아니다. 국가는 도요타Toyota와 혼다Honda가 경쟁하는 방식으로 경쟁하지 않는다. '우리'는 '그들'과 경쟁하고 있는 것이 아니다.

경제학자들은 국제 무역이 특별한 것이 아니라는 점을 반복적으로 강조하지만 모든 사람은 반복적으로 무시한다. 경제적인 관점에서 보면, 미국이 중국과의 무역이 증가하는 것은 버지니아가 메릴랜드와 교역이 증가하는 것과 크게 다르지 않다.

중국이 미국 경제를 '추월'할 것인가? 첫째, 높은 성장률에 속지 말라. 미국 경제는 현재 중국 경제가 성장하는 것같이 빠르게 성장한 적이 없다. 그러나 미국과 중국의 경제는 다르다. 중국은 경제학자들이 '따라잡기 성장'catch-up growth이라고 부르는 것을 경험하고 있다. 그것은 가난하고, 고립되고, 그리고 역기능적 경제를 가지고 있었다. 이제 그것은 다른 국가에서 사용되는 좋은 사업 관행, 제도, 그리고 기술 혁신을 모방할 수 있다. 따라서 그것은 매우 빠르게 성장한다. 미국은 경제의 최전선에 있다. 미국은 따라

....

26 경쟁을 강조하는 자유주의자인 저자가 하필이면 경쟁 및 자유주의에 반대하는 폴 크루그먼의 논리를 중국을 경쟁자로 보지 말라는 데 원용하는 것은 적합하지 않다. 그보다는 경쟁의 성격이 다르다는 본질로 미중 경쟁을 재해석함이 더 나았다. 크루그먼 논리에 의존해 질문 91번 논의를 정당화한다면, 그와 동시에 저자의 다른 대부분 주제의 정당화 논리가 흔들리게 된다.

잡기 성장을 누릴 수 없다. 따라잡을 대상이 없다. 미국 경제가 성장하기 위해서는 다른 것을 모방할 수 없다. 미국은 새로운 아이디어와 기술을 개발해야 한다.

최첨단 성장과 따라잡기 성장의 차이점을 이해하려면 스타 트렉Star Trek의 벌컨[27]Vulcans이 워프 드라이브[28]와 입자 생성기를 우리의 옥수수와 교환한다면 미국 경제가 어떻게 될지 상상해 보라. 미국 경제는 벌컨 경제보다 훨씬 빠르게 성장할 것이다.[29] 경제학적으로 가장 무지한 벌컨인은 미국 경제가 벌컨 경제를 추월할 것이라고 불평할 것이다.

중국 경제는 전반적으로 보면 여전히 매우 작다는 점을 유의하라. (그리고 그 점은 자유주의적 또는 인도주의적 관점에서 볼 때 너무나 나쁜 일이다.) 중국은 세계에서 두 번째로 높은 GDP를 가지고 있다. 절대적인 면에서는, 중국은 미국을 제외한 다른 어떤 국가보다 더 많은 상품과 서비스를 생산한다. 하지만 중국은 거대한 인구도 가지고 있다. 우리가 중국의 1인당per capita, 한 사람이 생산하는 양 GDP를 보면, 모든 국가 중 90번째에 불과하다. 따라서 중국 GDP를 이를테면 일본 GDP와 비교하는 것은 오해를 줄 수 있다. 이는 마치 미시시피주를 버지니아주 페어팩스 카운티Fairfax county, 워싱턴 DC 부근의 부유한 교외 지역와 비교하는 것과 다소 비슷하다. 미시시피 모든 주민의 소득 합에 비하면 페어팩스 카운티 모든 주민의 소득 합은 왜소하게 보인다. 그러나 미시시피주는 페어팩스 카운티에 비해 가난하다. 페어팩스 카운티의 중위 가구 소득은

27 SF 시리즈 '스타 트렉'에 나오는 인류와 최초로 조우한 외계 인류로, 감정을 최소화하면서 논리와 이성 중심으로 행동하는 인류이다.

28 워프 드라이브는 시공간을 일그러뜨려 4차원으로 두 지점 사이의 거리를 단축해 광속보다 빨리 원거리 목적지에 도착하는 방법으로, 영화 '스타 트렉'에 나타난 바 있다.

29 벌컨의 기술을 받아들인 미국은 이 기술로 빠르게 성장할 것이다. 오늘의 미국–중국의 관계가 곧 '스타 트렉' 속의 벌컨–미국의 관계로 이해될 수 있다.

미시시피주의 중위 가구 소득의 3배이다.

몇몇 미국인들은 중국이 더 부유해진다면, 그것은 더 큰 군사적 위협이 될 것이라고 두려워한다. 그러나 경제학자 프레데릭 바스티아Frédéric Bastiat가 말했듯이, 상품이 국경을 넘지 않으면 군대가 국경을 넘을 것이다.[30] 중국이 번영하는 것은 그것이 미국인들에게 물건을 팔기 때문이다. 경제적 상호의존성은 두 국가가 전쟁으로 가는 확률을 줄인다. 왜냐하면 싸움 때문에 잃어야 할 금액이 증대하기 때문이다. 이것은 자유주의자가 국제 무역을 선호하는 이유 중 하나이다.

끝으로, 많은 미국인이 중국의 부상을 우려하는 것은 그 사람들이 국제 무역에 대해 일반적으로 의구심을 가지고 있기 때문이다. 그들은 국제 무역이 경제에 나쁘다고 잘못 믿고 있다. 좌파든, 중도파든, 혹은 우파든 상관없이 절대 다수의 경제학자들은 이에 동의하지 않는다. (모든 자유주의자는 자유무역을 선호하지만, 친무역주의 pro-trade가 자유주의에만 있는 생각은 아니다.) 단기적으로는, 자유 무역은 거의 모든 사람을 더 부유하게 만들고, 장기적으로는 모든 사람을 더 부유하게 만든다. 우리가 중국으로부터 물건을 사면 그들은 그 대가로 달러를 받는다. 실제의 미국 달러는 그 자체로는 아무 가치가 없다. 즉, 그것들은 미국 상품 및 서비스와 교환될 수 있기 때문에 가치가 있을 뿐이다. 그러므로 중국인은 그들의 달러를 미국 상품 및 서비스에 사용하거나, 다른 외화(예컨대, 유로)로 교환할 것이다. 이 경우에는[31] 다른 누군가(유로를 달러로 바꾼 사람)가 미국 상품과 서비스를 구매할 것이다. 경

30 이는 바스티아가 한 말로 알려져 있고 본서의 저자도 그렇게 설명한다(제6장 질문 70번에도 같은 내용). 그러나 실제로 바스티아의 말이 아니라는 지적도 있다.

31 중국인이 달러를 미국 제품 구입에 사용하지 않고 다른 외화로 바꾼 경우를 말한다.

제학자들이 말하듯이, 국가는 수출로 벌어 수입에 대한 비용을 지불한다. 혹은 중국인이 달러 위에 영원히 앉아 있거나,[32] 심지어 태워 버리기로 작정한다고 상상해 보라. 그것 또한 문제가 안된다. 그러나 그것은 중국인들이 죽은 대통령들의 그림이 있는 너절한 종이 조각을 받고 우리에게 값나가는 텔레비전과 장난감을 주는 것과 대략 같은 것이다.

2012년 초, 한 중국 자동차 회사가 유럽 연합에서 가장 가난한 나라인 불가리아에 조립 공장을 세웠다. 중국은 제1세계로부터 단지 '일자리를 훔치는' 것이 아니다. 그것은 또한 다른 나라에서도 일자리를 만들어 낸다.

92 규제받지 않은 자유 시장이 근래의 금융 위기를 일으켰는가?

다른 사람들이 거품을 믿기 오래전에 자유주의자는 미국 주택 및 통화 정책이 임박한 재앙을 만드는 중이라고 주장했다. 그것들은 무시되었다. 그런 다음에 예측된 거품이 터졌을 때, 모든 사람이 거품은 주택 및 금융의 규제가 되지 않은 자유 시장 탓이라고 비난했다.

미국은 자유 시장 경제가 아니라 혼합 경제를 가지고 있다. 미국은 세계에서 가장 자유로운 경제를 가지고 있는 것이 아니다. 사실은, 진보주의자들이 '사회 민주제'social democracies라고 이름 붙인 많은 국가가 미국보다 더 자유로운 경제를 가지고 있다. (질문 98번 참조.) 그러나 나쁜 무엇인가가 경제에 발생할 때마다, 많은 사람이 조건반사적 반응을 보인다: '이것은 자유

32 달러를 사용하지 않고 항구적으로 보유만 하는 경우를 말한다.

시장 자본주의가 실패했다는 증거다!'라고.

거의 모든 사람이 이데올로기적 렌즈를 통해 2008년 미국의 금융 위기를 해석한다. 시장을 증오하는 사람들은 그들이 보기를 기대한 것을 찾다 그것을 보게 된다: 어리석고도 부패한 금융가들 때문에 나온 엄청난 시장 실패 말이다. 정부를 불신하는 사람들은 그들이 보기를 기대한 것을 찾다 그것을 보게 된다: 어리석고도 부패한 정부 규제 기관들 때문에 나온 엄청난 정부 실패 말이다.

자유주의자는 사람들이 어떤 입장을 취하든 그들은 미국 금융 시장이 아주 심하게 규제받고 있으며 또 과거에도 그러했음을 인정해야 한다고 말한다.[33] (그것은 미국 금융 시장이 나쁘게 규제되었다거나, 충분히 규제되지 않았다는 주장[34]과도 양립할 수 있다.) 적어도 정부가 많은 비난을 받아야 한다는 것은 인정해야 하는데, 왜냐하면 그 위기가 생겨나도록 조장하는 나쁜 인센티브를 만든 것이 정부이기 때문이다. 아마도 최종 분석에서는, 시장이 가장 많은 비난을 감내할 것이다. 그러나 만약 어떤 사람이 규제받지 않은 자유로운 금융 시장이 그 문제를 일으켰다고 불평한다면, 그 사람은 진지한 반대를 하고 있지 않는 것이다.[35]

자유 시장 체제에서는 만약 어떤 은행이 부실 대출을 하면 재정적 손실을 입는다. 은행은 위험을 제대로 평가할 인센티브가 있다. 이러한 인센티브가 은행이 체제적 오류$_{\text{systematic errors}}$를 범하지 않는다는 것을 보장하지는 않는다. 그러나 자유주의자는 정부가 은행가들이 위험을 과소평가하고 실

33 이것은 자유주의자의 시각이다.
34 이것은 반(反)자유주의자의 시각이다.
35 그 경우 그는 금융 위기를 피상적으로만 이해하는 것이다.

수를 행하도록 적극적으로 부추겼다고 덧붙인다.[36]

경제학자 러스 로버츠Russ Roberts는 정부가 은행들이 "남의 돈으로 도박을 하도록" 부추겼다고 말했다. 그는 똑똑한 도박꾼에게 돈을 빌려주는 어떤 기업이 있다고 상상해 보라고 요구한다. 처음에는, 당신 및 다른 대출 기관이 많은 돈을 벌 수 있다. 하지만 도박꾼이 무모해져서 더 큰 위험을 감수하기 시작한다고 상상해 보라. 당신 및 다른 대출 기관은 당신이 대출 원금을 받지 못할 것을 우려한다. 당신은 도박꾼에게 돈을 대출해 주는 것을 아마도 중단할 것이다. 당신은 도박꾼의 위험성 있는 행동을 중단시키려고 할 것이다.

그러나 당신의 돈 많은 엉클 샘이 옆자리에 앉아 게임을 보고 있는데, 그가 도박을 좋아하고 그것을 부추긴다고 가정해 보자. 그의 과거 행동에 비추어 볼 때, 당신은 만약 거물 도박꾼이 파산하면 엉클 샘이 그들의 부채를 갚아 줄 것으로 생각할 충분한 이유를 가지고 있다고 가정해 보자. 그 경우 당신 및 다른 대출 기관은 도박꾼의 무모한 행동을 모르는 체하는 경향이 있을 것이라고 로버츠는 말한다. 당신은 그들이 위험한 베팅을 하는 것을 막으려 하지 않을 것이다. 베팅이 더 위험해지고 부채가 쌓이는 때에도 당신은 계속 돈을 빌려줄 것이다. 당신은 당신이 대출해 준 돈에 대한 이자율을 번거롭게 올리는 것조차 하지 않을 수도 있다.[37]

....

36 은행이 부실 대출 위험에 신중히 대비하는 정상적 상태에서도 부실 대출이 전혀 안 나오는 것은 아니다. 그러나 이 사례에서 정부는 은행이 그런 신중함을 버려도 된다고 여기도록 나쁜 방향으로 적극 유도해 갔다.

37 은행으로서는 고객의 위험이 높아지면 대출 이자율을 올려야 하지만, 은행이 위험에 빠졌을 때으레 정부가 문제를 해결해 주던 과거 관행을 비추어 볼 때, 굳이 번거롭게 그런 조치를 하지 않아도 되는 것으로 생각하게 되었다.

로버츠는 이 사고 실험이 금융 위기에서 일어난 것과 유사한 것이라고 주장한다. 예상대로 미국 정부는 잘못된 결정을 내린 대형 은행들에 대한 구제 조치를 확약했다. 결국, 전 연방예금보험공사FDIC[38] 회장인 어바인 스프라그Irvine Sprague가 말하듯이, 미국 정부는 1986년까지 미국 역사상 가장 큰 은행 파산 50건 중 46건에서 은행들을 구제해 주었다. 이 46건의 사례에서 어떤 예금자나 채권자도 돈을 잃지 않았다. 미국 정부는 대기업에 대해서도 거듭해서 구제 금융을 해 주어 왔다. 심지어 다른 나라를 구제해 주기도 했다.

따라서 금융가들은 자신들이 위험한 결정을 내리더라도 그들은 위험을 사회화하고 이익을 사유화할 수 있다고[39] 믿었다. 금융가들은 위험한 결정이 재앙으로 이어지면 미국 정부가 구제해 줄 것이라고 믿었다. 그들이 옳았다. 최근 위기에서 실제로 정부는 어리석은 결정을 내린 대부분의 은행을 정말로 구제해 주었다.

무책임한 성인 자녀의 부모는 엄격한 사랑tough love의 개념을 이해한다. 예컨대, 당신에게 방탕한 성인 아들이 있다고 가정해 보자. 그는 돈을 전혀 저축하지 않으며 늘 과다하게 쓴다. 만약 당신이 지금 당장 구제 조치를 해 주지 않으면 그는 자동차와 아파트를 잃게 될 것이라고 가정해 보자. 그를 구제해 주지 못하면 단기적으로는 재앙이 올 수 있다. 그럼에도 그러고 나면 그는 제 발로 설 수밖에 없게 될 것이다. 그는 당신이 그를 구조해 줄 것으로 가정할 수 없다는 것을 깨닫게 될 것이다. 또다시 그가 그의 모든 돈을

38 Federal Deposit Insurance Corporation(FDIC).

39 금융 기관이 모험적 투자로 이익이 나면 금융 기관의 사적 이익으로 돌리고(사유화), 혹 손실을 보더라도 정부의 구제 금융을 통해 그 손실을 사회 전체가 감당하게(사회화) 만든다. 이런 인센티브를 만든 것이 정부이다.

날릴 가능성은 적을 것이다. 그 반면에, 만약 당신이 그를 구제해 준다면 그에게는 계속 무책임한 채로 남아 있을 충분한 이유가 있게 된다. 당신은 그가 또 다른 구조를 필요로 할 **가능성이 커지게** 만든다.

우리가 사람들을 그들이 행한 나쁜 선택의 결과로부터 격리한다면,[40] 우리는 나쁜 선택들이 더 나타남을 보게 된다. 당신이 무엇인가에 보조금을 주면, 당신은 그런 일들을 더 많이 겪게 된다. 자유주의자는 이렇게 말한다: 따라서 그것은 은행의 나쁜 결정을 동반한다. 정부가 은행을 구제해 줄 때, 이것이 단기적으로는 재난을 완화하는 데 도움이 될지 모른다. 그러나 그와 동시에 장기적으로는 이는 더 많은 재난을 불러들인다. 그것은 정부가 은행을 계속해서 구제해 주어야 할 가능성을 높인다.

자유주의자는 정부 보증 기업[41]GSE인 패니 메이Fannie Mae와 프레디 맥Freddie Mac이 위기가 발생하도록 조장했다고 주장한다. 패니 메이와 프레디 맥[42]은 민간 은행으로부터 위험한 융자를 많이 사들인다.[43] 민간 은행들은 자신들이 저소득층 및 고위험 고객들의 모기지를 정부 보증 기업에 판매할 수 있다는 것을 알고 그들에게 융자를 해 준다. 클린턴 행정부는 주택 소유가 미국에서 늘어나기를 원했다. 정부는 패니 메이와 프레디 맥에게 은행으로부터 훨씬 더 위험한 모기지[44]도 계속 사라고 지시했다. 정부 보증 기업

....

40 잘못된 선택을 한 자가 자신이 행한 나쁜 결과를 직면하지 못하게 하거나 방탕하게 생활한 자가 그 때문에 나타난 궁핍을 겪지 못하게 하거나 하는 것을 의미한다.

41 정부가 보증해 주는 금융 회사(government-sponsored enterprises)이다.

42 이 두 기업은 원래 민간 회사이지만 공기업적 성격이 강하다. 주택 구입을 위해 담보(모기지) 대출을 받으려면 은행이나 모기지 전문업체가 충분한 재원이 있어야 하는데, 패니 메이와 프레디 맥은 이런 대출 회사에 자금을 융통해 주었다.

43 은행이 개인에게 대출한 융자 중 상환이 위험한 융자를 은행으로부터 구입한다.

44 등급이 좋지 않은 채권, 즉 서브프라임 모기지도 구입했다.

및 은행은 지역 사회 재투자법Community Reinvestment Act을 준수하기 위해, 저소득층 차용자에게 더 낮은 계약금을 받고 대출을 해 주어야 했다. 은행은 이러한 대출을 정부 보증 기업에 판매할 수 있으므로 위험한 고객에게 대출해 줄 인센티브가 있었다.

많은 자유주의자가 주택 거품이 있을 것이고 그것이 주택 위기로 이어질 것임을 일찌감치 경고했다. 그들은 조롱받거나 무시되었다. 유튜브YouTube에서, 당신은 론 폴이 2003년 의회에서 정부가 주택 거품을 키우고 있다고 주장하는 것을 볼 수 있다.[45] 론 폴은 재임 동안, 연준의 금융통화 위원들[46]Fed governors에게 정부가 후원하는 신용 인플레이션government-sponsored credit inflation이 나쁜 투자와 미래 위기를 초래할 것인지 물었다. 그때마다 금융통화 위원들은 자신들이 경제를 관리하는 능력이 있다고 응답했다. 유로 퍼시픽 캐피털Euro Pacific Capital의 수장으로 자유주의 성향을 가진 피터 시프Peter Schiff는 2002년에 거품을 경고하기 시작했다. 당신은 유튜브에서 그가 뉴스 쇼에 나와 거품을 경고하는데도 개입주의적 경제학자들 및 뉴스 논평가들에게서 비웃음만 받았음을 볼 수 있다.

물론 금융 위기의 원인은 과거 몇 년 동안 가장 뜨겁게 토론된 쟁점 중 하나이다. 지적으로 순수한 많은 경제학자가 여기서 제시된 자유주의적 시각에 이의를 제기한다. 법 이론가인 리처드 포스너Richard Posner와 같은 일부 자유주의 성향의 사상가들은 그 위기의 결과로 자유주의로부터 더 멀어져 갔다.[47]

········

45 제1장의 질문 9번 및 그 각주를 참조하라.
46 연준을 운영하는 7인의 운영 위원을 말한다.
47 금융 위기 원인에 대한 자유주의적 해석에 반대하는 학자들이 다 좌파인 것은 아니다. 시장 경

93 자유주의자는 경제를 어떻게 고치려고 하는가?

미국 경제는 과거 10년 동안 지지부진했다. 그러나 과거 10년 동안 모든 국가가 나쁜 경제 성과를 보인 것은 아니다. 좋은 10년을 보낸 호주와 같은 선진국들은 경제를 자유와 자유롭고 속박 없는 상태로 유지했다. 나쁜 10년을 보낸 미국과 같은 선진국들은 경제 자유를 감소시켰다.

자유주의자는 미국이 성장을 막는 나쁜 정책 선택을 했다고 생각한다. 경제를 고치는 방법은 이런 실수를 하는 것을 멈추는 것이다.

미국은 전쟁으로 부를 파괴한다. 브라운 대학의 왓슨 국제 문제 연구소 Watson Institute for International Affairs는 아프가니스탄 전쟁과 이라크 전쟁으로 미국이 거의 4조 달러의 비용을 지출할 것으로 추정한다. 따라서 이것은 미국 정부가 적자 재정 및 과세를 통해 미국 경제의 **생산적**인 부문으로부터 돈을 빼내어 **낭비적**이고 **파괴적인 부문**으로 부어 넣는 것을 의미한다.

전쟁보다 더 심각한 점이 있다. 자유주의자는 미국이 계속해서 **지대 추구** rent-seeking, 조합주의적[48] 사회 corporatist society가 되어 왔다고 믿는다. 즉, 미국에서 경제적 성공은 점차 자유 시장에서 고객을 얻는 것보다 미국 정부의 호의를 얻는 것으로 되어 가고 있다. 미국 정부는 작지만 더 생산적인 기업보다 크고도 정부와 인맥이 좋은 기업에 혜택을 주는 정책을 선택한다. (질

....

제와 자유 민주주의가 이데올로기의 주역이 되었음을 갈파한 프랜시스 후쿠야마나, 지대 추구 이론을 통해 자유 시장 경제를 옹호했던 법경제학자인 리처드 포스너조차 금융 위기 사태를 겪으면서 자유 시장 경제에 대한 믿음을 낮추었다.

48 여기에서는 국가-기업-노조의 결합에 의한 집단적 경제 관리 체제라는 본의의 조합주의가 아니라, 대기업이 정치 체제를 주도하는 국면을 말한다. 이 용어의 자세한 설명은 제6장의 '질문 71번'의 각주 및 본서 말미의 용어 해설 참조.

문 71번 참조.) 미국 정부는 생산적인 기업으로부터 돈을 받아 제너럴 모터스GM와 같이 부를 파괴하지만 정부와 인맥 관계가 좋은 기업을 구제해 준다.

자유주의자는 우리가 미국 경제에 동력을 점화하고 싶다면, 미국을 사업하기에 더 매력적인 곳으로 만들 필요가 있다고 말한다. 이것은 다음을 의미한다:

- 사업 활동과 관련된 관료적 문서주의red-tape, 면허 발급 규칙, 그리고 규제를 줄여라. 기초 경제학(ECON 101)은 이렇게 가르친다: 만약 당신이 새 사업과 새 법을 생산하는 비용을 높인다면, 당신이 얻는 공급량은 낮아진다. 미국 정부 자체에 따르면, 현재 기업이 규제들에 순응하는 데는 직원 1인당 평균적으로 약 11,000달러의 비용이 든다.
- 새로 고용자를 채용하는 데 비용이 많이 들게 만드는 규제를 줄여라. 고용주가 훨씬 더 비싼 혜택, 실업 보험, 그리고 재해 보험 등에 계속 비용을 대도록 강요받을 때, 기존 고용주는 고용을 줄인다. 기업가는 사업을 시작하지 않기로 작정한다.
- 법인 소득세를 줄여라. 미국에 있는 기업은 주州 소득세 및 연방 소득세를 모두 납부해야 한다. 그 합산 세율(약 40%)은 경제협력개발기구OECD의 2~3개 국가를 제외한 모든 국가의 기업이 직면하는 것보다 더 높다. 다른 모든 조건이 동일하다면, 여기가 아닌 다른 곳에서 사업을 시작하는 것이 더 매력적이다. (그러나 미국 법인세 규정은 많은 공제와 조세 허점을 허용한다는 점에 유의하라. 최고의 회계사를 둘 여력이 있는 대기업은 미국에서 사업을 함으로써 돈을 절약할 수 있지만, 그것은 그들이 세금 제도와 게임을 벌이는 데 엄청난 자원을 투입하는 경우에만 가능하다. 그것은 여

전히 낭비적이고 비생산적이다.)

- 경제학자 알렉스 태버록Alex Tabarrok은 미국 특허 제도가 혁신을 막고 있다고 주장한다. 기업은 이제 새로운 혁신을 통해 고객을 얻는 데는 시간을 덜 쓰고 별것도 아닌 특허들을 사용해 경쟁자들이 고객을 잃도록 만드는 데 더 많은 시간을 쓴다.
- 우리는 숙련도가 높은 이민자 및 미숙련 이민자 모두가 미국 경제에 더 쉽게 들어올 수 있도록 만들 필요가 있다.
- 우리는 교육을 개혁하여 더 많은 학생이 컨설팅, 금융, 그리고 법보다 과학, 공학, 그리고 기술에 더 많이 끌리도록 만들 필요가 있다. 우리는 또한 우리의 정치 체제를 개혁하여 컨설팅, 금융, 그리고 법이 가장 빨리 돈을 버는 방법이 되지 않도록 만들 필요가 있다.

좌파 측의 많은 사람이 이러한 주장 중 많은 부분에 동의한다. 즉, 그것들은 자유주의에 특유한 것이 아니다. 그러나 많은 좌파 경제학자가 이것으로는 충분하지 않다고 주장한다. 많은 좌파 성향 경제학자는 침체한 경제를 활성화하기 위해, 즉 지지부진한 경제에 동력을 점화하기 위해서는 정부가 '재정 정책'fiscal policy의 사용, 즉 지출을 증가해야 한다고 생각한다.

제9장

정치: 어제, 오늘, 그리고 내일

94 자유주의는 미국에서 얼마나 인기가 있나?

미국인들의 대략 1/10~1/3쯤이 자유주의자이다.

많은 자유주의자가 자신의 정체성을 자유주의자로 규정하지 않는다. 그들은 자신을 리버럴, 중도주의자, 또는 보수주의자라고 부른다. 그들 중 다수가 민주당 혹은 공화당 후보에 투표한다.

따라서 미국인의 몇 퍼센트가 자유주의자인지 알기 위해서는 우리가 단지 그들에게 그들이 자유주의자인지 물어보는 것으로는 안된다.

연구자들이 어떤 개인의 정치적 관점을 뭐라고 부를지 알기를 원할 때, 그들은 그 사람이 자신을 뭐라고 부르는지 물어보지 않는다. 그 대신에 연구자들은 그 사람에게 실제의 이데올로기에 관한 일단의 질문을 한다. 연구자들은 그 사람에게 그 사람의 실제의 정치 신념에 가장 잘 맞는 명칭을 부여한다.

미시간 대학, 스탠퍼드 대학 등에서의 연구자들은 미국 전국 선거 연구American National Election Studies라는 투표자의 의견 연구를 수행한다. 이 조사는 투표자에게 정부의 경제 통제가 더 많아야 하는지 혹은 적어야 하는지, 혹은 상이한 생활 양식 및 도덕적 신념을 가진 이들에게 더 관대해야 하는지 아니면 덜 관대해야 하는지와 같은 다양한 이데올로기적 질문에 대답하도록 요청한다. 이 자료를 사용하여, 워싱턴 DC의 자유주의적 싱크 탱크인 케이토 연구소CATO Institute의 분석가들은 투표자의 약 15%가 자유주의자에 해당한다고 주장한다.

그러나 다른 여론 조사poll 및 서베이survey 조사는 더 많은 퍼센트의 투표자들이 자유주의자이거나 자유주의적 성향이라고 한다.[1] 갤럽 여론 조사는 일반적으로 투표자의 20~23%를 자유주의자로 분별한다. 2007년의 워싱턴 포스트와 ABC 방송의 뉴스 여론 조사는 미국인의 약 26%가 자유주의자라고 밝힌다. 자유주의자는 때때로 경제적으로는 보수주의자이고 사회적으로는 리버럴이라고 묘사된다.[2] 케이토 연구소는 최근에 조그비 인터내셔널[3] Zogby International에 2006년 중간 선거를 한 1,000명 넘는 투표자들을 조사하도록 위탁했다. 그 조사는 무엇보다도 투표자들이 자신을 사회적으로는 리버럴이며 재정·경제적으로는 보수주의자로 생각하는지를 물었다. 거의 59%의 투표자가 자신을 그렇게 규정했다.[4]

....

1 선거 여론 조사는 선거 중에, 핵심적 한 질문만을 물어보며 그 답은 한 가지에 체크하게 함이 보통이다. (예: 세 후보를 적시하면서 이번 선거에서 누구에게 투표할 것입니까?) 서베이 조사는 대개 선거 이후에, 다양한 질문을 통해 그리고 필요 시 주관적 서술도 요하면서 광범위한 정보를 수집한다.

2 자유주의자를 이렇게 규정함은 자유주의 운동가 데이비드 놀란(David Nolan)이 제시한 '놀란 차트' 때문이다. 경제적 자유를 횡축, 개인적 자유('사회적 자유'라 부르기도 한다)를 종축으로 정한 2차원 공간에서 (1) '낮은 개인적 자유-낮은 경제적 자유' 조합을 원하는 것이 권위주의자(Authoritarian), (2) '높은 개인적 자유-낮은 경제적 자유' 조합은 리버럴(Liberal, 즉 소위 '좌파' the Left), (3) '낮은 개인적 자유-높은 경제적 자유' 조합은 보수주의자(Conservative, 즉 소위 '우파' the Right), (4) '높은 개인적 자유-높은 경제적 자유' 조합을 자유주의자(Libertarian), (5) 개인적 자유 및 경제적 자유에서 각각 중간 수준을 선호하는 조합을 중도주의자(Centurist)로 분류한다. 이 분류론이 정확하지 않다는 비판도 있다. 예컨대, 이 분류론에 따르면 개인적 자유는 낮고 경제적 자유가 높은 경우를 보수주의자(우파)라고 규정하지만, 미국의 가장 뚜렷한 우파는 총기를 소유하는 개인적 자유를 아주 크게 요구하는 사람들이다. 또 제3의 축(정치적 자유)을 누락했다는 비판도 있다. 경제 면에서는 국가보다 기업과 개인을 중시하는 사람, 사회 면에서는 개인의 자유를 좌파적 성향을 따라 복지를 강조하는 사람을 식별해 그 둘을 합산하는 것은 자유주의자의 범주를 잘못 설정하는 것이다. 적어도 놀란 차트로 자유주의자를 식별하려면 개인적 자유와 경제적 자유 '둘 다'(AND) 중시하는 투표자이어야 한다.

3 조그비 인터내셔널은 인터넷, 전화, 온라인 등에 기반해 시장 조사를 주로 담당하는 조사업체이다.

4 조그비는 자유주의자가 이미 투표자 절반을 넘어선 것 같은 높은 수치를 보이지만 이를 그대로 받아들이기 어렵다. "A이고 동시에(AND) B"인 것을 묻는 질문을 응답자가 "A이거나(OR) B"인 것으로 오해하여 응답하는 위험이 서베이 조사에 상존한다. 놀란 차트에 따르면 경제적으로는 보수주의자인 '동시에' 사회적으로는 리버럴이어야만 자유주의자이다.

많은 자유주의적 주장들이 힘을 얻고 있는 중이다. 1988년에는 미국인의 약 10%만이 동성 결혼을 지지했지만 지금은 약 절반 정도가 지지한다. 1970년에는 약 12%의 미국인만이 마리화나의 합법화를 선호했지만 지금은 대략 절반이 지지한다.

따라서 미국 투표자의 약 1/10~1/3이 자유주의자이며 자유주의자 성향이다. 만약 이 투표자들이 그들의 공통된 신념을 중심으로 조직화된다면, 그들은 강력한 투표 블럭을 형성할 수 있을 것이다. 그러나 미국의 선거 체제의 구조를 감안하면, 이러한 투표자들은 마지못해 반자유주의적인 공화당원 및 민주당원에게 투표하는 경향이 있다.

95 티 파티는 자유주의자인가?

비록 티 파티Tea Party 운동이 자유주의 요소를 많이 가지고 있고 많은 자유주의자들이 티 파티 운동의 지지자Tea Partiers이긴 하지만, 전반적으로 보면 티 파티가 자유주의자인 것은 아니다.

티 파티 운동의 지지자들은 워싱턴 정치에 대한 그들의 불신으로 결집했다. 그들은 미국 정부가 부패하는 경향이 있으며, 워싱턴이 흔히 공동선을 희생하여 특수 이익을 증진한다는 자유주의자의 시각을 공유하고 있다.

그러나 티 파티의 구성원들은 자유주의자라기보다 주로 포퓰리스트, 국가주의자, 사회적 보수주의자이다. 선거 여론 조사가 보여 주는 바에 따르면, 대부분의 티 파티 운동 지지자는 전통적인 '가족의 가치'family values 혹은 보수적인 유대-기독교의 가치Judeo-Christian values를 증진하는 데 국가가 적극적인 역할을 해야 한다고 믿고 있다. 그들 중 다수가 자유 무역과 개방적 이민에 반대한다. 그들은 국내 경제에서는 정부 개입이 적은 것을 선호하지만 국제 무역에서는 정부 개입이 더 많은 것을 선호하는 경향이 있다. 티 파티 지지자의 많은 사람이 개입주의적 외교 정책을 선호한다.

자유주의 잡지 **리즌**Reason은, 서베이 조사 자료에 근거하여 자신을 티 파티 운동 지지자로 밝힌 사람의 40% 정도만이 넓은 의미의 자유주의자라고 판단한다. 티 파티 운동 지지자의 대다수는 전통적인 사회적 보수주의자 및 경제적 보수주의자이다.[5]

디스커버Discover지의 한 기사에서, 크리스 무니Chris Mooney는 여러 서베이에 따른다면 티 파티 운동 지지자들이 종교가 정치에서 중요한 역할을 하는 것을 보기 원한다는 사실을 지적한다. 티 파티 운동 지지자들은 페미니즘, 낙태권, 이민권, 그리고 시민적 자유의 다른 자유주의적 이슈들에 반대하는 경향이 있다. 그들은 자유주의자처럼 범죄 처벌의 개혁을 지지하기보다, 범죄를 더 엄격히 처벌할 것을 지지하는 경향이 있다.

티 파티는 동질적 집단이 아니다. 그것은 작은 정부를 옹호한다고 주장한다. 그러나 전반적으로는 티 파티는 가장 정확하게 보면 보수주의conservative 운동이다.[6] 비록 자유주의자의 작은 일부만이 티 파티에 가입해 있지만, 티 파티 운동 지지자의 상당한 비율은 자유주의 성향일 수 있다.

5 전술한 놀란 차트를 상기하라.
6 요컨대, 티 파티의 본질은 자유주의자가 아니라 보수주의자의 운동이다. 그러나 티 파티 지지자의 상당 부분은 자유주의자이다.

96 '월가를 점령하라' 집단은 자유주의자인가?

월가를 점령하라Occupy Wall Street는 운동은 비록 그 시위자들이 자유주의자와 몇몇 공통 기반을 갖지만 전반적으로는 자유주의자가 아니다.

월가를 점령하라는 자들은 자유주의자와 마찬가지로 정부-대기업의 유착을 반대한다. 그러나 시위자 대부분은 정부가 경제를 압도하는 힘을 키워서 조합주의[7]corporatism와 연고 자본주의crony capitalism를 줄일 것을 원한다. 자유주의자는 정부가 경제를 압도하는 힘을 키우는 것은 조합주의와 연고 자본주의를 확대할 것이라고 믿는다.

월가를 점령하라는 자들은 일반적으로 시장 경제, 사유 재산권, 그리고 자유 무역에 반대하는 급진적인 참여 민주주의자이다. 이런 점에서 시위자들은 반자유주의자이다.

그러나 월가를 점령하라는 자들은 애국법Patriot Act, 부시-오바마Bush-Obama로 이어진 전쟁, 무력 중심주의, 마약과의 전쟁, 그리고 정부가 시민의 자유를 축소하는 것에 반대하는 경향이 있다. 이런 면에서는 자유주의자와 시위자들은 부분적으로 겹친다.

7 본서에서 저자가 말하는 '조합주의'의 의미는 제6장의 '질문 71번' 각주를 참조하라. 앞에서 몇 번 지적했듯이 그것은 국가론 논의에서 말하는, 강력한 이익 집단들을 국가 관료제 속에 흡수하여 경제를 집단적으로 관리한다는 의미가 아니다. 본서에서 조합주의는 미국 정치, 경제 상황에서 대기업(corporation)이 정치에 큰 영향을 주는, 곧 '기업 지배 체제'(corporatocracy)라는 의미이다.

97 대부분의 자유주의자는 자유당Libertarian Party의 당원인가?

아니다. 많은 자유주의자는 정치와 무관apolitical하다. 그들은 투표를 하지 않거나 정치적 대의에 가담하지 않는다. 정치적으로 가장 활동적인 자유주의자들은 제3의 정당보다는 공화당이나 민주당에 표를 던진다. 케이토 연구소는 조그비 인터내셔널의 여론 조사 자료를 사용하여, 자유주의자 중 20% 미만이 2004년이나 2006년 선거에서 제3의 정당에 표를 던졌다고 주장한다. 자유주의자는 민주당보다 공화당에 투표할 가능성이 더 높다. 비록 최근에는 이런 추세가 바뀌는 중이지만 말이다. (특히, 많은 자유주의자가 2008년에 오바마에 표를 던졌다. 그들은 민주당이 공화당보다 덜 무력 중심주의적일 것이며 시민적 자유를 더 존중할 것을 희망했다.)

98 미국은 가장 자유주의적인 국가인가?

아니다. 비록 미국이 자신을 자유주의자라고 여기는 사람을 (절대적인 면과 백분율 면에서) 가장 많이 보유하고 있지만, 또 비록 자유주의적 사상이 주류 미국 정치에서 더 많은 역할을 하지만, 미국이 전체적으로 보아 가장 자유주의적인 국가는 아니다. 미국은 경제적 자유에 또는 시민적 자유에 가장 강력하게 전념하고 있는 것이 아니다. 미국인 및 다른 사람들이 '사회 민주주의'social democracies 또는 '사회주의적'socialist이라고 묘사하는 경향이 있는 많은 국가가 실제로는 미국보다 더 자유주의적이다.

자유주의에 관한 **미사여구**rhetoric는 다른 곳보다 미국에서 더 우세하다. 미국인은 다른 사람들보다 자유에 관해 더 많이 이야기한다. 미국인들은 미국의 기초가 되는 가치가 평등, 공동체, 혹은 사회 정의가 아니라 자유라고 말하는 경우가 흔하다.

이 중에서 미국이 가장 자유주의적인 국가라는 것을 보여 주는 것은 아무것도 없다. 자유주의적인 말을 운위하는 것이 자유주의적 길을 가는 것은 아니다. 우리는 어떤 국가가 가장 자유주의적인 정책들을 가지고 있는지 보아야 한다. 우리는 국가가 경제적 자유 및 시민적 자유를 얼마나 잘 보호하는지 볼 필요가 있다.

월스트리트 저널*Wall Street Journal*과 헤리티지 재단Heritage Foundation은 매년 경제 자유 지수Index of Economic Freedom를 산출한다. 그들은 재산권 존중, 부패로부터의 자유, 사업 자유, 노동 자유, 화폐 자유, 무역 자유, 투자 자유, 금융 자유, 재정 자유, 그리고 정부 지출에 관해 국가들을 평가한다. 홍콩, 싱가포르, 호주, 뉴질랜드, 스위스, 캐나다, 칠레, 모리셔스, 그리고 아일랜드가 미국보다 높은 점수를 차지한다. 미국은 종합적인 면에서 10위일 따름이다.[8]

이 지수가 미국이 얼마나 반자유주의적인지를 **실제보다 낮게 평가**할 수도 있음을 유의하라.[9] 결국, 만약 정부가 사회 보장에 많은 돈을 쓴다면 그 지수는 국가 순위를 더 낮게 매기는 경향이 있다. 그러나 많은 고전적 자유주의자와 신고전적 자유주의자는 원칙적으로 정부의 사회 보장에 반대

8 국가별로 이러한 개별 부문의 자유도를 1~10점으로 평가하며, 모든 부문을 다 종합하고 평균을 내어 전체적 자유도를 산정한다. 한국의 경우 각 부문 중 '노동 자유'가 아주 낮은데, 이는 노조의 영향력이 매우 크기 때문이다. 한국의 낮은 '노동 자유'는 한국의 종합적 자유도 평가를 낮추는 가장 큰 요인이다.

9 미국의 실제적인 반(反)자유주의적 정도는 이보다 더 심할 수 있다.

하지 않는다. (질문 5번 참조.) 따라서 경제를 통제하고, 규제하고, 조작하고, 그리고 관리하는 **행정**administrative 국가라는 관념과 세금으로 지원하는 교육, 의료, 또는 실업 보험을 제공하는 **사회 보험**social insurance 국가와 구분한다고 가정해 보자. 경제 자유 지수에서 미국보다 낮은 순위에 있는 많은 국가가 미국보다 행정 국가의 범주가 훨씬 작다. 예컨대, 덴마크는 재산권, 부패로부터의 자유, 사업 자유, 화폐 자유, 무역 자유, 투자 자유, 그리고 재정 자유에서 미국보다 훨씬 더 높은 위치에 있다. 룩셈부르크, 네덜란드, 영국, 그리고 많은 다른 국가들 역시 이들 척도에서 미국을 앞섰다. 따라서 많은 다른 유럽 국가들이 미국보다 경제적으로는 더 자유주의적이라고 합당하게 생각할 수 있다.[10]

프레이저 연구소The Fraser Institute는 매년 세계 경제 자유 보고서를 출판하는데, 이것 역시 국가들이 경제 자유에 얼마나 전념하는지에 따라 순위를 매긴다. 그 결과는 월 스트리트 저널의 결과와 비슷하다. 미국은 전체적으로 10위이다. 호주, 뉴질랜드, 영국, 캐나다, 그리고 스위스는 경제 자유에서 미국보다 더 높은 순위를 차지했다. 미국인들이 흔히 '사회주의적'socialist이라고 부르는 스칸디나비아 국가들이 경제 자유의 많은 중심 국면에서 미국보다 우위를 차지한다.

그러므로 미국은 경제적으로 가장 자유주의적인 국가가 아니다.

미국은 시민적 자유에서도 가장 자유로운 국가가 아닐 것 같다.[11] 이 경

••••••••

10 '사회 보험 국가'라는 점이 유럽 국가의 자유도 산정에 감점 요인이었다. 사회 복지에 다소 우호적인 저자는 사회 보험 국가라는 측면보다 '행정 국가'란 국면에 더 비판적이다. 사회 보험 국가라는 국면 때문에 자유도 점수에서 유럽 국가보다 유리했던 미국이 결국 종합 점수에서는 이들보다 뒤로 밀린 것은 행정 국가라는 국면에서 미국 정부의 감점 요인이 그만큼 심하다는 것을 시사한다.

우에는, 비교를 가능하게 해 주는 상세한 순위가 없다. 예컨대, 프리덤 하우스Freedom House는 국가들이 정치적 자유와 시민적 자유에 전념하는 정도에 따라 그들의 순위를 정하지만, 그 순위는 너무 조잡해서 서방 국가들 사이의 순위를 분별할 수 없다.

그러나 우리는 전반적인 판단을 내리기 위한 이슈들의 목록을 볼 수 있다. 호주, 스위스, 캐나다, 그리고 영국은 전반적으로 보면 아마도 미국보다 경제적으로 더 자유주의적이다. 시민적 자유에 관해서는 이 다섯 국가를 어떻게 비교할까?[12]

동성 결혼Same-sex marriage은 캐나다 전역에서 합법이다. 동성 시민 결합[13] Same-sex civil unions은 영국과 스위스 전역에서 합법이다. 미국에서는 몇몇 주는 동성 결혼을 허용하고, 어떤 주는 동성 시민 결합을 허용하며, 그리고 다른 주는 둘 다 불허한다. 미국은 캐나다 및 대부분의 유럽 국가들보다 더 엄격한 마약 관련 법을 가지고 있으며, 이 법들을 더 군사적이고도 더 폭력적으로 집행하고 있다.

두 가지 주요한 추세가 미국이 표명해 온 시민적 자유를 해치고 있다. 첫째, 미국은 세계의 모든 다른 국가들보다 사람을 더 많이 수감하고 있다. 미국 성인 100명 중 1명이 현재 감옥에 있다. 비록 중국은 인구가 미국보다 네 배나 많은 공산주의 체제이지만, 미국에는 중국보다 수감자가 더 많다. 둘째, 9.11 테러 이후, 미국은 자국민에 대해 점점 더 억압적으로 되어 왔다.

11 미국은 경제적 자유(economic liberty) 면에서 가장 자유로운 국가가 아닐뿐더러 시민적 자유(civil liberty) 면에서도 가장 자유로운 국가가 아니다. 시민적 자유와 경제적 자유는 본서의 제5장과 제6장에서 따로 다루고 있다.

12 시민적 자유 비교를 위한 객관적 자료가 없으므로 이하에서는 시민적 자유의 몇몇 주요 이슈들을 살펴보는 방식을 취한다.

13 '동성 시민 결합'은 '동성 결혼'보다는 동성 파트너들의 지위 인정도가 낮다.

오바마는 그가 적정 절차due process 없이도 미국 시민을 암살할 권리가 있다고 주장한다. 미국은 사실상 인신 보호 영장 제도habeas corpus를 중단했으며, 만약 미국 시민들이 '적 전투원'이라는 꼬리표가 붙을 경우, 재판 없이 무기한 구금할 수 있도록 했다.

설상가상으로, 미국은 다른 국가의 무고한 민간인들에게 일상적으로 피해를 준다. 마약과의 전쟁을 치르느라 미국은 남미 국가들이 농부의 농지에 제초제를 뿌리도록 유도한다. 미국은 국익이라고 여기는 것을 증진하기 위해 전 세계 나라들을 일상적으로 괴롭힌다. 지금까지 테러와의 전쟁으로 아프가니스탄, 파키스탄, 그리고 이라크에서 10만 명 이상의(아마도 심지어 20만 명을 넘을지도 모르는) 무고한 민간인을 죽였다.

따라서 전반적으로 보면 뉴질랜드, 호주, 스위스, 그리고 캐나다가 미국보다 더 자유롭다. 홍콩, 덴마크, 영국, 그리고 몇몇 다른 유럽 국가들 또한 미국보다 더 자유롭다고 주장할 수 있다.

99 가장 자유로운 국가와 가장 부자유한 국가는 어디인가?

조지 메이슨 대학George Mason University의 정책 연구소인 머카터스 센터[14]The Mercatus Center는 『50개 주의 자유: 개인적 자유 및 경제적 자유의 지수』라는 보고서를 2년마다 발행한다. 어떤 주는 부권주의적[15]父權主義的, paternalistic 정책을

14 머카터스(Mercatus)는 시장(market)이란 뜻의 라틴어이며, 조지 메이슨 대학의 이 연구소는 주로 시장 과정(market process)을 연구하는 오스트리아학파의 중심 연구지의 하나이다. 한편, 이 대학의 공공선택연구소(Center for Study of Public Choice)는 공공선택(public choice) 연구의 본산이다.

가지고 있고, 시민적 자유와 개인적 자유를 방해하며, 무거운 규제나 면허 요건을 부과하고, 그리고 사업을 하는 것을 어렵게 함으로써 낮은 순위를 받는다.

이 보고서에 따르면, 뉴햄프셔, 사우스다코타, 그리고 인디애나주는 가장 자유롭고, 자유주의적 성향이 가장 높은 주이다. 뉴욕, 뉴저지, 그리고 캘리포니아는 자유가 가장 적고, 가장 권위주의적이며, 자유주의적 성향이 가장 낮은 주이다. 뉴햄프셔는 전반적으로 보면 1위이며, 경제적 자유에서 1위이고, 개인적 자유에서 11위이다. 뉴욕은 전반적으로 보면 전체 50위이고, 경제적 자유에서 50위, 개인적 자유에서 48위이다. 오리건, 버몬트, 그리고 네바다주는 개인적 자유에서 가장 높은 순위이다. 메릴랜드, 일리노이, 그리고 뉴욕은 개인적 자유에서 가장 낮은 순위이다.

물론, 이 순위들은 액면 그대로 받아들여서는 안된다. 대부분의 사람은 아마 미시시피의 작은 동네보다 브루클린의 자유분방한 동네에서 사는 것이 더 자유롭다고 느낄 것이다.

자유주의에 대한 몇몇 비판가들은 머카터스의 순위에서 자유가 가장 적은 주들이 가장 부유한 주들에 해당하기도 한다는 점을 주목한다. 머카터스 연구소는 경제적 자유와 개인적 자유가 번영을 가져올 것이라고 주장할지 모르지만, 상대적으로 자유롭지 못한 뉴욕, 캘리포니아, 그리고 뉴저지는 미국의 가장 부유한 주들에 속한다.[16]

15 마치 아버지가 자녀를 다루듯 국가가 개인보다 도덕적, 기술적으로 우월하다는 시각으로 시민을 다루는 정책들을 말한다.

16 자유가 가장 적은 주가 가장 번영해 있다면 머카터스의 지론에 어긋나지 않은가?

100 미국이 자유주의 국가였던 적이 있는가?

미국 혁명의 많은 지도자가 고전적 자유주의자들이었다. 그러나 미국이 자유주의적인 국가였던 적은 전혀 없었다.

1865년까지 노예제는 미국에서 합법이었다. (이와 대조적으로, 영국은 1833년에 노예제를 폐지했다.) 짐 크로 법[17] Jim Crow laws은 1960년대 후반까지 차별을 요구했다.

여성들은 대부분의 미국 역사에서 제2등급[18]의 법적 지위를 가졌다. 그들은 미국 역사의 대부분에서 자신의 생식권에 대한 통제를 거부당했으며 성관계를 거부할 권리조차도 남편으로부터 인정받지 못했다. 외설법 Obscenity laws은 흔히 산아 제한을 이용하는 것을 제한하기 위해 사용되었다. 예컨대, 1873년의 컴스톡법 the Comstock Law은 '음란한' lewd 자료를 우편으로 보내는 것을 금지했다. 미국 정부는 여성들이 피임 기구나 피임에 대한 정보를 우편으로 받는 것을 막기를 원했다. (그러나 그 법의 집행은 약하게 이루어졌을 뿐이다. 실제로는, 피임 산업은 이 기간에 번창했다.)

미국 정부는 현재보다 과거에 경제를 더 규제했다. 그러나 미국은 늘 관세와 보조금 체제를 지녀 왔다. 그것은 정부와 인맥으로 잘 연계된 기업을 후원하기 위해 늘 개입해 왔다. 이것은 남부와 북부 사이 갈등의 근원이었다. (그 하나로, 에이브러햄 링컨은 자유 무역을 싫어했다. 그는 취임 직후 높은 관세를 부과했다.) 산업주의적인 북부는 관세를 부과했다. 이것은 현금이 빈약한

••••••••

17 짐 크로 법의 의미는 제2장 및 제6장의 각주 참조.
18 남자보다 한 등급 아래.

남부가 싼 상품을 영국으로부터 구입하기보다 비싼 국내 상품을 사도록 강요했다.

101 미국은 더 자유로워지는 중인가, 아니면 그 반대인가?

여성, 유태인, 아프리카계 미국인, 그리고 대부분의 소수자가 과거보다 지금의 미국에서 더 많은 자유를 경험한다.

45년 전에는 흑인들은 거의 모든 지역에서 2등급 시민이었다. 160년 전에는 그들은 재산이었다.[19]

이제 여성들은 산아제한을 이용할 수 있다. 더 이상 그들은 결혼할 때 "네"라고 답한 것[20] 때문에 성관계에서 "아니오"라고 말할 권리를 잃지 않는다. 여성이 결혼할 때, 그들의 법적 권리는 그들의 남편의 권리에 통합되지 않는다. 그들은 이혼 후 그들의 아이를 양육할 수 있다.

미국인은 과거보다 오늘날 더 관용적이다. 대부분의 미국인은 자기 나름의 인생이라고 여기는 삶을 살기가 지금이 과거 어느 때보다 더 쉽다고 깨닫고 있다.

그 모든 것을 감안하면서도, 자유주의자는 최근의 추세를 우려한다. 미국은 지금 과거보다 경제적 자유에 덜 전념하는 것처럼 보인다. 지난 10년 동안, 헤리티지 재단과 월스트리트 저널의 경제 자유 지수와 프레이저 연구소Frazer Institute의 세계 경제 자유 보고서에서 미국의 점수는 하락해 왔다.

19 사람이 아니라 재산으로 평가했다.
20 혼인 서약에서 상대를 남편으로 받아들이겠냐는 주례의 질문에 대한 여성의 응답.

경제는 점점 더 규제를 받고 있는 중이다. 기업 소유자는 매년 더 많은 문서주의[21]red tape에 직면하고 있다. 2011년에 연방정부는 10만 페이지가 넘는 새 법 및 규정을 추가했다.

자유주의자는 미국이 점점 더 연고 자본주의 경제가 되어 가는 중이라고 믿는다. 기업은 그들의 경쟁자보다 더 좋은 상품을 제공함으로써가 아니라, 정부가 그들을 위해 개입하도록 압력을 가함으로써 이윤을 보는 경우가 흔하다. 정부와 인맥 관계가 좋은 기업들은 보조금, 관세, 또는 경쟁자들을 시장에서 축출하는 약탈적 규제를 사용한다. 생산적이고 혁신적인 사람들, 즉 부를 만들어 내는 사람들이 부를 만들어 내지 못하는 사람들을 지원하느라 세금을 부과받거나 사업에서 규제를 받는다.

테러와의 전쟁은 정부가 시민적 자유를 무시하는 것과 시민이 시민적 자유를 남용하는 것을 증가시켰다. 우리에게는 지금 영장 없는 감시, 관타나모만Guantanamo Bay, 그리고 미국 시민을 암살할 권리를 단언하는 대통령이 있다. 오바마는 그러지 않겠다고 약속했건만, 행정권을 축소하기보다 오히려 확대했다.

그러나 자유주의 시각에서 보면 몇 가지 긍정적인 추세들이 있다. 더 많은 주들이 마리화나를 범죄가 아닌 것으로 바꾸고 있다. 최근에는 더 많은 주가 동성애자의 결혼gay marriage 또는 동성의 시민 결합civil unions을 합법화하고 있다.

21 정부 관료제가 민간에게 과다하게 문서를 요구하는 행정 사무 처리 병폐를 문서주의라 한다.

102 자유주의자인 대통령은 실질적으로 무엇을 할 수 있을 것인가?

어떤 자유주의자가 대통령으로 당선되었다고 상상해 보라. 그 사람이 무엇을 할 수 있을 것인가? 이는 대통령이 의회의 지지를 받는지에 달려 있다.

만약 자유주의자 대통령에게 자유주의자인 의회가 있다면, 대통령은 미국을 빠르게 자유주의 국가로 바꿀 수 있을 것이다. 자유주의자들이 모든 사안에 의견이 합치하는 것은 아니다. (질문 5번 참조.) 그러나 열성적인 민주당원이나 공화당원 사이에서보다 자신이 자유주의자라고 여기는 사람들 사이에서는 의견 합치가 더 많다.[22]

이제 그와는 달리, 어떤 자유주의자가 대통령으로 당선되었으나 의회는 민주당에 의해서 통제되는 상태라고 상상해 보라. 이 경우 자유주의자가 할 수 있는 것은 훨씬 적다. 자유주의자 대통령은 미국의 모든 전쟁 및 해외 개입을 거의 즉시 멈출 수도 있고 또 아마도 멈추려고 할 것이다. 그는 외국에 있는 미국 군부대를 폐쇄하고 군대를 귀국시킬 수 있다. 모든 군대를 중동에서 철수시키고, 이스라엘에 대한 군사적 및 재정적 지원을 철회하며, 그리고 과거 미국의 가혹 행위 및 만행을 사과하는 것으로 테러와의 전쟁을 끝낼 수 있다.

의회는 연방 정부 기관에 행정입법권rule-making power의 많은 부분을 위임했다. 이들 기관은 대통령에게 보고를 한다. 대통령은 이 기관들에게 행정명령을 발할 수 있고 그들의 정책을 더 자유주의적인 방향으로 바꾸도록 요

22 자유주의자의 내적 신념의 일치도는 민주당이나 공화당 내부의 당원들보다 더 높다.

구할 수 있다. 그는 마약단속국Drug Enforcement Administration: DEA에 마약과의 전쟁을 멈추도록 명령할 수 있다. (비록 자유주의적 대통령이 마약과의 전쟁을 끝낼 수는 없을지라도, 그는 적어도 마약 범죄로 혹은 기타의 피해자 없는 범죄[23]victimless crimes로 유죄 판결을 받은 모든 사람에 대해 일괄 사면을 부여할 수는 있다.) 그는 연방 식약처Drug Enforcement Administration: FDA에 약품 규제를 완화하도록 명령할 수 있다. 대통령은 연방 정부 기관에 더 많은 이민자를 더 적은 규제로 받아들일 것을 지시할 수 있다. 그러나 이 정부 기관의 직업 관료의 다수는 그 명령을 무시할 따름일 것이다. 그래서 자유주의자인 대통령이 일을 얼마만큼 할 수 있을지는 명확하지 않다.

대통령은 의회가 제안한 예산안을 거부함으로써 지출을 줄일 수 있을지도 모른다. 대통령은 아마도 개입주의적인 혹은 포크 배럴[24]pork barrel 입법에 거부권을 행사하여 정부 권력이 커지는 것을 줄일 수 있을 것이다. 그러나 물론 의회는 2/3의 가중된 과반수[25]supermajority로 대통령의 거부권이 무용하도록 만들 수 있다. 그들은 대통령의 거부권을 무용하게 만드는 것보다 자유주의자 대통령과 타협하는 것이 더 쉽다는 것을 알게 될 것이다.

········

23 나의 행위로 피해를 보는 사람이 없는 행위로서 국가가 처벌하는 범죄. 제5장 참조.

24 포크 배럴은 냉동 기술이 나오기 전 1700년대 미국에서 돼지고기를 소금에 절여 보존하던 나무통을 말한다. 노예들을 부리기 위해 이것을 유인으로 사용한 데서 나온 용어로, 오늘날에는 특정 기업, 산업, 부문, 그리고 지역 등에 정부 자금이나 사업을 배정하여 투표자(혹은 그 투표자의 지역구 정치인)에게 특혜를 주려는 정책이다.

25 가중된 과반수 규칙은 과반수보다 더 높은(2/3, 3/4 … 등) 지지로 의사 결정이 이루어지도록 요구하는 규칙을 말한다. 한국의 경우에도 대통령의 거부권에 대한 국회의 재의결에 2/3의 찬성을 요구한다.

103 미국은 곧 자유로운 국가가 될 수 있을까?

전반적으로 보면, 자유주의자는 미국 투표자의 1/10~1/3을 차지한다. (질문 94번 참조.) 대부분의 투표자는 민주당 또는 공화당으로 몰린다. 만약 그들이 하나의 연합을 형성한다면 그들은 훨씬 더 많은 지배력을 구사할 수 있을 것이다. 그럼에도, 만약 미국의 중위 투표자가 자유주의자가 되지 않는다면, 미국은 자유주의적 국가가 될 것 같지 않다.[26] 최근 전반적으로 보면 미국 경제 정책과 사회 정책은 오히려 자유주의로부터 더 멀어지고 있는 중이다. (질문 101번 참조.)

그러나 여러 면에서 미국 대중은 점점 더 자유주의적인 목소리를 낸다. 최근 갤럽 조사에서, 미국인의 82%는 국가가 잘못 통치되고 있다고 믿는다. 69%는 그들이 의회에 대한 신뢰가 거의 없거나 아예 없다고 말한다. 미국인의 절반은 시민의 권리와 자유에 대한 당면 위협이 정부라고 본다. 치솟는 기름값과 최근의 금융 위기에도 불구하고 미국인은 가스, 은행, 그리고 부동산업계를 자신의 정부보다 더 긍정적으로 본다.

최근 갤럽 조사는 미국인들이 연방 정부가 그들이 지출하는 모든 돈의 절반을 낭비하고 있다고 믿는다는 것을 보여 준다. 그러나 이것은 아마도 정보를 제대로 알지 못하고 내린 의견일 것이다. 대부분의 미국인은 정부가 그 돈을 어떻게 지출하는지 모른다. 예컨대, 전형적인 미국인은 연방 예산의 8%가 외국 원조로 간다고 알고 있지만, 실제의 수치는 약 1%이다. 따라

26 공공선택학에 따르면 국가 정책은 중위 투표자의 선호에 맞추어 산출되기 때문이다.

서 미국인은 단지 돈이 어떻게 쓰이는지 모르기 때문에 그들은 돈이 낭비된다고 믿고 있는지도 모른다.

자유주의 사상에 대한 명시적 지지가 증가하고 있다. 최근 CNN 조사에서, 63%라는 기록적으로 많은 미국인이 정부가 너무 많은 일을 하고 있으며 더 많은 이슈를 개인과 기업에 맡겨야 한다는 것에 동의했다. 50%는 정부가 전통적 가치를 증진하고자 노력해서는 안된다고 말했다. 미국 시민들은 경제 문제와 사회 문제를 정부가 포괄적으로 규제하는 것을 줄이기를 점점 더 선호하는 것처럼 보인다.

104 자유주의가 미국 밖에서는 어떤 영향을 주고 있는가?

많은 민주주의 국가에는, 비록 흔히 작은 규모이기는 하지만, 자유주의적인libertarian or liberal 정당이 있다.[27] 전 세계에도 자유 시장이나 자유주의적인 싱크 탱크 및 정책 연구소들이 있는데, 영국의 경제 연구소Institute of Economic

27 이 책 앞부분에서 부연했듯이, 본래 자유주의는 주로 유럽에서 시작하여 liberalism으로 표현되었다. 그러나 이것이 현대에 와서 그리고 특히 미국에서, 자유주의에 반대하는 좌파적 진보 진영이 그 용어를 가로채어 liberalism을 참칭하였다. 사상의 이름이 그 사상이 정면으로 반대하는 반대 사상의 이름으로 바뀐 것은 매우 드문 일이다. 이리하여 liberalism이 더 이상 '자유주의'가 아니라 진보 좌파주의로 왜곡되어 버리자 자유주의 학자들은 진정한 자유주의를 표기하는 다른 명칭을 위해 고전적(classical)이란 말을 앞에다 붙여 'classical liberlaism'(고전적 자유주의)라고 표기하거나, 아예 한 단어로 'libertarianism'이라고 부르게 되었다. 그 한 세부 유형인 '신고전적' 자유주의는 자유주의 사상의 적자(嫡子)로 보기 어렵다. 미국에서는 현재 liberalism은 곧 진보 좌파주의(위 '리버럴'의 사상)를 의미하지만, 유럽에서는 여전히 고유한 의미인 '자유주의'로도 쓰는 관행이 일부 남아 있다. 물론 거기서도 libertarianism으로 아예 표기하기도 한다. 그러므로 저자가 미국을 포함하여 세계 국가들의 자유주의를 논의하면서 '자유주의적'이란 단어를 'libertarian or liberal'이라고 두 가지로 표현한 것은 적절하다.

Affairs와 애덤 스미스 연구소the Adam Smith Institute, 캐나다의 프레이저 연구소the Fraser Institute, 덴마크의 코펜하겐 연구소the Copenhagen Institute, 스위스의 스위스의 미래Avenir Suisse, 자유주의 연구소Liberales Institut, 그리고 콩스타 레베크 연구소Institut Constant de Rebecque, 이탈리아의 브루노 레오니 연구소Bruno Leoni Institute, 스웨덴의 유독사 및 팀브로[28]Eudoxa and Timbro, 튀르키예의 자유주의협회the Association for Liberal Thinking, 한국의 자유기업원the Center for Free Enterprise, 칠레의 자유개발원Libertad y Dessarrollo, 브라질의 자유 연구소Instituto Liberdade, 그리고 네덜란드의 유럽독립 연구소the European Independent Institute 등이 그런 것이다.

20세기 및 오늘날의 많은 저명한 자유주의 대학인, 학자, 그리고 저술가들이 비미국 출신 사람들이다. 소설가 아인 랜드Ayn Rand와 법 이론가 유진 볼로크Eugene Volokh와 일리야 소민Ilya Somin은 과거 소련 출신이다. 자유 시장을 지향하는 많은 경제학자가 루트비히 폰 미제스Ludwig von Mises나 하이에크F. A. Hayek 같은 오스트리아학파 학자들로부터 영감을 받았으며, 자그디시 바그와티Jagdish Bagwhati와 디팍 랄Deepak Lal은 인도 출신이다.

질문 98번에서 논의했듯이, 많은 국가가 자유주의에 관한 미사여구는 미국보다 더 많지 않지만 자유주의적인 정책들은 미국보다 더 많이 가지고 있다. 자유주의 사상의 영향을 측정하는 한 가지 방법은 바로 국가가 자유주의적인 결과를 산출하는 정도를 측정하는 것이다.[29]

28 Eudoxa와 Timbro는 각각 1978, 2000년에 창설된 스웨덴의 자유주의 연구소이다.

29 자유주의가 얼마나 논의되는지보다 자유주의적인 결과를 실제 얼마나 성취하는지가 더 중요하다.

105 세상은 더 자유로워지고 있는가, 아니면 그 반대인가?

전반적으로 보면, 어떤 국가도 실제로 완전히 자유로운 상태로 귀결되지는 않을 것이지만 세상은 자유주의를 향해 나아가고 있다. 일반적으로 전 세계에 걸쳐 경제 장벽은 낮아지고 있다. 다양성에 대한 관용은 증가하고 있다. 전통적으로 자유롭지 않은 국가들이 더 자유로워지고 있다. 심지어 중국과 같은, 명목상의 공산 국가들이 그들의 경제를 자유화하고 있고 더 많은 개인적 자유를 허용하고 있다. 1960년과 지금의 상황을 비교해 보자. 1960년에는 자유 민주주의보다 전체주의적인 공산주의 체제 혹은 억압적인 독재 아래에서 사는 사람들이 더 많았다.

그렇다고 할지라도, 몇 가지 부정적인 추세들이 있다. 비정부 기구인 프리덤 하우스Freedom House는 정치적 자유 및 시민적 자유에 전념하는 것에 따라 국가들을 평가하는 연례 보고서를 출판한다. 가장 최근 보고서에서, 그들은 87개국을 자유로운 국가로, 60개국을 부분적으로 자유로운 국가로, 그리고 48개국을 자유롭지 않은 국가로 서술한다. 그런 순위에서 지난 5년 사이에 상황이 더 좋아지기보다 점점 더 악화되어 가는 중이다.[30]

내가 집필을 하는 동안에 우리는 '아랍의 봄'Arab Spring의 한가운데에 이르러 있다. 시위자들은 이집트, 예멘, 리비아, 그리고 튀니지에서 지배 체제를 권력에서 밀어냈다. 중동 전역에서 시민들은 저항하고 개혁을 요구한다. 아랍의 봄은 더 많은 자유를 낳을지도 모른다. 그러기보다는 종파 간 폭력

30 자유로운 국가-부분적으로 자유로운 국가-자유롭지 않은 국가 중 후자의 범주 국가 수가 점점 늘어나는 경향을 보였다.

과 내전을 더 많이 유발할 수도 있다. 그것이 억압적이고 신정주의적神政主義的인 민주주의를 가져올지도 모른다. 그것은 단지 과거의 독재자를 새로운 독재자로 대체할 수도 있다. 혁명은 좋은 결과보다는 나쁜 결과로 끝나는 것이 보통이다. 우리는 그 결과를 예측할 수 없다.

용어 해설

강성 자유주의(hard libertarianism) 20세기에 발전한 자유주의의 한 형태. 강성 자유주의자들은 권리란 거의 절대적인 것이라고 믿는다. 그들은 사회 정의 및 모든 형태의 복지 국가를 거부한다.

경제적 자유/권리(economic liberty/rights) 개인이 사유 재산을 소유하고, 생산 수단으로 사유 재산을 소유하며, 사업을 시작하고 운영하며, 스스로 재정적 결정을 내리고, 그리고 자신의 거래 조건으로 거래를 원하는 상대방과 거래할 수 있는 권리들.

고전적 자유주의(classical liberalism) 17세기에 전개된 초기의 덜 엄격한 형태의 자유주의.

공공선택 경제학(public choice economics) 경제 분석을 사용해 정치 행동을 설명하는 경제학의 한 분야. 이는 정부 실패라는 개념을 발전시켰다.

공유지의 비극(tragedy of the commons) 경쟁의 압력 때문에 소유되지 않은 자원이 남용되고 파괴되는 현상.

국내 총생산(GDP) 국가의 경제 산출량을 공식적으로 측정한 것의 하나로, 국내의 전체 생산량.

권위(authority) 다른 사람 속에 새 도덕적 의무를 만들어 내는 힘. 정부는 다른 사람들이 정부의 명령에 복종할 도덕적 의무가 있을 때 그들에게 권위를 갖는다.

마르크스주의(Marxism) 사회주의적 철학자 카를 마르크스(Karl Marx)에서 나오거나 그와 관련된 모든 정치 철학. 마르크스주의자는 사회주의를 내세우며 시장 사회는 역겹다고 믿는다.

마약과의 전쟁(War on Drugs) 기분 전환용 마약을 판매하고 소비함을 범죄화하고 처벌하는 미국의 정책.

무정부주의(anarchism) 모든 정부는 본질적으로 불의하다거나, 또/혹은 정부 없이 사는 것이 가능하고 바람직하다는 믿음.

물질적 평등주의(material egalitarianism) 정의(正義)를 위해 모든 사람은 동일한 부 또는 소득을 가져야 한다는 교의.

민주제(democracy) 모든 시민이 기본적 정치 권력을 균등하게 나누어 갖는 정치 체제.

법적 도덕주의(legal moralism) 정부가 모든 포괄적 요구 사항을 실행해야 한다는 견해. 법적 도덕주의자들은 만약 도덕적으로 잘못된 것이 있다면 법이 이를 금지해야 한다고 믿는다.

보수주의자(conservative) 정부가 전통적인 생활 방식을 강화하는 것을 선호하는 사람.

복지 국가(welfare state) 가난한 사람들에게 지원금, 보조금, 훈련 프로그램, 실업 보험, 의료, 그리고 기타 유사한 서비스를 제공하는 정부.

복지주의(welfarism) 정치 제도를 정당화하는 것의 일부는 그것이 사람들의 복리에 기여하는 것이라는 견해.

사회 정의(social justice) 사회 정의를 내세운다는 것은 사회 제도가 정당성을 가지려면 가장 불우한 계층을 포함하여 사회의 모든 구성원에게 이익이 되어야 한다고 믿는 것이다. 평등주의, 복지주의, 우선주의, 그리고 충분주의는 사회 정의에 대한 몇 가지 다른 개념이다.

사회주의(socialism) 생산 수단을 정부가 소유하거나 집단으로 소유하는 경제 체제.

소극적 권리(negative right) 어떤 개인이 X에 대한 소극적 권리를 갖는 것은 타인들이 X에 관여할 때 그 사람을 간섭하지 않을 강행력 있는[1] 도덕적 의무가 있을 때이다.

소극적 자유(negative liberty) 간섭, 방해, 또는 장애가 존재하지 않는 상태.

시민적 자유/권리(civil liberties/rights) 언론의 자유, 자유로운 집회의 권리, 결사의 권리, 양심의 자유, 신체적 온전함의 권리와 학대와 폭행으로부터의 자유, 생활 방식 선택의 자유, 저항할 권리, 퇴장할 권리(즉, 국가를 떠나고 시민권을 포기할 권리), 성(性)에 관한 선택의 자유, 형사 절차에서 실질적인 적법 절차를 거칠 권리.

시장 사회(market society) 자유 시장 및 광범위한 경제적 권리를 중심으로 조직된 모든 경제 체제.

시장 실패(market failure) 시장 실패는 시장이 비효율적인 결과를 산출할 때 발생한다.

신고전적 자유주의(neoclassical liberalism) 사회 정의라는 이상을 인정하는 최근에 발전된 자유주의의 형태. 때때로 피 흘리는 심장 자유주의(bleeding heart libertarianism) 또는 애리조나학파 자유주의(Arizona School liberalism)라고 불린다.

1 만약 이 의무를 위반하면 법적 제재를 받는다는 점에서 그것은 강행력 있는 의무이다.

심리학주의적 이기주의(psychologism egoism) 인간의 모든 자발적 행동은 오로지 이기심에 의해 동기가 부여된다는 이론. 즉, 사람은 결코 이타적이지 않다는 것을 주장하는 이론.

양합(陽合) 게임(positive-sum game) 모든 사람이 승리할 가능성이 있거나 실제로 승리하는 게임. 모든 사람의 후생이 더 나아지는 상호 작용.

연고 자본주의(crony capitalism) 시장에서의 성공이 정부의 호의, 특혜, 보조금, 그리고 세금 우대를 추구하고 받는 것에 의존하는 체제. 기업이 정부와 공모하는 체제.

외부성(externality) 어떤 사람이 그와 무관한 3자에게 끼치는 비용이나 이익.

우선주의(prioritarianism) 사회 제도를 정당화하려면 우리는 사회에서 가장 가난하고 가장 취약한 구성원의 이익에 더 비중을 두어야 한다는 견해.

음합(陰合) 게임(negative-sum game) 모든 사람이 패배할 수 있거나 실제로 패배하는 게임.[2] 즉, 모두의 후생이 더 악화되는 상호 작용.

자본주의(capitalism) 생산 수단을 사적으로 소유하는 형태의 경제 조직.

자유(liberty) 일반적으로 어떤 사람이 자신에 대해 통제나 권력을 행사하는 상태. 소극적 자유와 적극적 자유 부분을 참조하라.

자유 시장(free market) 사람들이 거래를 원하는 상대방과 원하는 모든 자발적 거래를 자유롭게 할 수 있는 체제.

자유주의(libertarianism) 모든 사람이 광범위한 시민적, 경제적 권리를 가지고 있다고 보는 정치 철학(또는 그와 관련된 정치 철학의 집합). 자유주의자는 만약 사람들이 다른 사람들의 동등한 권리를 침해하지 않는 한, 그들은 그들이 좋아하는 거의 모든 일을 하도록 허용되어야 한다고 믿는다.

자유주의자, 때로는 리버럴(liberal) 정치 철학에서 자유가 근본적인 가치라고 믿는 모든 사람. 그러나 미국 정치 담론에서는 좌파의 정치 신념을 옹호하는 사람을 의미할 경우에는 리버럴.[3]

잠정적 권리(prima facie right) 다른 도덕적 사항에 의해 나중에 무시될 수 있거나 중요

2 즉, 게임 참가자 모두가 손실을 보거나, 일부가 이익을 보더라도 그것은 타인의 손실들보다 작아서 사회 전체적으로는 보상 값의 총합이 음(−)이 되는 게임이다.

3 따라서 본 역서에서도 liberal이 자유주의자를 의미할 때는 '자유주의자'로, 미국의 대중 정치 담론처럼 좌파적 정치 이념을 옹호하는 사람을 의미할 경우에는 '리버럴'로 표기했다.

도가 밀려날 수 있는 권리.

재산권(property right) 외적 물건(object)에 대한 권리로서, 여기에는 타인이 그것을 사용하지 못하도록 배제할 수 있는 권리, 직접 그것을 사용하는 권리, 대상을 변경, 판매, 양도, 또는 파기할 수 있는 권리, 그리고 그 물건을 이용해 돈을 벌 수 있는 권리 등이 포함될 수 있다.

적극적 권리(positive right) 타인들이 A에게 X를 제공할 강행력 있는 도덕적 의무가 있을 때 A는 X에 대해 적극적 권리가 있다.

적극적 자유(positive liberty) 자신의 목표를 성취할 수 있는 힘 또는 능력.

절대적 권리(absolute right) 다른 사항에 의해 무시되거나 그보다 비중이 밀려날 수 없는 권리.

정당성(legitimacy) 정부는 규칙과 법을 만들고 그것을 실행하는 것이 허용되는 경우에만 정당성을 갖는다.

정부(government) (1) 폭력 사용에 대한 정당한 독점권을 가지며, (2) 어떤 지리적 영역 안에서 살고 일하는 사람들에게 지시와 명령을 내릴 권리를 가지며, 그리고 (3) 사람들이 이러한 지시와 명령을 따르도록 강요하기 위해 폭력 및 폭력의 위협을 사용할 권리를 가졌다고 주장하는 사회의 한 부분 집합.

정부 실패(government failure) 정부 실패는 정부가 비효율적이거나 나쁜 결과를 낼 때 발생한다.

정치적 자유/권리(political liberties/rights) 사람들에게 정부 권력의 지분을 주는 권리인데, 투표를 하는 권리, 공직에 출마하는 권리, 당선된 경우 직위를 유지하는 권리와 같은 것이다.

제로섬 게임/영합(零合) 게임(zero-sum game) 타인이 잃는 것만큼만 얻을 수 있는 게임. 즉, 한 사람의 후생이 더 나아지는 정도만큼 다른 사람의 후생은 더 나빠지는 상호 작용.

조합주의, 코포라티즘(corporatism) 대기업이 정부를 너무 많이 지배하거나 정부에 힘을 행사하는 체제. 본래 조합주의는 국가-기업-노조의 결합에 의한 집단적 경제 관리 체제라는 것이 본의이지만, 본서에서는 미국의 대중적인 법 및 문화적 언어 용례에서 대기업이 정치 체제를 좌우하는 국면을 의미한다.

좌파-리버럴(left-liberal) 정치 철학에서 광범위한 시민적 권리를 지지하지만 광범위한 경제적 자유는 지지하지 않는 사람들. 사회 민주주의와 정부의 경제 개입을 선호하는 사람.

지대 추구(rent seeking) 기업(혹은 노동조합, 특수 이익 집단 등)이 정부로부터 특별한 특권이나 이익을 얻고자 할 때 발생하는데, 그 기업에는 이익을 주지만 그 밖의 거의 모두 및 사회 전체에 대해서는 순손실을 끼칠 때 발생한다.

충분주의(sufficientarianism) 사회 제도가 정당성을 가지려면, 그것은 사람들이 품위 있는 삶을 영위하기에 충분한 만큼을 소유하는 것을 보장하는 데 도움이 되어야 한다는 견해.

큰 정부(big government) 개입주의 정부를 경멸적으로 부르는 용어: 사람의 삶의 여러 국면을 관리하고 통제하려는 정부.

테러와의 전쟁(War on Terror) 전 세계에 걸쳐 테러리스트를 근절하고 분쇄하려는 개입주의적인 미국의 국내 및 대외 정책에 대한 포괄적인 용어.

평등주의(egalitarianism) 모든 사람이 거의 동등한 소득이나 부를 소유해야 한다는 견해.

형식적 자유(formal liberty) 법으로 보호는 되지만 빈곤층에게는 거의 가치가 없을 수도 있는 소극적 자유를 묘사하는 데 쓰이는 경멸적인 용어.

더 읽을 문헌의 제안

일반 대중을 위한 자유주의 입문

Boaz, David. 1998. *Libertarianism: A Primer*. New York: Free Press.

Boaz, David. 1998. *The Libertarian Reader*. New York: Free Press.

Gillespie, Nick and Matt Welch. 2011. *The Declaration of Independents: How Libertarian Politics Can Fix What's Wrong with America*. New York: Public Affairs.

Huebert, Jacob H. 2010. *Libertarianism Today*. New York: Praeger.

Murray, Charles. 1997. *What It Means to Be a Libertarian*. New York: Broadway.

일반 대중을 위한 경제학

Friedman, Milton. 2002. *Capitalism and Freedom: 40th Anniversary Edition*. Chicago: University of Chicago Press.

Friedman, Milton and Rose Friedman. 1990. *Free to Choose: A Personal Statement*. New York: Mariner Books.

Hazlitt, Henry. 1998. *Economics in One Lesson*. New York: Three Rivers Press.

O'Rourke, P. J. 1999. *Eat the Rich*. New York: Atlantic Press.

Roberts, Russ. 2006. *The Choice: A Parable of Free Trade and Protectionism*. New York: Prentice Hall.

Roberts, Russ. 2009. *The Price of Everything*. Princeton, NJ: Princeton University Press.

Sowell, Thomas. 2010. *Basic Economics: A Commonsense Guide to the Economy*. New York: Basic Books.

고전적 자유주의

Bastiat, Frédéric. 1995. "What Is Seen and What Is Unseen," in idem, *Selected Essays on Political Economy*, trans., Seymour Cain, ed., George B. de Huszar. Irvington-on-Hudson, NY: Foundation for Economic Education.

Berlin, Isaiah. 1997. "Two Concepts of Liberty," in idem, *The Proper Study of Mankind*. New York: Farrar, Straus, Giroux.

Buchanan, James. 1975. *The Limits of Liberty: Between Anarchy and Leviathan*. Chicago: University of Chicago Press.

Epstein, Richard. 2004. *Skepticism and Freedom: A Modern Case for Classical Liberalism*. Chicago: University of Chicago Press.

Hayek, F. A. 1978. *The Constitution of Liberty*. Chicago: University of Chicago Press.

Hayek, F. A. 1991. *The Fatal Conceit: The Errors of Socialism*. Chicago: University of Chicago Press.

Locke, John. 1980. *The Second Treatise of Civil Government*. Indianapolis: Hackett Publishing.

Mill, John Stuart. 1978. *On Liberty*. Indianapolis: Hackett Publishing.

Smith, Adam. 2008. *An Inquiry into the Wealth of Nations*. New York: Oxford University Press.

강성 자유주의

Lomasky, Loren. 1990. *Persons, Rights, and the Moral Community*. New York: Oxford University Press.

Narveson, Jan. 1988. *The Libertarian Idea*. Philadelphia: Temple University Press.

Nozick, Robert. 1974. *Anarchy, State, and Utopia*. New York: Basic Books.

Paterson, Isabel. 1943. *The God of the Machine*. Edison, NJ: Transaction Publishers.

Rand, Ayn. 1999. *Atlas Shrugged*. New York: Plume.

신고전적 자유주의

Brennan, Jason and John Tomasi. 2012. "Neoclassical Liberalism," in *The Oxford Handbook of Political Philosophy*, ed., David Estlund. New York: Oxford University Press.

Gaus, Gerald F. 1997. *Justificatory Liberalism*. New York: Oxford University Press.

Gaus, Gerald F. 2011. *The Order of Public Reason*. New York: Cambridge University Press.

Schmidtz, David. 1995. *Rational Choice and Moral Agency*. Princeton, NJ: Princeton University Press.

Schmidtz, David. 2006. *Elements of Justice*. New York: Cambridge University Press.

Schmidtz, David. 2008. *Person, Polis, Planet*. New York: Oxford University Press.

Schmidtz, David and Jason Brennan. 2010. *A Brief History of Liberty*. Oxford: Wiley-Blackwell.

Tomasi, John. 2012. *Free Market Fairness*. Princeton, NJ: Princeton University Press.

자유주의에 대한 비판

Cohen, G. A. 1995. *Self-Ownership, Freedom, and Equality*. New York: Cambridge University Press.

Frank, Robert H. 2011. *The Darwin Economy*. Princeton, NJ: Princeton University Press.

Hudson, William. 2007. *The Libertarian Illusion: Ideology, Public Policy, and the Assault on the Common Good*. New York: CQ Press.

Murphy, Liam and Thomas Nagel. 2004. *The Myth of Ownership*. New York: Oxford University Press.

Sunstein, Cass and Stephen Holmes. 2000. *The Cost of Rights*. New York: W. W. Norton and Company.

정부 실패와 공공선택 경제학

Easterly, William. 2007. *The White Man's Burden: Why the West Efforts to Aid the Rest Have Done So Much Ill and So Little Good*. New York: Penguin.

Klein, Daniel. 2012. *Knowledge and Coordination: A Liberal Interpretation*. New York: Oxford University Press.

Mueller, Dennis. 2003. *Public Choice III*. New York: Cambridge University Press.

Simmons, Randy. 2011. *Beyond Politics: The Roots of Government Failure*. Washington, DC: Independent Institute.

Tullock, Gordon, Arthur Seldon, and Gordon L. Brady. 2002. *Government Failure: A Primer in Public Choice*. Washington, DC: CATO Institute.

민주제와 투표자의 무능

Althaus, Scott. 2003. *Collective Preferences in Democratic Politics*. New York: Cambridge University Press.

Brennan, Jason. 2011. *The Ethics of Voting*. Princeton, NJ: Princeton University Press.

Brennan, Jason. 2012. "Political Liberty: Who Needs It?" *Social Philosophy and Policy* 29: 1~27.

Caplan, Bryan. 2008. *The Myth of the Rational Voter: Why Democracies Choose Bad Policies*. Princeton, NJ: Princeton University Press.

Pincione, Guido and Fernando Tesón. 2011. *Rational Choice and Democratic Deliberation: A Theory of Discourse Failure*. New York: Cambridge University Press.

시장, 문화, 그리고 시민 사회

Beito, David, Peter Gordon, and Alexander Tabarrok. 2009. *The Voluntary City*. Washington, DC: Independent Institute.

Brennan, Jason. 2011. "Civic Virtue without Politics," in idem, *The Ethics of Voting*. Princeton, NJ: Princeton University Press.

Brennan, Jason. 2012. "For-Profit Business as Civic Virtue." *Journal of Business Ethics* 106: 313~324.

Clark, Gregory. 2008. *A Farewell to Alms*. Princeton, NJ: Princeton University Press.

Cowen, Tyler. 2000. *In Praise of Commercial Culture*. Cambridge, MA: Harvard University Press.

Cowen, Tyler. 2004. *Creative Destruction: How Globalization Is Changing the World's Cultures*. Princeton, NJ: Princeton University Press.

McCloskey, Deirdre. 2007. *Bourgeois Virtues: Ethics for an Age of Commerce*. Chicago: University of Chicago Press.

McCloskey, Deirdre. 2011. *Bourgeois Dignity: Why Economics Can't Explain the Modern World*. Chicago: University of Chicago Press.

Rasmussen, Dennis C. 2008. *The Problems and Promise of Commercial Society: Adam Smith's Response to Rousseau*. University Park: Pennsylvania State University Press.

Zak, Paul. 2008. *Moral Markets*. Princeton, NJ: Princeton University Press.

복지 국가와 빈곤

Beito, Charles. 1999. *From Mutual Aid to the Welfare State: Fraternal Societies and Social Services, 1890–1967*. Chapel Hill: University of North Carolina Press.

Cochrane, John H. 2009. "Health-Status Insurance: How Markets Can Provide Health Security." *Policy Analysis*, no. 633.

Murray, Charles. 1984. *Losing Ground: American Social Policy, 1950–1980*. New York: Basic Books.

Murray, Charles. 2006. *In Our Hands: A Plan to Replace the Welfare State*.

Schmidtz, David and Robert Goodin. 1998. *Social Welfare and Individual Responsibility: For and Against*. New York: Cambridge University Press.

Shapiro, Daniel. 2007. *Is the Welfare State Justified?* New York: Cambridge University Press.

전쟁과 국가주의

De Soto, Hernando. 2002. *The Other Path: The Economic Answer to Terrorism.* New York: Basic Books.

Hayek, F. A. 2007. *The Road to Serfdom.* London: Routledge.

Higgs, Robert. 1989. *Crisis and Leviathan: Critical Episodes in the Growth of American Government.* New York: Oxford University Press.

Higgs, Robert. 2004. *Against Leviathan: Government Power and a Free Society.* Washington, DC: Independent Institute.

Kukathas, Chandran. 2007. *The Liberal Archipelago: A Theory of Diversity and Freedom.* New York: Oxford University Press.

자유주의적 무정부주의

Chartier, Gary. 2011. *The Conscience of an Anarchist.* New York: Cobden.

Friedman, David. 1989. *The Machinery of Freedom.* New York: Open Court Publishing.

Leeson, Peter. 2014. *Anarchy Unbound: Why Self-Governance Works Better than You Think.* New York: Cambridge University Press.

Rothbard, Murray. 1973. *For a New Liberty: The Libertarian Manifesto.* New York: MacMillan.

Spooner, Lysander. 2010. *No Treason: The Constitution of No Authority.* New York: Kessinger Publishing.

Zywicki, Todd. 2003. "The Rise and Fall of Efficiency in the Common Law: A Supply-Side Analysis." *Northwestern Law Review* 97: 1551~1634.

자유주의적 페미니즘

McElroy, Wendy. 2002. *Liberty for Women: Freedom and Feminism in the 21st Century.* New York: Ivan R. Dee.

Mill, John Stuart. 1997. *The Subjection of Women.* Mineola, NY: Dover Thrift Editions.

Taylor, Joan Kennedy. 1992. *Reclaiming the Mainstream: Individualist Feminism Rediscovered*. New York: Prometheus Books.

Wollstonecraft, Mary. 2009. *A Vindication of the Rights of Women and a Vindication of the Rights of Man*. New York: Oxford University Press.

시민적 자유

Bernstein, David E. 2001. *Only One Place of Redress: African Americans, Labor Regulations, and the Courts from the Reconstruction to the New Deal*. Durham, NC: Duke University Press.

Clemens, Michael. 2011. "Economics and Immigration: Trillion Dollar Bills on the Sidewalk?" *Journal of Economic Perspectives* 25: 83~106.

Cohen, Andrew Jason. 2007. "What the Liberal State Should Tolerate within Its Borders." *Canadian Journal of Philosophy* 37: 479~513.

Gray, James. 2001. *Why Our Drug Laws Have Failed: A Judicial Indictment*. Philadelphia: Temple University Press.

Huemer, Michael. 2010. "Is There a Right to Immigrate?" *Social Theory and Practice* 36: 429~461.

Levy, Jacob. 2000. *The Multiculturalism of Fear*. New York: Oxford University Press.

Mill, John Stuart. 1978. *On Liberty*. Indianapolis: Hackett Publishing.

Miron, Jeffrey. 2004. *Drug War Crimes: The Consequences of Prohibition*. Washington, DC: Independent Institute.

Roback, Jennifer. 1984. "Southern Labor Law in the Jim Crow Era: Exploitative or Competitive?" *University of Chicago Law Review* 51: 1161~1192.

Roback, Jennifer. 1986. "The Political Economy of Segregation: The Case of Segregated Streetcars." *Journal of Economic History* 46: 893~917.

Taylor, James Stacey. 2005. *Stakes and Kidneys: Why Markets in Human Body Parts Are Morally Imperative*. Surrey: Ashgate.

경제적 자유

Bhagwati, Jagdish. 2007. *In Defense of Globalization*. New York: Oxford University Press.

De Soto, Hernando. 2000. *The Mystery of Capital: Why Capitalism Triumphs in the West and Fails Everywhere Else*. New York: Basic Books.

Meltzer, Allan H. 2012. *Why Capitalism?* New York: Oxford University Press.

Mises, Ludwig von. 1981. *Socialism*. Indianapolis: Liberty Fund.

Norberg, Johan. 1997. *In Defense of Global Capitalism*. Stockholm: Timbro.

Pennington, Mark. 2011. *Robust Political Economy*. Northhampton, MA: Edward Elgar Publishing.

Ridley, Matt. 2011. *The Rational Optimist: How Prosperity Evolves*. New York: Harper.

Rosenberg, Nathan and L. E. Birdzell, Jr. 1987. *How the West Grew Rich*. New York: Basic Books.

Sandefur, Timothy. 2010. *The Right to Earn a Living*. Washington, DC: Cato Institute.

Schmidtz, David and Jason Brennan. 2010. *A Brief History of Liberty*. Oxford: Wiley-Blackwell.

Tesón, Fernando. 2012. "Why Free Trade Is Required by Justice." *Social Philosophy and Policy* 29: 126~153.

Tomasi, John. 2012. *Free Market Fairness*. Princeton, NJ: Princeton University Press.

Zwolinski, Matthew. 2007. "Sweatshops, Choice, and Exploitation." *Business Ethics Quarterly* 17: 689~727.

블로그

Asymmetrical Information: www.theatlantic.com/megan-mcardle

Becker-Posner Blog: www.becker-posner-blog.com

Bleeding Heart Libertarians: www.bleedingheartlibertarians.com

Café Hayek: cafehayek.com

EconLog: econlog.econlib.org

Hit and Run: reason.com/blog

Ideas: davidfriedman.blogspot.com

Marginal Revolution: www.marginalrevolution.com

Overcoming Bias: overcomingbias.org

The Grumpy Economist: johncochrane.blogspot.com

The Money Illusion: www.themoneyillusion.com

찾아보기

ㅈ

ㅊ

ㅋ

ㅌ

ㅍ